스포츠지도사 2급

댄스스포츠 **실기·구술시험** 핸드북

라틴댄스 | 스탠다드댄스

스포츠지도사 2급

댄스스포츠 실기·구술시험 핸드북

라틴댄스 | 스탠다드댄스

이창수 지음

WDSF
테크닉북

실기 · 구술시험
한번에 합격

좋은땅

머리말

건강에 대한 관심이 높아진 결과, 스포츠에 대한 니즈가 높아지면서 생활스포츠지도사 자격증도 함께 주목받고 있습니다. 댄스스포츠에 대한 호응과 저변이 확대되면서 2015년도부터 국민체육진흥법률에 의거 필기·실기·구술시험과 연수과정을 합격한 사람에게 학교, 지역사회, 체육단체 등에서 댄스를 지도할 수 있는 국가자격증을 발급하고 있습니다.

2023년도부터는 생활스포츠지도사 2급 댄스스포츠 종목의 실기와 구술시험의 범위가 WDSF 교재로 결정되었습니다. 이제부터는《WDSF Technique Books》로 실기와 구술시험을 준비해야 합니다.

댄스 종목 생활스포츠지도사 2급 시험제도 1회부터 4회 까지 저자 본인이 직접 응시하며 실기와 구술문제를 수험생 자격으로 직접 경험을 하였습니다.

또 영어로 제작된《WDSF Technique Books》를 2018-2023년 동안 20여 회 번역·강연하였으며 그 내용을 유튜브를 통해 공유하기도 하였고, 자격증 취득을 원하는 라틴과 스탠다드댄스 응시생들에게 현재도 강의를 진행하고 있습니다. 휴대하기 좋아서 지금도 수업 보조자료로 사용하고 있는, 잘 정리된 공책인 **"댄스스포츠 핸드북"**을 여러분께 소개합니다.

이 책은 댄스종목 국가자격증 시험을 준비하시는 독자들과 WDSF 교재의 내용을 공유하고, 시험 준비의 방향을 제시합니다. 시험을 준비하는 공부 시간을 많이 줄일 수 있게 도움을 드릴 것입니다.

실기시험 전에 "실기루틴"이 공개되지만, 매년 이 책이 활용될 수 있도록 하기 위하여 생활스포츠지도사 2급 시험 범위인 **《WDSF Technique Books》의 댄스이론 전체와 휘겨에서의 "브론즈, 실버"로 본 핸드북을 구성하였습니다.**

시험에 대한 세부 내용들은 국민체육진흥공단 홈페이지를 통해 확인하시고, 독자 여러분께서 최선을 다하여 훌륭한 생활스포츠지도사로 거듭날 수 있도록 진심으로 응원하겠습니다.

저자 이창수 올림

차례

PART 4

WDSF 라틴댄스 예상문제

PART 5

스탠다드댄스 예상문제

PART 1

생활스포츠지도사 2급 실기 · 구술 소개

01 체육지도자의 자격증 종류

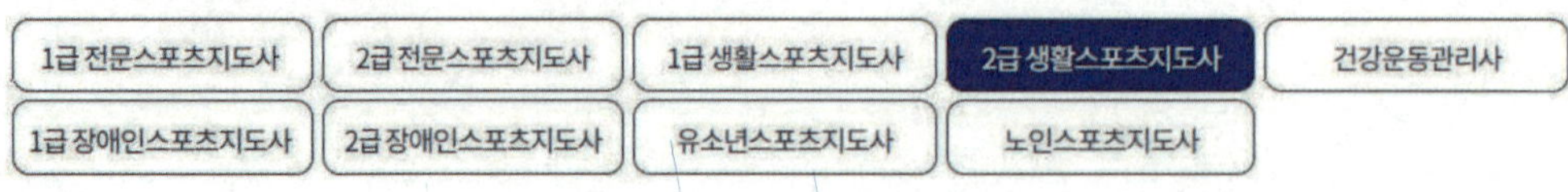

02 생활스포츠지도사 2급 지도 대상

스포츠를 즐기는 대상으로 전문체육이나 생활체육을 지도한다.

03 생활스포츠지도사 자격 정의

"스포츠지도사"란 국민체육진흥법에 따라 필기시험, 실기시험, 구술시험과 연수과정에 합격한 후, 해당 자격을 취득한 사람이 학교, 직장, 지역사회 또는 체육단체 등에서 체육을 지도하는 사람을 말한다.

04 실기·구술시험 제도의 변화

구분	2015-2017	2018	2019-2022	2023년-현재
시험 범위	ISTD 교재	ISTD, WDSF 중 선택	ISTD, WDSF 중 선택	WDSF 교재
실기 시험	실기 5종목 시연	추첨된 실기 2종목	- WDSF에 비엔나 왈츠 추가됨 - 실기 2종목	- 라틴댄스: 파소 제외 - 스텐다드: 비엔나 제외 - 실기 2종목
루틴	본인이 설계한 루틴으로 실기시험 진행			주체 측에서 루틴 제시함
구술시험	기본기술, 복합응용기술, 경기운용기술, 자세 및 태도 등 4문제			* 휘겨 (실기루틴을 준용함) * 전반적인 댄스기술·이론 * 음악, 규정, 체육학이론 등

05 2023년도 실기·구술 평가 문서 보기

■ 실기평가 영역

○ 합격기준: 70점 이상(100점 만점)

○ 제시된 실기루틴에 따라 시연

○ 파트너 없이 독무로 하고 음악은 주관 측에서 준비

○ 응시자는 5종목 중 [남자스텝 1종목, 여자스텝 1종목]을 무작위로 추첨하여 두 가지 종목 40초-1분 각각 시연

평가대상	대분류	세부 종목
2급 전문	라틴	① 삼바 ② 차차차 ③ 룸바 ④ 파소도브레 ⑤ 자이브
1급 생활	스탠다드	① 왈츠 ② 탱고 ③ 폭스트로트 ④ 비엔나왈츠 ⑤ 퀵스텝
2급 생활 유소년 노인	라틴	① 삼바 ② 차차차 ③ 룸바 ④ 자이브
	스탠다드	① 왈츠 ② 탱고 ③ 폭스트로트 ④ 퀵스텝
- 응시자는 라틴과 스탠다드 중 한 가지를 선택하여 응시함		

■ 구술평가 영역

○ 합격기준: 70점 이상(100점 만점)

○ 평가항목: 지도방법(기술, 이론) 4개(80점), 자세 및 태도(20점)

○ 지원자가 문제지를 무작위로 추첨하여 응시(음악 없음)

영역	배점	분야
지도방법	80점	• 스텝(figure) • 전반적인 댄스 기술 및 이론 • 음악, 규정, 체육학 이론 등 • 구술문제 중 스텝(Figure)은 실기루틴을 준용함
태도	20점	• 질문이해, 내용표현(목소리), 자세, 신념, 복장 용모 등

06 이 책에서 사용되는 문자표와 약어

휘겨 차트에 나와 있는 문자표와 약어로 표시된 내용은 다음과 같은 의미이다.

♥ : 예비보	FA : Foot Action	Sw : Sway	♬ : 타이밍
◀ : 왼발	▶ : 오른발	▼ : against LOD	@ : 저자의 맨트

acro : across
acrod : acrossed
Cros : Crosses
crod : Crossed
Com. : Commence
Cont : Continue

slily : slightly
strat : straight
Sw : sway
sw/v : swivel
fwd-slily : fwd and slightly
T turnout : Toe turned out
turn btwn 1-2 : turn between 1 and 2
Body T/L : Body turn less
Body complt/T : Body completes the turn
Cha-- chasse : Cha Cha Cha chasse

Align : Alignment-Direction
F-▼DW : Facing DW against LOD
F-DW : Facing DW
B-DW : Backing DW
M-DW : Moving DW
N-LOD : of New LOD
N▼LOD : against of New LOD
P-DW : Pointing DW

btwn : between
Lwd : Leftward
Rwd : Rightward

PART 2

실기 · 구술평가
스터디 요령

01 실기·구술시험 준비 기간

생활스포츠지도사 2급은 WDSF 교재 내의 댄스 이론과 휘겨 부분의 브론즈·실버(골드 제외)로만 출제되며, 제시된 실기루틴의 경우 WDSF 스텝 진행 각도를 정확하게 분석한 후 시연해야 하며, 실기의 경우 전년도 평가 난이도를 고려해야 (시험 주관단체에서 평가 난이도 결정) 한다. WDSF 교재에 나와 있는 일반댄스 이론과 휘겨에 대한 부분, 그리고 댄스스포츠와 관련된 규정, 체육학 이론 등을 공부해야 하므로, 약 6개월-1년 정도의 준비 기간이 필요하다고 판단된다.

02 댄스 이론 문제와 휘겨 문제의 Key

스텝에 대한 해석·선후행 문제·WDSF 댄스 이론의 방대한 정보량에 대한 체계적인 정리가 시험 준비에는 필수적이다. 이론과 휘겨 문제, 그리고 선후행 문제의 해결을 위하여 이 책 "댄스스포츠 핸드북"의 활용을 권해 드린다.

03 《WDSF Technique Books》 실기·구술시험 대비 공부 방향

<table>
<tr>
<td>실
기
시
험</td>
<td>
• 실기시험 1-2개월 전에 루틴이 공지된다.
- 주어진 루틴의 해석을 정확히 해야 한다. 루틴 설계자의 의도를 파악하고, 진행 각도와 삼바 차차차의 메소드 1.2··· 등 "WDSF 교재" 내용을 기준으로 해석되어야 한다.
• 제시된 루틴을 해석할 때는 다음의 영상을 참고하여 작업하시면 도움이 될 것이다.

루틴이 제시된 후, 이 책 맨 뒷장에 안내되어 있는 저자의 굿댄스 홈페이지에 라틴과 스탠다드 루틴의 "교재에 나와 있는 각도"로 시연 영상을 올리고 있으니, 루틴 해석하실 때 참고하시고, 노인스포츠지도사 시연 영상 역시 참고를 권한다.

• 시험 1년 전부터 올바른 베이직을 몸에 익히고 "브론즈·실버" 휘겨를 숙지해야 한다.
• 공부는 휘겨의 명칭, 풋 플레이스먼트, 각도, 턴량, 스웨이, 풋 액션 등 스텝 진행 관련 사항을 숙지한다.
• 베이직을 몸에 익힌 후, 실기시험 1개월 전부터는 매일 시연 연습을 반복해야 하며, 타악기 음악에 맞추어 몸에서 자동으로 나올 수 있도록 반복 트레이닝 해야 한다.
</td>
</tr>
</table>

구술시험	• 구술시험은 질문에 대한 이해와 답변 시 내용표현, 자세와 신념, 복장 용모를 포함하고, 스텝(휘겨), 전반적 댄스이론과 기술, 댄스음악, 댄스규정, 체육학 이론 등이 출제된다. • 시험 주관단체에서 문제출제 방향을 결정하게 된다 - 출제 방향과 난이도가 유동적일 수 있을 것으로 보고, 시험에 응시하는 연도의 문서에 나와 있는 구술평가 영역 범위를 모두 포함하여 준비를 하여야 할 것이다.
	• 구술은 4개 문제가 출제되며, 휘겨(스텝의 실행을 설명, 풋 플레이스먼트, 제너럴액션, 풋 액션, 턴량, 스웨이, 선후행 문제 등)에 대한 문제가 출제될 것으로 예상된다. • 댄스 이론(댄스 기술, 음악 관련 이론, 댄스 규정 등)도 잘 요약 정리해 놓아야 한다. • 댄스 이론 공부를 함에 따라 용어에 익숙해지는 결과로 질문에 대한 이해와 답변의 자세와 표현력 등이 자연스럽게 해결될 것이다.
	• 실기와 구술시험은 대한체육회 문서에 적시된 것과 같이 WDSF 교재 안에서 출제된다. • 댄스일반이론 문제, 휘겨 관련 문제, 선후행 문제를 준비하기 위하여는 중요하다고 판단된 부분만 짧게 정리한 본 "핸드북"을 활용하면 짧은 시간에 효과적인 학습이 될 것으로 사료된다.

PART 3

WDSF 이야기

01 댄스스포츠의 성장

15-16세기 궁중에서 사교를 위해 만들어진 궁정댄스는 18-19세기에도 역시 사교와 오락에 목적을 두고 볼룸댄스로 반전하였다. 그 이후 볼룸댄스는 스포츠 요소와 예술적 요소가 가미되며 국제대회의 경기댄스로 변화했고, 우리나라는 1974년 I. D. S. F(국제댄스스포츠연맹)에 가입하고, 1976년 WD&DSC(세계댄스 댄스스포츠 평의회)에 가입한 후 각종 국제경기대회에 선수를 파견하는 등 댄스스포츠의 대중화를 위해 노력을 하였다.

1987년부터 I. O. C(세계올림픽 위원회) 가입을 추진하면서 1991년 I. D. S. F(국제댄스스포츠연맹)가 올림픽 종목 승인을 얻기 위한 과정에서 "댄스스포츠"라는 용어로 탄생하였다.

스포츠 예술의 틀을 갖추게 된 댄스스포츠는 1995년 4월 4일 모나코 몬테카를로에서 열린 IOC 총회에서 경기 종목으로 잠정 승인을 받았고, 1997년 장애인 올림픽 정식 종목(휠체어 댄스스포츠)으로 채택되었다.

댄스스포츠는 1998년 제13회 방콕 아시아대회와 2000년 시드니 올림픽에서 시범 종목으로 채택되었으며 2010년 광저우 아시안게임에서 정식 종목으로 채택되면서 현재 올림픽 신규 채택 가능성이 가장 높은 종목으로 자리매김하였다.

02 WDSF(World Dance Sport Federation)

I. O. C(세계 올림픽 위원회)는 205개국의 N. O. C(각국 체육회)가 가맹되어 있는 국제연맹이며 각국 N. O. C에 가맹되어 있는 경기 종목들 중 85개국의 댄스스포츠 종목을 관장하는 국제기구가 WDSF(세계 댄스스포츠 연맹)이다.

대한민국 댄스스포츠 연맹은 K.S.O.C(대한체육회) 그리고 WDSF의 회원단체이다.
대한체육회와 WDSF는 각종 종합국제대회에 있어서 I.O.C의 결정을 따르며 WDSF는 I.O.C의 정책 안에서 댄스스포츠를 예술과 스포츠가 결합된 역동적이면서도 우아한 예술 스포츠로 발전시켜 2010년 광저우 아시안게임에서 정식 종목이 되었고, 앞으로 올림픽 정식 종목 채택을 목적으로 사업을 진행하고 있다.

03 《WDSF Technique Books》 이야기

《WDSF Technique Books》 초판은 2012년도에 발표되었으며, 현재까지도 교재의 지속적인 업데이트를 실시하며 정교함을 추구하고 있다.
댄스의 뿌리가 본질적으로 모든 리듬과 스텝에 연결되어 출발하였던 때부터 현재 댄스스포츠로 발전된 100년 동안의 댄스 발전을 요약한 야심찬 댄스 프로젝트이다. 단순한 스텝과 리듬에서부터 출발하여 높은 난이도와 정교함으로 표시되는 전체적인 공연까지 댄스기법발전을 기록한 최초의 책이며, 댄스스포츠의 지속 발전과 선수, 코치, 마니아들이 활용할 수 있는 최첨단의 기준책자로 활용되었으면 하는 바람을 WDSF에서는 가지고 있다.

《WDSF Technique Books》는 라틴댄스 5종목과 스탠다드댄스 5종목 총 10권으로 출판되었다.
책은 기술적 어려움 3단계 난이도(회색, 노랑, 빨강)와 휘겨의 어려움 3단계 안무수준(브론즈, 실버, 골드)으로 나뉘어 있으며, 3가지 기술수준과 3단계 안무수준을 결합하여 9개의 난이도로 책이 소개되었다.

04 WDSF 대회 연령구분 및 경기순서

<table>
<tr><td>유년부 1
(Juvenile Ⅰ)</td><td>9세 이하</td><td rowspan="6">W
D
S
F</td><td>청년부(Youth)</td><td>16-18세</td><td>성년부
참가 가능</td></tr>
<tr><td>유년부 2
(Juvenile Ⅱ)</td><td>10, 11세</td><td>성년부(Audult)</td><td>19세 이상</td><td rowspan="5">나이 많은
파트너 나이를
기준으로 한다.</td></tr>
<tr><td rowspan="2">소년부 1
(Junior Ⅰ)</td><td rowspan="2">12, 13세</td><td>장년부 1
(Senior Ⅰ)</td><td>35세 이상</td></tr>
<tr><td>장년부 2
(Senior Ⅱ)</td><td>45세 이상</td></tr>
<tr><td rowspan="2">소년부 2
(Junior Ⅱ)</td><td rowspan="2">14, 15세</td><td>장년부 3
(Senior Ⅲ)</td><td>55세 이상</td></tr>
<tr><td>장년부 4
(Senior Ⅳ)</td><td>65세 이상</td></tr>
<tr><td>초등부</td><td>13세 이하부</td><td rowspan="5">국
내
전</td><td>일반부</td><td>19세 이상</td><td rowspan="5">모든 학생부는 1명이
학년이 높은 부분에
출전할 수 있다.</td></tr>
<tr><td>중등부</td><td>16세 이하부</td><td>마스터클래스</td><td>35세 이상</td></tr>
<tr><td>고등부</td><td>19세 이하부</td><td>프레아마</td><td rowspan="2">파트너 1명
고등부 이상</td></tr>
<tr><td rowspan="2">대학부</td><td rowspan="2">대학생</td><td>아마추어</td></tr>
<tr><td>프로페셔널</td><td>19세 이상</td></tr>
</table>

○ WDSF 대회 종목별 경기순서

- 라틴댄스: 삼바, 차차차, 룸바, 파소, 자이브
- 스탠다드댄스: 왈츠, 탱고, 비앤나왈츠, 슬로우 폭스트롯, 퀵스텝

PART 4

WDSF 라틴댄스 예상문제

1. 바디 액션은 신체의 윗부분을 포함하는 모든 움직임이다. 5가지 중요한 바디 액션은 무엇인가?

Translation, Squeeze, Rotation, Sway and Extension, Contraction.

2. Foot Placement 개념을 설명하시오.

왼발로 딛고 서 있는 경우, 오른발의 스텝 시작과 끝 부분의 - 딛는 위치에 대한 설명이며, 오른발은 어느 방향으로나 놓일 수 있고 발을 모을 수 있다. "토 턴 아웃" 등 더 구체적인 설명이 포함될 수 있다.

각 차트에서 "Foot Placement"는 1보(Step)를 설명함에 있어서 2칸(위와 아래 칸)으로 나뉜다. 위 칸은 센터 밸런스까지, 아래 칸은 센터 밸런스 이후부터 그 스텝 끝 부분까지를 설명한다.

3. Foot Placement에서 스텝의 최종단계의 상황을 나타내는 표현 4가지를 말하시오.

Recover Body, Recover Foot, Weight on Foot, Part Weight on Foot.

4. Merengue Action의 3가지 종류를 말하시오.

Side Merengue, Bwd Merengue, Fwd Merengue.

5. Foot Action의 9가지 발 접촉점을 말하시오.

풋 액션은 스텝을 진행하는 중에 (체중 유무에 관계없이) 발의 어느 부분이 바닥과 접촉하고 있는지, 바닥과 어떻게 놓이는가를 설명하는 것이며, 다음과 같이 9개로 구분한다.

Heel, ET, Toe, Whole Foot, Flat Foot, Ball, I/E of T, I/E of F, O/E of Toe.

<table>
<tr><td>Heel 일반적인 롤링동작의 시작 또는 끝</td><td rowspan="4">Ball
Flat과 Toe 사이의 롤링동작의 모든 단계.
Toe보다 1도 이상 굽혀진 상태에서 바닥에 놓인 후, Heel이 바닥에 닿기 전까지의 모든 과정을 포함</td></tr>
<tr><td>Toe 라이즈의 가장 높은 지점에서 사용</td></tr>
<tr><td>Extreme Toe 주로 미적 라인에 사용, 최高 접촉</td></tr>
<tr><td>Whole Foot 전체 발이 바닥에 직접 놓일 때</td></tr>
</table>

Flat Foot 롤링 동작 중 발 전체가 바닥에 놓일 때	Inside Edge of Toe 안쪽 엄지발가락 부분이 바닥에 놓일 때
OutSide Edge of Toe 바깥쪽 발가락 부분이 바닥에 놓일 때	Inside Edge of Foot 발 안쪽 부분이 바닥에 놓을 때

6. Latin Cross란 무엇인지 설명하시오.

라틴 크로스는 움직이는 다리를 앞 또는 뒤로 내전을 통해 교차시키고 무릎을 압축하여 함께 고정하며 만든다. 풋 액션은 앞발플랫 뒷발토이다. 뒷발의 힐은 올라가고 토 턴 아웃 되며, 라틴 크로스가 완성되면 골반은 중립으로 되고 휘겨와 댄스에 따라 적절한 힙 무빙을 완성한다. 라틴 크로스는 다리가 서로 교차 시 전신을 활용하여 만들 수 있는 특별한 포지션이다.

7. Swivel Action에 대하여 설명하시오.

"힙 트위스트"로 불리며 딛고 선 발 위에서의 회전동작이다. 회전 동작은 방향을 빠르게 변경하고 멋진 움직임을 만든다. Swivel은 앞 또는 뒤로 움직일 수 있으며, 왼발 Fwd 딛고 왼쪽 방향으로 회전하며, 왼발 Bwd 딛고 회전하면 오른쪽 방향으로 회전한다.

8. Spiral Action 2개를 설명하시오.

스파이럴 액션에는 Spiral Cross와 Spiral Turn이 있다. Spiral Actions은 턴이 끝나고 발목이 교차하는 곳(Spiral 모양)에서 Fwd Walk Turning actions으로 턴량을 증가시키는 특별한 유형이다.

Spiral Cross는 턴량이 3/4에서 7/8 사이, Spiral Turn은 7/8 이상일 때 사용된다.

9. 라틴댄스에서의 Alignment를 설명하시오.

이것은 댄서가 특정 방향으로 어떻게 진행하는지에 대한 설명이다.

LOD로 진행하지 않는 종목인 Cha Cha Cha, Rumba 및 Jive에서 사용되는 정렬은 Facing Wall이며, 전방을 향하여 댄스하는 경향이 있고, 남자가 일반적으로 청중을 지향한다.

이와는 다르게 Samba와 Paso Doble은 LOD를 향하여 진행하며 춤을 추는 경향이 있다.

10. 휘겨 진행 시 Timing이란 무엇을 말하는지 설명하시오.

타이밍은 Step/Action을 실행할 때 템포(음악의 빠르기)를 올바르게 사용하는 것이며 이것은 차트의 각 Step/Action에 대해 제공된다.

1	Whole Beat	&	1/2 Beat	a	1/4 of a Beat
S	2 Beats (4/4 Time Signature, ex. Jive. Rumba. Cha Cha Cha) 1 Beat (2/4 Time Signature, ex. Samba. Paso)				
Q	1 Beat (4/4 Time Signature, ex. Jive. Rumba. Cha Cha Cha) ½ Beat (2/4 Time Signature, ex. Samba. Paso)				

11. 라틴댄스에서 박자값과 타격 액센트 그리고 음악 빠르기(1분에 사용되는 마디)를 설명하시오.

박자	라틴댄스 종목	템포(BPM)
2/4	• 삼바 (2번째 박자에 액센트. 1 a 2 1 a 2)	50-52
	• 파소 (1번째 박자에 액센트. 1 2 1 2)	60-62
4/4	• 룸바 (4번째 박자에 액센트. 2 3 4 1 2 3 4 1)	25-27
	• 차차차 (1번째 박자에 액센트. 234&1 234&1)	30-32
	• 자이브 (2, 4번째 박자에 액센트. 123a4 123a4)	42-44

12. Before Foot Position의 개념을 설명하시오.

근육의 사용으로 바디가 움직이게 되는데, 센터 밸런스를 지난 지점에서 바디 움직임을 통제할 수 있는 큰 에너지를 유발하게 된다. 바디가 Before foot position에 도달하면, 바닥을 딛었던 다리의 근육이 적당히 사용되어 바디 진행 동작을 제어할 수 있게 된다. 댄서 체중(FW)의 힘과 바닥을 딛었던 다리의 추력(F2)은 바디 움직임(F1)과 반대 방향의 힘(FR)을 생성한다. 따라서 두 가지 힘은 서로를 상쇄시켜 제중이동을 안정적으로 끝낼 수 있다.

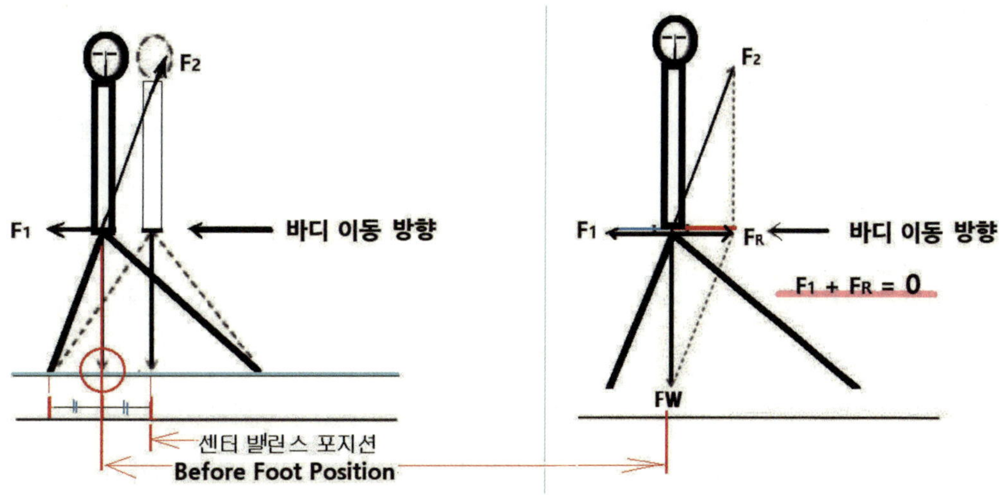

13. 라틴댄스에서 Lead를 2가지로 표현한다면?

춤의 리드는 특정 모양의 움직임을 나타내는 데 사용되는 파트너 간의 의사소통 방법이고, 라틴댄스에서는 두 가지 유형의 리드가 있다.

Connection Lead, Visual Lead.

14. Hand Level의 4가지 수준을 말하시오.

- Level 0 - 레이디의 힙 레벨에 손을 위치시킨다.
- Level 1 - 레이디의 배꼽 높이
- Level 2 - 여자의 어깨 수준
- Level 3 - 여자의 눈높이에 손을 위치시킨다.

※ 레벨 변경 시에 손은 압력 없이 수직 궤도를 따라 움직여야 한다.

15. Overturn Shaping 레벨을 설명하시오.

자이브 여성 치킨웍 8보에서 특정 형태의 쉐이핑이 사용된다. 손이 레벨 0까지 내려간다. 손이 rotate되며 남자의 엄지가 홀드의 최저점이 되고 그의 새끼손가락이 맨 위에 위치하게 된다.

여자의 오른쪽 팔꿈치는 필요한 회전량을 얻기 위해 뒤쪽에서 늘리거나 밴드될 수 있다.

16. 라틴댄스에서의 Posture를 설명하시오.

Posture는 일반적으로 중력에 대항하기 위해 솔로(혼자)로 신체가 취하는 자세로 정의할 수 있으며, 현대 라틴 아메리카 댄스에서는 각 춤의 연출과 특성으로 인해 남자와 여자의 자세가 약간 다르다.

[男子] : 머리 중심+어깨 중심+힙 중심이 시상면에 수직으로 유지되어야 한다. 어깨와 가슴은 복부가 약간의 긴장감을 유지해야 하는 동안 이완되어야 한다. 이 긴장은 배꼽 복부의 등축 수축으로 인해 배꼽을 등에 닿게 당기는 동시에 가슴 중앙을 향해 위로 끌어올린다.
라틴 아메리카 댄스에서 힐의 높이가 있기 때문에, 뒤쪽 다리와 몸통 근육이 약간의 긴장을 겪게 된다는 점도 유의해야 한다.

[女子] : 모든 춤에 나오는 레이디의 자세는 위에서 설명한 것과 약간 다르다.

- 갈비뼈는 아주 약간의 전진 (1-2cm)
- 골반은 뒤로 약간의 이동 (1-2cm)

17. 라틴댄스에서 Couple Position의 4개 유형을 말하시오.

각각의 정면 위치(Close Position, Open Position, Open Extended Position)에서는 Man and Lady의 바디 회전과 비틀림으로 다음의 4가지 변화가 만들어진다.

Promenade Position	Counter Promenade Position	Fallaway Position	Counter Fallaway Position

18. Fan Position에 대하여 설명하시오.

여자는 남자의 왼쪽에(Left Side Position) 서 있는 상태에서, 남성을 90도 각도로 보고 있는 Fan Left Angle Position이다. Fan Position을 Extended Left Side Position이라고 부른다.

19. 라틴댄스에서의 Hold 타입 9가지는 무엇인가?

L Hand to R hand Hold	R Hand to R Hand Hold	R Hand to L Hand Hold
L Hand to L Hand Hold	Both Hand Hold	Normal Hold
Promenade Hold	Counter Promenade Hold	Shadow Hold

20. 라틴댄스에서의 Nomal Hold는 세 가지 콘택 포인트가 있다. 설명하시오.

▶ 여자 오른손은 남자 왼손에 있다.

▶ 홀드는 커플의 인체공학적 구조와 휘겨에 따라 다를 수 있지만 일반적으로 다음과 같다.

- 남자와 여자 팔꿈치는 어깨 높이나 그 아래로 유지된다.
- 손은 팔꿈치 수준에서 두 바디 사이의 중심에서 만나야 한다.
- 두 손바닥은 함께 있다.
- 여자의 손가락은 남자의 왼손 엄지와 검지손가락 사이 V 위에 있다.
- 남자의 손가락은 여자의 손등을 감싸고 있다.
- 남자와 여자의 엄지손가락이 함께 있다.
- 남자의 오른손은 여자의 왼쪽 견갑골-어깨뼈 아래쪽 부분에 컵 모양으로 감싸고 있다.

▶ 여자의 왼쪽 팔이 팔꿈치에서 어깨까지 남자의 오른쪽 팔과 접촉하고, 여자의 왼손은 남자의 어깨 뒤쪽에 있다.

21. Hip Design을 4가지 부분으로 설명하시오.

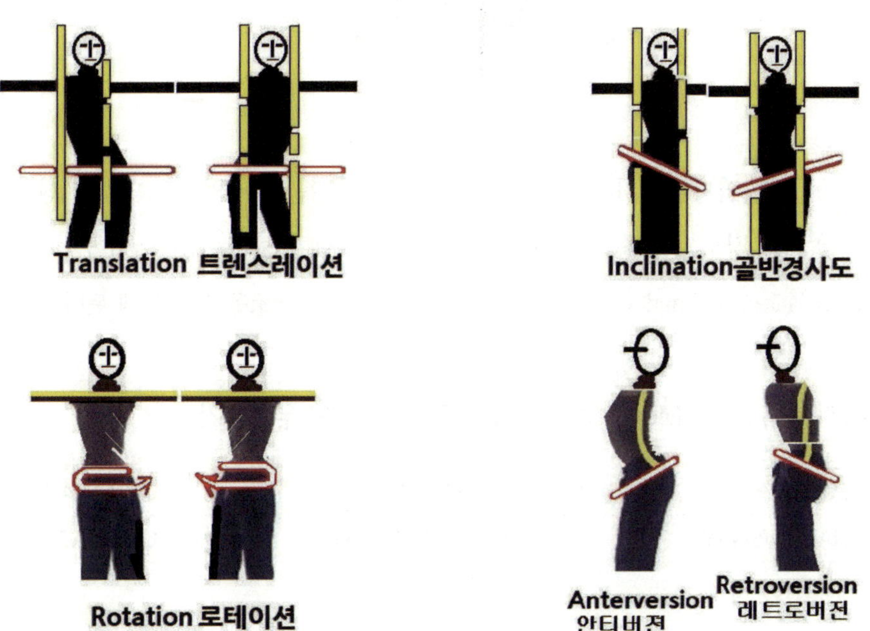

Translation은 하얀 선으로 표시된 바와 같이, 힙은 어깨 라인(노란색 점선)에 대해 옆으로 움직이며 회전 또는 기울어지지 않는다.

Inclination은 하얀 선으로 표시된 바와 같이, 한쪽이 다른 쪽에 비해 낮아진다. 이 자세는 한쪽 다리에 체중을 옮기고 반대쪽 무릎을 구부리면 되고, 힙은 Translation 혹은 Rotation을 하지 않는다. Rotation은 왼쪽과 오른쪽으로 돌리는 것이다. 힙은 어깨 아래에서 회전하여 몸통의 비틀림을 만든다. 골반이 앞뒤로 기울어질 때 Anteversion과 Retroversion이라고 한다.

22. Hip Design에서의 기본 구성요소 또는 "힙 서클 모션" 3가지는 무엇인가.

- **Translation** : 힙 부분을 바닥과 평행하게 중립 위치 유지하며, 좌우로 힙 영역을 이동한다.
- **Rotation** : 몸의 비틀림을 통해 엉덩이는 몸통과 발에 수직축을 중심으로 회전한다.
- **Anteversion/Retroversion(Forward/Backward Tilt)** : 골반 부위를 앞 또는 뒤로 기울인다.

23. Hip Design Figure 8이란 무엇인지 설명하시오.

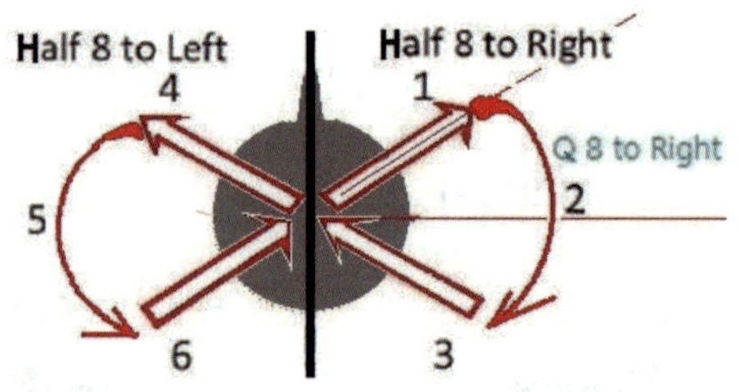

피겨 8을 우리는 흔히 팔자돌리기라고 말한다. 흐름과 조화로운 움직임으로 댄스를 연출하기 위해서는 1과 4에서 어느 정도의 Anteversion이 사용되며 3과 6에서는 Retroversion이 사용되고, 힙 서클 모션은 Translation, Inclinatioon, Anterversion and Retroversion을 사용하게 된다.

24. 라틴댄스에서의 Body Muscular Actions 6가지 유형은 무엇인가.

SQUEEZE	ROTATION	TRANSLATION
INCLINATION/SWAY	EXTENSION/FLEXION	CONTRACTION

- **SQUEEZE** : Squeeze는 어깨뼈와 힙 사이의 등 근육을 활성화시킨다. 이 액션은 대개 'a' 카운트에 실시되고 센터 밸런스 포지션(Fwd Walk 참조)과 Recover 사이에서 실행된다.

- **ROTATION :** Rotation은 바디의 A에 대한 B 부분의 회전이며 보통 척추하단에 대한 어깨부분의 사용이다. 턴을 준비하고 커플 위치(특히 파소)의 변화를 이끌기 위해 사용된다.
- **TRANSLATION :** 흉곽의 움직임은 왼쪽, 오른쪽, 앞으로, 뒤로, 옆으로 또는 대각선으로 진행된다. 일반적으로 몸통 부분이 움직인다. 차트에 표시된 몸통의 위치는 일반적으로 센터 밸런스 위치에서 이루어지며 Squeeze 액션 또는 몸통 아래의 힙 회복으로 인해 무효화되며 또한 움직임의 방향으로 바디의 균형을 맞추기 위해 사용된다.
- **INCLINATION/SWAY :** 좌우 어깨 사이의 수직 레벨의 변화이다.
- **EXTENSION/FLEXION :** 伸張, Extension은 몸의 뒤쪽 대비 앞쪽의 강한 스트레칭으로 만들어진다. 屈曲 Flexion은 앞쪽 대비 몸의 뒷부분이 강한 스트레칭으로 이루어진다.
- **CONTRACTION :** 수축은 골반에서 시작하여 척추와 각 척추골 사이의 간격을 줄이고 목과 머리까지 줄인다. 각 수축은 내쉬는 호흡을 사용하며, 흉곽 어깨 목의 모든 변화는 골반에서 수축이 형성되어 자동으로 전파된다. 세 영역 모두에 분산되어 있다.

25. 라틴댄스에서 Hip Muscular Actions 3가지 유형을 설명하시오.

1. **SETTLE :** 힙은 **체중 이동이 완료된 후 함께 사용**되며, 최대 운동 범위에 도달되면 **어깨 라인 바깥으로 움직이는 경향**이 있다. 모든 춤에서 사용 되지만 특히 Rumba에서 자주 사용된다.
2. **ACTIVE :** 힙은 복부 근육의 강력하고 적극적인 사용을 통해 이동하고, **체중 이동은 엄격하게 필요하지 않으며, 힙은 어깨 라인에** 머물러 있는 경향이 있다. 이 유형의 힙 근육 액션은 5가지 춤 모두에서 자주 발생한다.
3. **SWING :** 힙은 **매우 낮은 근육 강도로 자유로운 움직임**을 한다. 보통 몸의 중심을 받침으로 하는 진자 운동에 사용되며, 종종 균형을 깨뜨리는 데 사용되는데 특히 Jive에서는 빈번하다.

Hip Muscular Action의 의미는 힙을 컨트롤하는 것으로 생각하면 된다. 라틴댄스에서 힙의 속도+바닥 기준 움직임 형태 등의 차이가 있는 다양한 휘겨를 사용하므로 5종목의 개성이 나타난다. 올바른 댄스를 위하여 힙과 골반동작의 부드러운 움직임을 만들어 내야 하며 Hipmuscular Action의 올바른 통제방법과 정확한 사용이 중요하다.

삼바 이론

26. Samba Bounce에 대하여 설명하시오.

바운스는 삼바 특유의 액션이며, 이 특정 리듬 연출을 강조하기 위해 1a2 3a4로 카운트되는 모든 휘겨와 조화롭게 사용된다. 바운스 동작은 발목과 무릎의 굽힘과 펴짐, 골반의 Ante-retroversion(Pelvic Action)을 통해 생성되며, 이 Pelvic Action은 바운스 동작(예 : 백워드 록스)과 별도로 춤을 추기도 한다.

이 액션을 반복하면 바디 전체가 연동하는 바운스 효과가 지속적으로 발생하게 된다. 상체와 머리가 위아래로 움직임을 최소화하기 위해 특정 힙 디자인 및 액션이 각 바운스 동작과 결합되어야 하며, 이런 식으로 머리는 같은 수직 높이에 남아 있으며, 바운스는 바디에서 눈에 띄게 율동을 한다.

27. 삼바의 바운스 타이밍을 말하시오.

우리가 2비트를 1&2로 계산하면, lowering 단계는 숫자 카운트('1', '2')에서 발생하고 elevation 단계는 '&' 카운트에서 발생한다. 바운스는 또한 바디의 움직임을 준비하는 데 사용되기 때문에 춤을 추는 휘겨의 선행 스텝에서 시작된다. 이러한 이유로 바운스 액션을 사용하는 휘겨는 앞의 '&'〈높은 상태〉에서 카운트된다(예 : Samba Whisks to L and R는 "& 1 & a 2 & 3 & a 4"로 계산할 수 있다).

28. 삼바 리드믹 카운트 종류 7가지만 말하시오.

각 휘겨에는 다음과 같은 특정 타이밍과 리드미컬한 연출을 보유하고 있다.

SS	SQQ	QQS	QQQQ	1a2	&12	123

@ 123 → 3/4 1/2 3/4 [스페셜카운트]

차차차 이론

29. 차차차 Forward Walk을 설명하시오.

Forward Walk은 딛고 있는 다리의 무릎을 펴고 각 스텝에서 고관절 동작을 사용하여 "큐반 모션"을 모방하거나 신체의 다른 부분에 영향을 주지 않고 힙을 굴절시키는 특별한 신체 연동을 사용하여 앞으로 진행한다.

Timing은 카운트에서 발은 위치되고 체중이 전달되고 '&'에서 움직이는 다리가 모아진다.

발이 비트에 위치하고 체중이 '&'으로 옮겨지면 "Delayed Forward Walk"이 된다.

Forward Walk의 자세한 풋 액션은 'ET, T, B, B Flat'로 설명되고, 이것은 'B Flat'으로 표현된다.

30. Guapacha Timing에 대하여 말하시오.

차차차의 많은 휘겨에서 첫 번째 스텝(보통 2 카운트)의 타이밍을 과파차 타이밍이라는 싱코페이티드 리듬으로 대체할 수 있다. 2 3 4 & 1인 휘겨에서 카운트 2 후반에서 춤을 추면 (2) & 3 4 & 1이 된다. Fan L Angle Position이나 Open Opp Position으로 휘겨가 끝난 후, 후행 휘겨를 시작할 때 남자는 과파차 타이밍을 사용하고 여자는 정상적인 타이밍을 할 수 있다.

룸바 이론

31. Cucaracha를 설명하시오.

Cucaracha는 3보로 구성되며, 2보는 항상 Weight Transfer in Place, 3보는 항상 Walk in Place(발을 모으며 딛는)이다. Cucarachas는 어느 방향으로나 가능하다. 전방으로 향할 때, 1보는 Checked Forward Walk이다. 대각선 또는 옆으로 경우 1보는 Side Walk, 뒤쪽 진행이면 1보는 Checked Backward Walk이다.

Cucaracha의 Foot Action은 옆쪽, 대각선 쪽 혹은 뒤쪽으로 할 때 특히 중요하다. 1보에서 불완전한 체중 이동 때문에, 앞에 서 있는 다리의 힐이 바닥을 떠나지 않으므로 2보 Foot Action은 평소와 같이 B Flat이 아닌 Flat이다.

32. Side Walk - Foot Action을 설명하시오.

체중 이동 시 풋 액션은 'ET, I/E of T, I/E of B, B Flat'이며, 이것을 'B Flat'으로 표현된다. 모든 side walk 끝에서 새로운 움직이는 다리의 발이 바깥쪽으로 extend and rotate된다. 무빙 발의 풋 액션은 'I/E of B, I/E of T, ET'라고 할 수 있다.

33. Forward Walk - Timing을 설명하시오.

카운트 2 혹은 3(resist, control)로 센터 밸런스에 도달하면 체중은 "&" 카운트(push, extend)로 이동되고, 발은 "a" 카운트에 모아진다. 카운트 4 1 스텝에서는 발이 바닥에 놓이며 카운트 4에 센터 밸런스에 도달, 카운트의 나머지 부분에 체중이 전송되고, 카운트 1 후반에 발은 "a"로 모아진다.

34. Forward Walk - Foot Action을 설명하시오.

포워드 웍의 자세한 풋 액션은 'ET, T, B, B Flat'으로 설명해야 하지만, 'B Flat'으로 책에서는 표현된다.

35. 룸바 Forward Walk 과정을 설명하시오.

구분	동작들	♬	설명
준비	Settle	a	왼쪽무릎을 펴고. 오른 무릎은 부드럽게 구부려지며
1단계	Resist	2	바디가 미세하게 앞으로 움직이며…
2단계	Control		바디 진행, 오른발 펴며 센터 밸런스 도달. 두 무릎은 펴진다
3단계	Push	&	왼쪽 발목 펴지며 바디 진행되어, 체중 이 오른발로 가는 中…
4단계	Extend		왼발 더 뻗고 골반 로테이트되고
5단계	Recover	a	왼쪽무릎 구부리며 왼발 오른발 옆으로

Settle	Resist	Control	Push	Extend	Recover	settle
a	2		&		a	a
예비보	바디 앞으로 진행	센터 밸런스까지 진행	바디 더 진행	발목 더 뻗으면 골반은 로테이트	발 모음	

파소도블레 이론

36. Appel을 설명하시오.

발동작은 선행 휘겨로 인해 다를 수 있으며, 풋워크는 볼 플랫, 플랫 또는 토 플랫이 모두 가능하다. Promenade Position으로 돌아가지 않는 휘겨를 추는 경우(예 : Separation), 어펠에서 힙 디자인이 없고 턴 없이 진행될 것이고, 딛는 발의 무릎이 약간 구부러질 것이다.

37. 파소도블레의 Poise(커플의 자세. Posture는 혼자 서 있는 자세)를 설명하시오.

Paso Doble은 Hip Design이 거의 사용되지 않기 때문에 - 다른 라틴 아메리카 댄스와 약간 다른 고유의 자세를 가지고 있고, 이러한 특성으로 인해 파소도블만의 성격을 연출할 수 있다

바디의 특성 곡선은 힙 부위의 anteversion(전진 기울기)에 의해 생성되며, 체중은 발의 중심을 향해 유지된다. 발목에서 목까지 이어지는 라인을 만들기 위해서는 복부와 둔부 근육이 강한 긴장 상태로 유지되어야 하며, 턱은 댄스 과정에 바닥과 평행하게 유지되어야 하고, 다리가 똑바로 섰을 때조차도 무릎이 뒤로 잠기지 않는다. 어깨와 힙이 일직선되지 않거나 로테이션되고 또는 평형이나 기울어지게 되는 바디 액션 경우에도 균형을 유지해야 한다. 어깨와 관련하여 힙 로테이션 측면에서 Poise의 약간의 변형은, 다이내믹한 모양과 돋보이는 포지션을 선수가 만들 수 있게 한다.

자이브 이론

38. Jive Style 2가지는 무엇인가?

Swing Jive와 Jumping Jive가 자이브에서의 두 가지 기본 스타일이다. 차트가 Swing Jive 액션을 기반으로 작성되었지만 모든 액션은 Jumping Jive로 대체될 수 있다.

39. Kick Ball Change의 타이밍, 풋 플레이스먼트, 제너럴액션, 풋 액션을 설명하시오.

Q	무릎 올린 상태에서 왼발 킥 - LF Kick then Flight	Kicking Action then Jumping Change	B Flat of RF
a	왼발 오른발 뒤로 크로스 - LF crossed behind RF		B
	왼발 체중 - Weight on LF		
Q	오른발로 체중 이동 - RF in place	Jumping Action	B Flat
	오른발 체중 - Weight on RF		

40. Jive Chasse를 설명하시오.

Jive Chasse는 어떤 방향으로든 실행 가능한 일련의 3스텝이다. Jive Chasse의 회전량은 춤추는 휘겨에 따라 다르며 어느 방향으로도 만들 수 있다.

Jive Chasse의 마지막 보(스텝)는 필요한 경우 Fwd Step Turning, Spiral Cross 또는 Swivel로 할 수 있다.

41. Jive Timing을 설명하시오.

Timing	스텝명	Timing	스텝명	Timing	스텝명
QQQQ	Rock to Simple Spin	S S	Chicken Walks	QQQQQaQ	Double Cross Whip
QQQaQ	Whip	QQQaQ QaQ	Basic in Place	QQQQQQ	Promenade Walks-Quick

가장 일반적인 타이밍은 Basic in Place(Q Q QaQ QaQ)이다.

42. Jive Chasse의 대체 가능한 5가지 방법을 말하시오.

- **Single Beat Chasse :** 좌 또는 우측의 한 스텝으로 대체될 수 있으며 "S"로 카운트.
- **Tap Step :** 탭(몸 아래 "찍고")과 옆으로 딛은 발로 대체되고, 'QQ'으로 카운트.
- **Step Tap :** 옆으로 딛고 탭("찍고") 발로 대체되고, "QQ"으로 카운트.
- **Flick Step :** Kick(발을 약 15cm 연장)과 옆으로 딛은 발로 대체되며 "QQ"으로 카운트.
- **Step Flick :** 옆으로 딛는 스텝과 킥으로 대체될 수 있으며(발을 약간 뻗는다. 바닥에서 15cm 떨어진 곳에 있다) "QQ"으로 카운트.

02 WDSF 라틴댄스 선후행

하나의 스탭은 선후행 스탭과 연결된다. WDSF 테크닉북에서는 아래와 같이 선후행 Chart로 선후행의 스탭 정보를 보여 주고 있다.

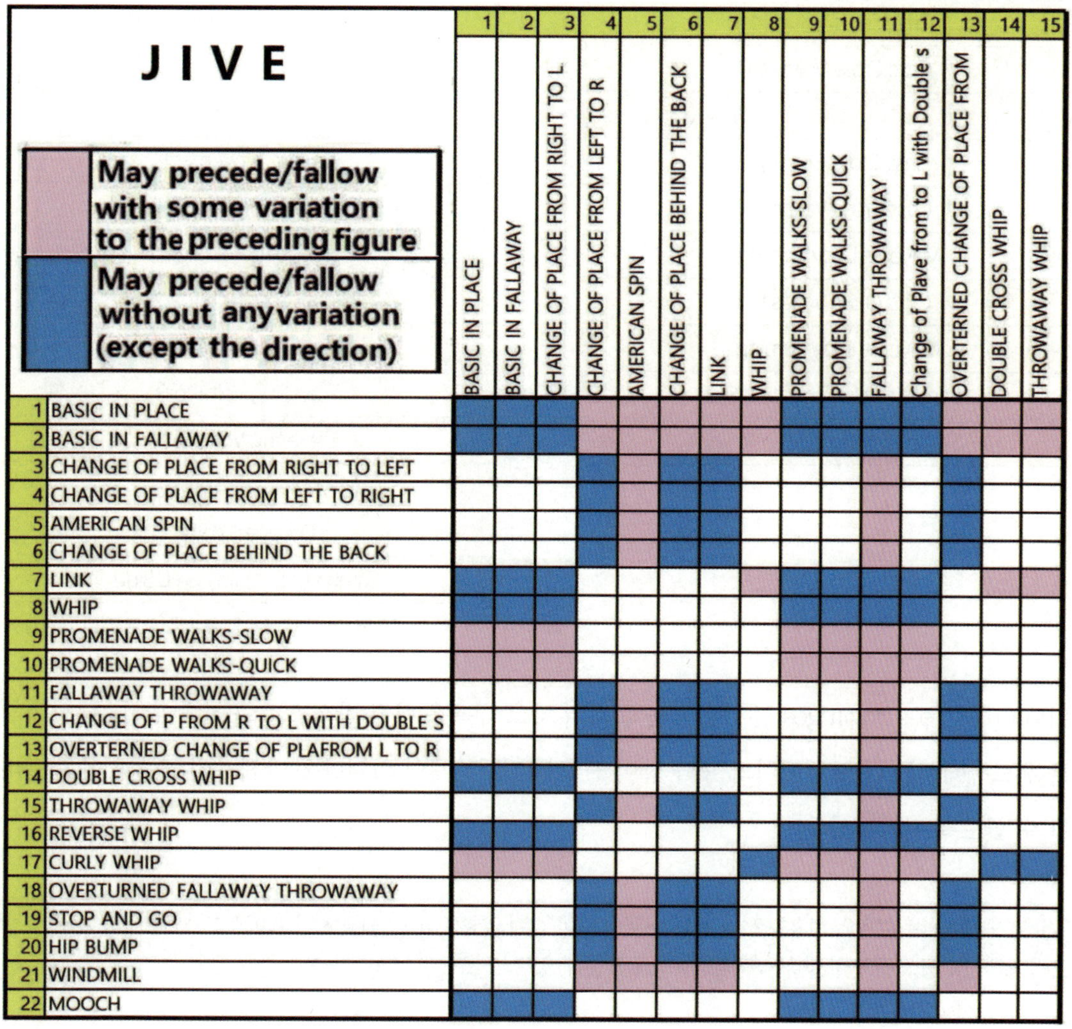

JIVE

(pink)	May precede/fallow with some variation to the preceding figure
(blue)	May precede/fallow without any variation (except the direction)

	1 BASIC IN PLACE	2 BASIC IN FALLAWAY	3 CHANGE OF PLACE FROM RIGHT TO L	4 CHANGE OF PLACE FROM LEFT TO R	5 AMERICAN SPIN	6 CHANGE OF PLACE BEHIND THE BACK	7 LINK	8 WHIP	9 PROMENADE WALKS-SLOW	10 PROMENADE WALKS-QUICK	11 FALLAWAY THROWAWAY	12 Change of Plave from to L with Double s	13 OVERTERNED CHANGE OF PLACE FROM	14 DOUBLE CROSS WHIP	15 THROWAWAY WHIP
1 BASIC IN PLACE															
2 BASIC IN FALLAWAY															
3 CHANGE OF PLACE FROM RIGHT TO LEFT															
4 CHANGE OF PLACE FROM LEFT TO RIGHT															
5 AMERICAN SPIN															
6 CHANGE OF PLACE BEHIND THE BACK															
7 LINK															
8 WHIP															
9 PROMENADE WALKS-SLOW															
10 PROMENADE WALKS-QUICK															
11 FALLAWAY THROWAWAY															
12 CHANGE OF P FROM R TO L WITH DOUBLE S															
13 OVERTERNED CHANGE OF PLAFROM L TO R															
14 DOUBLE CROSS WHIP															
15 THROWAWAY WHIP															
16 REVERSE WHIP															
17 CURLY WHIP															
18 OVERTURNED FALLAWAY THROWAWAY															
19 STOP AND GO															
20 HIP BUMP															
21 WINDMILL															
22 MOOCH															

선후행 표

Criss Cross Botafogos 선행
Criss Cross Botafogos
Side Samba Walk
Criss Cross Voltas to R
Criss Cross Voltas to L
후행
Criss Cross Botafogos
Criss Cross Voltas to R
Maypole Lady Turning R
Criss Cross Voltas to L
Maypole Lady Turning L
Samba Locks Lady on L Side
Samba Locks Lady on R Side

Criss Cross Voltas to R 선행
Criss Cross Botafogos
Side Samba Walk
Criss Cross Voltas to L
후행
N Basic Movement
Side Basic Movement to R
Samba Whisk to R
Underarm Turning L
R Basic Movement
Stationary Samba Walks
Side Samba Chasse
Criss Cross Botafogos
Criss Cross Voltas to L
Travelling Volta to R
Travelling Volta to L
Maypole Lady Turning L
Dropped Volta
Samba Locks Lady on L Side

@ 선후행 Chart의 내용을 표 서식으로 정리한 자료임.

위의 Criss Cross Botafogos 선후행 표는 교재의 차트 내용을 다른 방식으로 표현해 보여 주고 있다. 본 핸드북에서는 다음 페이지의 표와 같이 선후행 각각 3개의 휘겨만을 발췌하여 구술시험을 준비할 수 있도록 정리하였다.

@ 본 도서에서는 차트와 선후행 전체 표의 내용이 많아 싣지 않았으며, 이 책 마지막 쪽에 나와 있는 저자 홈페이지에서 선후행 차트와 휘겨별 선후행 표를 참고하실 수 있다.

다음의 표에서 ◀▶ 도형 의미는 제1보가 왼발로 시작되며 마지막 발이 오른발로 끝난다는 의미이다.

선행 혹은 후행에 [딱 2개] 의미는 WDSF 테크닉북에 해당 휘겨가 2개만 나와 있다는 의미이다.

선행	삼바	후행
Samba Whisk to L ◀ Criss Cross Voltas to R Underarm Turning R	N B(베이직) 무브먼트 ▶◀	Samba Whisk to R Reverse Basic Movement Underarm Turning L
	프로그래시브 Basic 무브먼트 ▶◀	
	아웃사이드 Basic ▶◀	
	트레블링 볼타 투 R ◀◀	
Side Samba Walk ▶ Criss Cross Botafogos Criss Cross Voltas to L	크리스 크로스 볼타 투 R ◀◀	
	메이폴 레이디 터닝 R ◀◀	
Samba Whisk to R ▶ Stationary Samba Walks Side Samba Chasse	언더암 터닝 R ◀◀	
	삼바 휘스크 투 L ◀◀	
	사이드 B 무브먼트 투 L ◀◀	
	트레블링 볼타 투 L ▶▶	Samba Whisk to L Side Samba Chasse Travelling Botafogos Fwd
	스테이셔너리 삼바웍 ◀▶	
	드롭피드 볼타 ◀▶	
	R 베이직 무브먼트 ◀▶	
	리버스 턴 ◀▶	
	사이드 삼바 샤세 ◀▶	
Samba Whisk to L ◀ Criss Cross Voltas to R Underarm Turning R	사이드 B 무브먼트 투 R ▶▶	
	언더암 터닝 L ▶▶	
	삼바 휘스크 투 R ▶▶	
Side Samba Walk ▶ Criss Cross Botafogos Criss Cross Voltas to L	크리스 크로스 볼타 투 L ▶▶	
	메이폴 레이디 터닝 L ▶▶	
Promenade Samba Walks ▶ Prom to Count Prom Bota ◀ Travelling Bota Bwd to PP ◀	사이드 삼바웍 ▶▶	
	프롬나드 삼바웍 ◀▶	Samba Whisk to L Side Samba Chasse Dropped Volta
Side Samba Walk ▶ Stationary Samba Walks Dropped Volta	삼바 록스 레이디 온 R 사이드 ◀◀	Stationary Samba Walk Side Samba Walk Dropped Volta
	삼바 록스 레이디 온 L 사이드 ▶▶	
Side Samba Walk ▶ Criss Cross Botafogos Criss Cross Voltas to R	크리스 크로스 보타포고스 ◀▶	Criss Cross Voltas to R Maypole Lady Turning R Samba Locks Lady on R Side
Circular Voltas Turning R ◀ Circular Voltas Turning L ▶ Same Foot Botafogos [딱 3개] ◀	세임 풋 보타포고스 ▶◀	Circular Voltas Turning R Circular Voltas Turning L Same Foot Botafogos
Circular Voltas Turning L ▶ Same Foot Botafogos [딱 2개] ◀	써큐라 볼타스 터닝 R ▶▶	Circular Voltas Turning L Same Foot Botafogos [딱 2개]
Circular Voltas Turning R ◀ Same Foot Botafogos [딱 2개]	써큐라 볼타스 터닝 L ◀◀	Circular Voltas Turning R Same Foot Botafogos [딱 2개]
Cruzados Walks ▶ Cruados Locks [딱 2개]	크루자도 웍 ◀▶	Cruzados Walks [딱 2개] Cruzados Locks
Cruzados Walks ▶ Cruados Locks [딱 2개]	크루자도 록 ◀▶	
Samba Whisk to R ▶ Stationary Samba Walks Side Samba Chasse	트레블링 보타포고스 백워드 피피 ▶◀	Side Samba Walk TravellingVoltatoL Dropped Volta
	프롬나드 투 카운터 보타포고스 ◀◀	
Samba Whisk to R Stationary Samba Walks ▶ Side Samba Chasse	트레블링 보타포고스 포워드 ◀◀	OutSide Basic [딱 2개] Travelling Botafogos Fwd

선행	차차차		후행
NY to L Hand to Hand to R Spot Turn to L	3 차차차 투 R	▶▶	NY to R Hand to Hand to L Spot Turn to R
	오픈 힙 트위스트 투 샤세	◀▶	
	알레마나 프롬 오픈 어포징 포지션	◀▶	
	클로즈 베이직	◀▶	
	클로즈 베이직 위드 턴	◀▶	
	클로즈 베이직 무브먼트	◀▶	
	타임 스텝	◀▶	
Alemana [딱 3개] Alemana from Opp Position Natural Top	클로즈 힙 트위스트 투 샤세	◀▶	
NY to R Hand to Hand to L Spot Turn to R	스팟 턴 투 L	▶▶	
	언더암 턴 터닝 투 R	▶▶	
	숄더 투 숄더	◀▶	
	아이다	▶▶	
	펜	▶▶	
	내추럴 탑	▶▶	
	스프릿 큐반브레크 투 L	▶▶	
	알래마나	◀▶	
	큐반브레크 투 L	▶▶	
	뉴욕 투 L	▶▶	
	핸드 투 핸드 투 R	▶▶	
Fan [딱 3개] Close Hip Twist Open Hip Twist	하키 스틱 투 샤세	◀▶	NY to R Shoulder to Shoulder Underarm turn turning to L
NY to L Hand to Hand to R Spot Turn to L	핸드 투 핸드 투 L	◀◀	NY to L Hand to Hand to R Spot Turn to L
	스팟 턴 투 라잇	◀◀	
	스프릿 큐반브레크 투 R	◀◀	
	큐반브레크 투 R	◀◀	
	뉴욕 투 R	◀◀	
	언더암 턴 터닝 투 L	◀◀	
NY to R Hand to Hand to L Spot Turn to R	3 차차차 투 L	◀◀	
Alemana [딱 3개] Alemana from Opp Position Natural Top	클로즈 힙 트위스트	◀▶	Hockey Stick Hockey Stick to Chasse Alemana
NY to L Hand to Hand to R Spot Turn to L	오픈 힙 트위스트 [딱 3개]	◀▶	Time Step Open Hip Twist Alemana from Open Opp Position
	오픈 베이직 무브먼트	◀▶	
	크로스 베이직 투 오픈 어포징 포지션	◀▶	
Fan [딱 3개] Close Hip Twist Open Hip Twist	하키 스틱	◀▶	

선행	룸바	후행
Close Basic Movement Side Walks and Cucarachas Opening Out	클로즈 베이직 무브먼트 ◀▶	New York to R Hand to Hand to L Spot Turn to R
New York to L Hand to Hand to R Spot Turn to L	사이드 웍 앤 쿠카라차 ◀▶	
	오픈 힙 트위스트 피니시 투 사이드 ◀▶	
	숄더 투 숄더 ◀▶	
NY to R Hand to Hand to L Spot Turn to R	알레마나 피니시 투 사이드 ◀▶	
	아이다 ▶▶	
	뉴욕 투 L ▶▶	
	핸드 투 핸드 투 R ▶▶	
	스팟 턴 투 L ▶▶	
	언더암 턴 터닝 투 R ▶▶	
Opening Out Alemana [딱 3개] Continuous Hip Twist	크로즈 힙 트위스트 피니시 투 사이드 ◀▶	
Fan Open Hip Twist Progressive Fwd Walks to Fan	하키 스틱 피니시 투 사이드 ◀▶	
	펜싱 투 스핀 ◀▶	
New York to L Hand to Hand to R Spot Turn to L	뉴욕 투 R ◀◀	NY toL Hand to Hand to R Spot Turn to L
	언더암 턴 터닝 투 L ◀◀	
	핸드 투 핸드 투 L ◀◀	
	스팟 턴 투 R ◀◀	
New York to L Hand to Hand to R Spot Turn to L	오픈 베이직 무브먼트 ◀▶	Open Basic Movement Open Hip Twist Alemana
	프로그래시브 포워드 웍 ▶▶	
Fan Open Hip Twist [딱 3개] Progressive Fwd Walks to Fan	하키 스틱 ◀▶	
NY to R Hand to Hand to L Spot Turn to R	프로그래시브 포워드 웍 투 펜 ▶▶	Hockey Stick Alemana PencingtoSpin
	오픈 힙 트위스트 ◀▶	
	펜 ▶▶	
Opening Out Alemana Continuous Hip Twist	오프닝 아웃 ◀▶	Opening Out Close Hip Twist Close Hip Twist finish to side Continuous Hip Twist
	컨티뉴 힙 트위스트 [딱 4개] ◀▶	
Fan Open Hip Twist Close Hip Twist	알레마나 ◀▶	Opening Out [딱 4개] Close Hip Twist-Finished to Side Continuous Hip Twist
	얼터너티브 베이직 무브먼트 ◀▶	Close Basic Movement [딱 3개] Alemana-Finished to Side
Opening Out Alemana [딱 3개] Continuous Hip Twist	크로즈 힙 트위스트 ◀▶	Alternative Basic Movement **Alemana** [딱 4개] Alemana Finished to Side Fencing to Spin

<table>
<tr><th>선행</th><th>파소 도블레</th><th>후행</th></tr>
<tr><td rowspan="13">Chasse to R
Attack
Huit</td><td>베이직 무브먼트 ▶◀</td><td rowspan="16">Chasse to L
Attack
Seperation</td></tr>
<tr><td>서플레이스 ▶◀</td></tr>
<tr><td>샤세 투 라잇 ▶◀</td></tr>
<tr><td>드래그 ▶◀</td></tr>
<tr><td>샤세 투 레프트 ▶◀</td></tr>
<tr><td>어택 ▶◀</td></tr>
<tr><td>세퍼레이션 ▶◀</td></tr>
<tr><td>내추럴 트위스트 턴 ▶◀</td></tr>
<tr><td>프롬나드 ▶◀</td></tr>
<tr><td>프롬나드 링크 ▶◀</td></tr>
<tr><td>식스틴 ▶◀</td></tr>
<tr><td>라 파세 ▶◀</td></tr>
<tr><td>밴드릴러스 ▶◀</td></tr>
<tr><td rowspan="3">Promenade to Counter Promenade
Fallaway Revers
Fallaway Whisk</td><td>휴이트 ▶◀</td></tr>
<tr><td>클로즈드 프롬나드 ▶◀</td></tr>
<tr><td>그랜드 서클 ▶◀</td></tr>
<tr><td rowspan="4">Chasse to R
Attack
Huit</td><td>폴어웨이 리버스 ▶◀</td><td rowspan="3">Huit
Closed Promenade
Grand Circle</td></tr>
<tr><td>폴어웨이 휘스크 ▶◀</td></tr>
<tr><td>프롬나드 투 카운터 프롬나드 ▶◀</td></tr>
<tr><td>싱코페이션 세퍼레이션 ▶▶</td><td>[없음]</td></tr>
<tr><td>Promenade to Counter Promenade
Fallaway Whisk</td><td>스페니시 라인스 ▶◀</td><td rowspan="2">Spanish Lines [딱 3개]
Closed Promenade
Flamenco Taps</td></tr>
<tr><td>Spanish Lines [딱 2개]
Flamenco Taps</td><td>플라멩코 탭 ◀▶</td></tr>
</table>

<table>
<tr><th>선행</th><th>자이브</th><th>후행</th></tr>
<tr><td rowspan="7">Basic in Fallaway
Link
Mooch</td><td>베이직 인 플레이스 ◀▶</td><td rowspan="10">Basic in Fallaway
Promenade Walks
Mooch</td></tr>
<tr><td>베이직 인 폴어웨이 ◀▶</td></tr>
<tr><td>프롬나드 웍스-슬로우 ◀▶</td></tr>
<tr><td>프롬나드 웍스-퀵 ◀▶</td></tr>
<tr><td>리버스 윕 ◀▶</td></tr>
<tr><td>커리 윕 ◀◀</td></tr>
<tr><td>무치 ◀▶</td></tr>
<tr><td>American Spin
Stop and Go
Fallaway Throwaway</td><td>링크 ◀▶</td></tr>
<tr><td rowspan="3">Basic in Place
Basic in Fallaway
Link [딱 4개]
Curly Whip</td><td>윕 ▶▶</td></tr>
<tr><td>더블크로스 윕 ▶▶</td></tr>
<tr><td>스로어웨이 윕 ▶▶</td><td rowspan="11">American Spin
Change of Place Behind the Back
Stop and Go</td></tr>
<tr><td rowspan="4">Basic in Fallaway
Link
Mooch</td><td>체인지 오브 플레이스 R 투 L ◀▶</td></tr>
<tr><td>폴어웨이 스로어웨이 ◀▶</td></tr>
<tr><td>체인지 오브 플레이스 R 투 L 더블 스핀 ◀▶</td></tr>
<tr><td>오버턴드 폴어웨이 스로어웨이 ◀▶</td></tr>
<tr><td rowspan="5">Basic in Fallaway
American Spin
Stop and Go</td><td>체인지 오브 플레이스 L 투 R ◀▶</td></tr>
<tr><td>아메리칸 스핀 ◀▶</td></tr>
<tr><td>체인지 오브 플레이스 비하인드 더 백 ◀▶</td></tr>
<tr><td>스톱 앤 고 ◀▶</td></tr>
<tr><td>힙 범프 ◀▶</td></tr>
<tr><td>Basic in Fallaway
American Spin
Stop and Go
Throwaway Whip</td><td>윈드밀 ◀▶</td></tr>
</table>

03 WDSF 라틴댄스 휘겨

WDSF 테크닉북의 원본 서적에서 휘겨 차트는 다음과 같이 스텝에 대한 방대한 자료가 모아져 있다.

HAND TO HAND TO RIGHT (MAN)

Step Action	Foot Placement	General Action	Quantity of Turn	Foot Action	Timing	Alignment Direction	Couple Position	Lead-Hold Shaping
Prec, Step	 Recover RF	Back Swivel	1/4 to R	ET of RF	&	Facing LOD turn to Backing C	Open Opp then L Side Same	LH to RH Hold Level 1
1	RF bwd Recover Body	Checked Backward Walk						
2	LF in place Recover RF	Wt Transfer in Place						
3	RF fwd RF to side/ Recover Body	Forward Walk Turning(*)	1/4 to					

Step Action	Hip Design	Hip M. Action	Trans lation	Squeeze	Rota tion
Prec, Step	Twist to R	Active then Settle		L	R
1	Neutral then Direct to R	Active then Settle	R Diag Bwd	Maintain L then R	
2	Half 8 to L	Active then Settle	L Diag Fwd	L	
3	Half Rev 8 to R	Active then Settle	R Diag Fwd	R	L

WDSF 테크닉북 스텝에 대한 구술시험을 준비하기 위해, "휘겨핸드북"을 소개한다.

브론즈와 실버 휘겨 차트가 보이게 되는데, 그 차트에 노란색 칸을 만들어 놓았다.
여러분은 노란색 칸을 구술시험 출제문제로 생각하고, 노란색 칸의 문제를 풀면서 해당 휘겨의 전체적인 정보를 파악할 수 있도록 노력하시기 바란다.
결국, 돌려서 이야기하지 않고 결론을 말씀드리면, 각 휘겨 차트에 나와 있는 내용 전체를 알아야 한다.

실기와 구술시험에 관련 없이 해당 휘겨와 관련한 더 폭넓은 정보를 보려 하시는 경우 - 풋 플레이스먼트, 커플 포지션, 리드 홀드 세이핑, 힙 디자인, 힙 머스큐라 액션, 트랜스레이션, 스퀴즈, 로테이션과 참고사항 등의 정보는 **WDSF 테크닉북 원서**를 참고해야 할 것이다.

휘겨 차트에 들어가기 전에, 룸바 "클로즈 베이직 무브먼트" 스텝 문제를 예시로 살펴보고자 한다.

Foot Placement		General Action	FA	♬	Foot Placement		General Action	FA	♬
CLOSE BASIC MOVEMENT					CLOSE BASIC MOVEMENT				
1	LF fwd, T turnout	Checked Fwd Walk	B Flat	2	1	RF bwd	Checked Bwd Walk	B Flat	2
2	RF in place	Wt Transfer in Place	B Flat	3	2	LF in place	Wt Transfer in Place	B Flat	3
3	LF to side	Side Walk	B Flat	4.1	3	RF to side	Side Walk	B Flat	4.1
4	RF bwd	Checked Bwd Walk	B Flat	2	4	LF fwd, T turnout	Checked Fwd Walk	B Flat	2
5	LF in place	Wt Transfer in Place	B Flat	3	5	RF in place	Wt Transfer in Place	B Flat	3
6	RF to side	Side Walk	B Flat	4.1	6	LF to side	Side Walk	B Flat	4.1

좌측은 남자, 우측은 여성의 스텝 1-6보 실행 정보이다.

이 예상문제 차트는 한 페이지를 넘기면 4-6개의 남녀 휘겨 정보를 한눈에 볼 수 있도록 하였다. 그 차트에 있는 노란색의 빈칸을 채우는 문제해결 과정을 통해 탱고 "클로즈 베이직 무브먼트" 휘겨의 전체 내용을 파악할 수 있도록 스터디해 주실 것을 강조드린다.

(MAN) Foot Placement		General Action	턴량	풋 액션	Timing		
NATURAL BASIC MOVEMENT							
1	RF fwd	Fwd Walk	0, 또는 1/4 to R	B Flat	1	1	S
2	LF closed to RF	Step in place with part wt		B	a	a	a
3	RF in place	Wt Transfer in place		B Flat	2	2	S
4	LF bwd	Bwd Walk		B Flat	1	3	S
5	RF closed to LF	Step in place with part wt		B	a	a	a
6	LF in place	Wt Transfer in place		B Flat	2	4	S
REVERSE BASIC MOVEMENT							
1	LF fwd	Fwd Walk	0, 또는 1/4 to L	B Flat	1	1	S
2	RF closed to LF	Step in place with part wt		B	a	a	a
3	LF in place	Wt Transfer in place		B Flat	2	2	S
4	RF bwd	Bwd Walk		B Flat	1	3	S
5	LF closed to RF	Step in place with part wt		B	a	a	a
6	RF in place	Wt Transfer in place		B Flat	2	4	S
PROGRESSIVE BASIC MOVEMENT							
1	RF fwd	Fwd Walk		B Flat	1	1	S
2	LF closed to RF	Step in place with part wt		B	a	a	a
3	RF in place	Wt Transfer in place		B Flat	2	2	S
4	LF to side	Side Walk		B Flat	1	3	S
5	RF closed to LF	Step in place with part wt		B	a	a	a
6	LF in place	Wt Transfer in place		B Flat	2	4	S
SIDE BASIC MOVEMENT TO LEFT							
1	LF to side	Side Walk		B Flat	1	3	S
2	RF closed to LF	Step in place with part wt		B	a	a	a
3	LF in place	Wt Transfer in place		B Flat	2	4	S
SIDE BASIC MOVEMENT TO RIGHT							
1	RF to side	Side Walk		B Flat	1	3	S
2	LF closed to RF	Step in place with part wt		B	a	a	a
3	RF in place	Wt Transfer in place		B Flat	2	4	S
OUTSIDE BASIC							
1	RF fwd	Fwd Walk	1/8 to L	B Flat	1	1	S
2	LF closed to RF	Step in place with part wt		B	a	a	a
3	RF in place	Wt Transfer in place		B Flat	2	2	S
4	LF bwd PO on R side	Bwd Walk		B Flat	1	3	S
5	RF closed to LF	Step in place with part wt		B	a	a	a
6	LF in place	Wt Transfer in place		B Flat	2	4	S
7	RF fwd OP on R side	Fwd Walk	1/8 to R	B Flat	1	5	S
8	LF closed to RF	Step in place with part wt		B	a	a	a
9	RF in place	Wt Transfer in place		B Flat	2	6	S
10	LF bwd	Bwd Walk		B Flat	1	7	S
11	RF closed to LF	Step in place with part wt		B	a	a	a
12	LF in place	Wt Transfer in place		B Flat	2	8	S

(LADY) Foot Placement		General Action	턴량	풋 액션	Timing		
NATURAL BASIC MOVEMENT							
1	LF bwd	Bwd Walk	0, 또는 1/4 to R	B Flat	1	1	S
2	RF closed to LF	Step in place with part wt		B	a	a	a
3	LF in place	Wt Transfer in place		B Flat	2	2	S
4	RF fwd	Fwd Walk		B Flat	1	3	S
5	LF closed to RF	Step in place with part wt		B	a	a	a
6	RF in place	Wt Transfer in place		B Flat	2	4	S
REVERSE BASIC MOVEMENT							
1	RF bwd	Bwd Walk	0, 또는 1/4 to L	B Flat	1	1	S
2	LF closed to RF	Step in place with part wt		B	a	a	a
3	RF in place	Wt Transfer in place		B Flat	2	2	S
4	LF fwd	Fwd Walk		B Flat	1	3	S
5	RF closed to LF	Step in place with part wt		B	a	a	a
6	LF in place	Wt Transfer in place		B Flat	2	4	S
PROGRESSIVE BASIC MOVEMENT							
1	LF bwd	Bwd Walk		B Flat	1	1	S
2	RF closed to LF	Step in place with part wt		B	a	a	a
3	LF in place	Wt Transfer in place		B Flat	2	2	S
4	RF to side	Side Walk		B Flat	1	3	S
5	LF closed to RF	Step in place with part wt		B	a	a	a
6	RF in place	Wt Transfer in place		B Flat	2	4	S
SIDE BASIC MOVEMENT TO LEFT							
1	RF to side	Side Walk		B Flat	1	1	S
2	LF closed to RF	Step in place with part wt		B	a	a	a
3	RF in place	Wt Transfer in place		B Flat	2	2	S
SIDE BASIC MOVEMENT TO RIGHT							
1	LF to side	Side Walk		B Flat	1	3	S
2	RF closed to LF	Step in place with part wt		B	a	a	a
3	LF in place	Wt Transfer in place		B Flat	2	4	S
OUTSIDE BASIC							
1	LF bwd	Bwd Walk	1/8 to L	B Flat	1	1	S
2	RF closed to LF	Step in place with part wt		B	a	a	a
3	LF in place	Wt Transfer in place		B Flat	2	2	S
4	RF fwd OP on R side	Fwd Walk		B Flat	1	3	S
5	LF closed to RF	Step in place with part wt		B	a	a	a
6	RF in place	Wt Transfer in place		B Flat	2	4	S
7	LF bwd PO on R side	Bwd Walk	1/8 to R	B Flat	1	5	S
8	RF closed to LF	Step in place with part wt		B	a	a	a
9	LF in place	Wt Transfer in place		B Flat	2	6	S
10	RF fwd	Fwd Walk		B Flat	1	7	S
11	LF closed to RF	Step in place with part wt		B	a	a	a
12	RF in place	Wt Transfer in place		B Flat	2	8	S

(삼바) Foot Placement		General Action	턴량	풋 액션	Timing		
STATIONARY SAMBA WALKS							
1	Instep of LF closed to T of RF	Walk in place		B Flat	1	1	S
2	RF bwd, T turnout	Bwd step with part wt		I/E of T	a	a	a
3	LF slipped slily bwd	Foot Slip then Wt Transfer in place		Flat	2	2	S
4	Instep of RF closed to T of LF	Walk in place		B Flat	1	3	S
5	LF bwd, T turnout	Bwd Step with part wt		I/E of T	a	a	a
6	RF slipped slily bwd	Foot Slip then Wt Transfer in place		Flat	2	4	S
SAMBA WHISK TO LEFT							
1	LF to side	Side Walk		B Flat	1	1	S
2	RF crod behind LF	Latin Cross with part wt		T	a	a	a
3	LF in place	Wt Transfer in place Latin Cross		B Flat	2	2	S
SAMBA WHISK TO RIGHT							
1	RF to side	Side Walk		B Flat	1	1	S
2	LF crod behind RF	Latin Cross with part wt		T	a	a	a
3	RF in place	Wt Transfer in place Latin Cross		B Flat	2	2	S
PROMENADE SAMBA WALKS							
1	LF fwd	Fwd Walk		B Flat	1	1	S
2	RF bwd	Bwd step with part wt		I/E of T	a	a	a
3	LF slipped bwd	Foot Slip then Wt Transfer in place		Flat	2	2	S
4	RF fwd	Fwd Walk		B Flat	1	3	S
5	LF bwd, T turnout	Bwd step with part wt		I/E of T	a	a	a
6	RF slipped bwd	Foot Slip then Wt Transfer in place		Flat	2	4	S
SIDE SAMBA WALK							
1	RF fwd	Fwd Walk		B Flat	1	1	S
2	LF to side, T turnout	Side step with part wt		I/E of T	a	a	a
3	RF slipped leftwards	Foot Slip then Wt Transfer in place		Flat	2	2	S
REVERSE TURN							
1	LF fwd	Fwd Walk		B Flat	1	1	S
2	RF to side and slily bwd	Side step with part wt	3/8 to L	T	a	a	a
3	LF crod in front of RF	Latin Cross		B Flat	2	2	S
4	RF bwd and slily to side	Bwd Walk		B Flat	1	3	S
5	LF to side	Side step with part wt	3/8 to L	B	a	a	a
6	RF closed to LF	Step in place		B Flat	2	4	S

(LADY) Foot Placement		General Action	턴량	풋 액션	Timing		
STATIONARY SAMBA WALKS							
1	Instep of RF closed to T of LF	Walk in place		B Flat	1	1	S
2	LF bwd, T turnout	Bwd step with part wt		I/E of T	a	a	a
3	RF slipped slily bwd	Foot Slip then Wt Transfer in place		Flat	2	2	S
4	Instep of LF closed to T of RF	Walk in place		B Flat	1	3	S
5	RF bwd, T turnout	Bwd Step with part wt		I/E of T	a	a	a
6	LF slipped slily bwd	Foot Slip then Wt Transfer in place		Flat	2	4	S
SAMBA WHISK TO LEFT							
1	RF to side	Side Walk		B Flat	1	1	S
2	LF crod behind RF	Latin Cross with part wt		T	a	a	a
3	RF in place	Wt Transfer in place Latin Cross		B Flat	2	2	S
SAMBA WHISK TO RIGHT							
1	LF to side	Side Walk		B Flat	1	1	S
2	RF crod behind LF	Latin Cross with part wt		T	a	a	a
3	LF in place	Wt Transfer in place Latin Cross		B Flat	2	2	S
PROMENADE SAMBA WALKS							
1	RF fwd	Fwd Walk		B Flat	1	1	S
2	LF bwd, T turnout	Bwd step with part wt		I/E of T	a	a	a
3	RF slipped bwd	Foot Slip then Wt Transfer in place		Flat	2	2	S
4	LF fwd	Fwd Walk		B Flat	1	3	S
5	RF bwd, T turnout	Bwd step with part wt		I/E of T	a	a	a
6	LF slipped bwd	Foot Slip then Wt Transfer in place		Flat	2	4	S
SIDE SAMBA WALK							
1	LF fwd	Fwd Walk		B Flat	1	1	S
2	RF to side, T turnout	Side step with part wt		I/E of T	a	a	a
3	LF slipped rightwards	Foot Slip then Wt Transfer in place		Flat	2	2	S
REVERSE TURN							
1	RF bwd and slily to side	Bwd Walk		B Flat	1	1	S
2	LF to side	Side step with part wt	3/8 to L	B	a	a	a
3	RF closed to LF	Step in place		B Flat	2	2	S
4	LF fwd	Fwd Walk		B Flat	1	3	S
5	RF to side and slily bwd	Side step with part wt	3/8 to L	T	a	a	a
6	LF crod in front of RF	Latin Cross		B Flat	2	4	S

	(삼바) Foot Placement	General Action	턴량	풋 액션	Timing		
PROMENADE TO COUNTER PROMENADE BOTAFOGOS							
1	LF fwd	Fwd Walk		B Flat	1	1	S
2	RF to side, T turnout	Side step with part wt	1/8 to L	I/E of T	a	a	a
3	LF turns to L in place	Wt Transfer in Place		B Flat	2	2	S
4	RF fwd and acro	Fwd Walk		B Flat	1	3	S
5	LF to side, T turnout	Side step with part wt	1/4 to R	I/E of T	a	a	a
6	RF turns to R in place	Wt Transfer in Place		B Flat	2	4	S
7	LF fwd and acro	Fwd Walk		B Flat	1	5	S
8	RF to side, T turnout	Side step with part wt	3/8 to L	I/E of T	a	a	a
9	LF turns to L in place	Wt Transfer in Place		B Flat	2	6	S
SIDE SAMBA CHASSE							
1	LF to side	Side Walk		B Flat	1	1	Q
2	RF closed to LF	Step in place		B	&	&	Q
3	LF to side	Side Walk		B Flat	2	2	Q
4	RF closed to LF	Step in place		B	&	&	Q
5	LF to side	Side Walk		B Flat	1	3	S
6	RF closed to LF	Step in place		B Flat	2	4	S
TRAVELLING BOTAFOGOS FWD							
1	LF fwd	Fwd Walk then Sw/v		B Flat	1	1	S
2	RF to side and slily fwd, T turnout	Side step with part wt	1/8 to L	I/E of T	a	a	a
3	LF in place	Wt Transfer in Place		B Flat	2	2	S
4	RF fwd OP on R side	Fwd Walk then Sw/v		B Flat	1	3	S
5	LF to side and slily fwd, T turnout	Side step with part wt	1/4 to R	I/E of T	a	a	a
6	RF in place	Wt Transfer in Place		B Flat	2	4	S
7	LF fwd OP on L side	Fwd Walk then Sw/v		B Flat	1	5	S
8	RF to side and slily fwd, T turnout	Side step with part wt	1/4 to L	I/E of T	a	a	a
9	LF in place	Wt Transfer in Place		B Flat	2	6	S
TRAVELLING BOTAFOGOS BWD TO PP							
1	RF bwd	Bwd Walk		B Flat	1	1	S
2	LF to side and slily bwd, T turnout	Side step with part wt	1/8 to L	I/E of T	a	a	a
3	RF in place	Wt Transfer in Place		B Flat	2	2	S
4	LF bwd PO on R side	Bwd Walk		B Flat	1	3	S
5	RF to side and slily bwd, T turnout	Side step with part wt	1/4 to R	I/E of T	a	a	a
6	LF in place	Wt Transfer in Place		B Flat	2	4	S
7	RF bwd PO on L side	Bwd Walk		B Flat	1	5	S
8	LF to side and slily bwd, T turnout	Side step with part wt	3/8 to L	I/E of T	a	a	a
9	RF in place	Wt Transfer in Place		B Flat	2	6	S
10	LF bwd PO on R side	Bwd Walk		B Flat	1	7	S
11	RF to side and slily fwd, T turnout	Side step with part wt	1/8 to L	I/E of T	a	a	a
12	LF in place	Wt Transfer in Place		B Flat	2	8	S

	(LADY) Foot Placement	General Action	턴량	풋 액션	Timing		
PROMENADE TO COUNTER PROMENADE BOTAFOGOS							
1	RF bwd	Bwd Walk		B Flat	1	1	S
2	LF to side, T turnout	Side step with part wt	1/8 to R	I/E of T	a	a	a
3	RF turns to R in place	Wt Transfer in Place		B Flat	2	2	S
4	LF fwd and acro	Fwd Walk		B Flat	1	3	S
5	RF to side, T turnout	Side step with part wt	1/4 to L	I/E of T	a	a	a
6	LF turns to L in place	Wt Transfer in Place		B Flat	2	4	S
7	RF fwd and acro	Fwd Walk		B Flat	1	5	S
8	LF to side, T turnout	Side step with part wt	3/8 to R	I/E of T	a	a	a
9	RF turns to R in place	Wt Transfer in Place		B Flat	2	6	S
SIDE SAMBA CHASSE							
1	RF to side	Side Walk		B Flat	1	1	Q
2	LF closed to RF	Step in place		B	&	&	Q
3	RF to side	Side Walk		B Flat	2	2	Q
4	LF closed to RF	Step in place		B	&	&	Q
5	RF to side	Side Walk		B Flat	1	3	S
6	LF closed to RF	Step in place		B Flat	2	4	S
TRAVELLING BOTAFOGOS FWD							
1	RF bwd	Bwd Walk		B Flat	1	1	S
2	LF to side and slily bwd, T turnout	Side step with part wt	1/8 to L	I/E of T	a	a	a
3	RF in place	Wt Transfer in Place		B Flat	2	2	S
4	LF bwd PO on R side	Bwd Walk		B Flat	1	3	S
5	RF to side and slily bwd, T turnout	Side step with part wt	1/4 to R	I/E of T	a	a	a
6	LF in place	Wt Transfer in Place		B Flat	2	4	S
7	RF bwd PO on L side	Bwd Walk		B Flat	1	5	S
8	LF to side and slily bwd, T turnout	Side step with part wt	1/4 to L	I/E of T	a	a	a
9	RF in place	Wt Transfer in Place		B Flat	2	6	S
TRAVELLING BOTAFOGOS BWD TO PP							
1	LF fwd	Fwd Walk then Sw/v		B Flat	1	1	S
2	RF to side and slily fwd, T turnout	Side step with part wt	1/8 to L	I/E of T	a	a	a
3	LF in place	Wt Transfer in Place		B Flat	2	2	S
4	RF fwd OP on R side	Fwd Walk then Sw/v		B Flat	1	3	S
5	LF to side and slily fwd, T turnout	Side step with part wt	1/4 to R	I/E of T	a	a	a
6	RF in place	Wt Transfer in Place		B Flat	2	4	S
7	LF fwd OP on L side	Fwd Walk then Sw/v		B Flat	1	5	S
8	RF to side and slily fwd, T turnout	Side step with part wt	3/8 to L	I/E of T	a	a	a
9	LF in place	Wt Transfer in Place		B Flat	2	6	S
10	RF fwd OP on R side	Fwd Walk then Sw/v		B Flat	1	7	S
11	LF to side and slily fwd, T turnout	Side step with part wt	1/8 to R	I/E of T	a	a	a
12	RF in place	Wt Transfer in Place		B Flat	2	8	S

(삼바) Foot Placement		General Action	턴량	풋 액션	Timing		
CRISS CROSS BOTAFOGOS							
1	LF fwd	Fwd Walk then Sw/v	1/4 to L	B Flat	1	1	S
2	RF to side and slily fwd, T turnout	Side step with part wt		I/E of T	a	a	a
3	LF in place	Wt Transfer in Place		B Flat	2	2	S
4	RF fwd	Fwd Walk then Sw/v	1/4 to R	B Flat	1	3	S
5	LF to side and slily fwd, T turnout	Side step with part wt		I/E of T	a	a	a
6	RF in place	Wt Transfer in Place		B Flat	2	4	S
CRISS CROSS VOLTAS TO RIGHT							
1	LF crod in front of RF	Latin Cross	3/8 to L	B Flat	1	1	S
2	RF to side and slily bwd, T turnout	Side step with part wt		T	a	a	a
3	LF crod in front of RF	Latin Cross		B Flat	2	2	S
4	RF to side and slily bwd, T turnout	Side step with part wt		T	a	a	a
5	LF crod in front of RF	Latin Cross		B Flat	1	3	s
6	RF to side and slily bwd, T turnout	Side step with part wt		T	a	a	a
7	LF crod in front of RF	Latin Cross		B Flat	2	4	S
CRISS CROSS VOLTAS TO LEFT							
1	RF crod in front of LF	Latin Cross	3/8 to R	B Flat	1	1	S
2	LF to side and slily bwd, T turnout	Side step with part wt		T	a	a	a
3	RF crod in front of LF	Latin Cross		B Flat	2	2	S
4	LF to side and slily bwd, T turnout	Side step with part wt		T	a	a	a
5	RF crod in front of LF	Latin Cross		B Flat	1	3	s
6	LF to side and slily bwd, T turnout	Side step with part wt		T	a	a	a
7	RF crod in front of LF	Latin Cross		B Flat	2	4	S
TRAVELLING VOLTA TO RIGHT							
1	LF crod in front of RF	Latin Cross		B Flat	1	1	S
2	RF to side and slily bwd, T turnout	Side step with part wt		T	a	a	a
3	LF crod in front of RF	Latin Cross		B Flat	2	2	S
TRAVELLING VOLTA TO LEFT							
1	RF crod in front of LF	Latin Cross		B Flat	1	1	S
2	LF to side and slily bwd, T turnout	Side step with part wt		T	a	a	a
3	RF crod in front of LF	Latin Cross		B Flat	2	2	S
UNDERARM TURNING RIGHT							
1	LF to side	Side Walk		B Flat	1	1	S
2	RF crod behind LF	Latin Cross with part wt		T	a	a	a
3	LF in place	Wt Transfer in Place Latin Cross		B Flat	2	2	S

(LADY) Foot Placement		General Action	턴량	풋 액션	Timing		
CRISS CROSS BOTAFOGOS							
1	RF fwd	Fwd Walk then Sw/v		B Flat	1	1	S
2	LF to side and slily fwd, T turnout	Side step with part wt	1/4 to R	I/E of T	a	a	a
3	RF in place	Wt Transfer in Place		B Flat	2	2	S
4	LF fwd	Fwd Walk then Sw/v		B Flat	1	3	S
5	RF to side and slily fwd, T turnout	Side step with part wt	1/4 to L	I/E of T	a	a	a
6	LF in place	Wt Transfer in Place		B Flat	2	4	S
CRISS CROSS VOLTAS TO RIGHT							
1	RF crod in front of LF	Latin Cross		B Flat	1	1	S
2	LF to side and slily bwd, T turnout	Side step with part wt	3/8 to R	T	a	a	a
3	RF crod in front of LF	Latin Cross		B Flat	2	2	S
4	LF to side and slily bwd, T turnout	Side step with part wt		T	a	a	a
5	RF crod in front of LF	Latin Cross		B Flat	1	3	s
6	LF to side and slily bwd, T turnout	Side step with part wt		T	a	a	a
7	RF crod in front of LF	Latin Cross		B Flat	2	4	S
CRISS CROSS VOLTAS TO LEFT							
1	LF crod in front of RF	Latin Cross		B Flat	1	1	S
2	RF to side and slily bwd, T turnout	Side step with part wt	3/8 to L	T	a	a	a
3	LF crod in front of RF	Latin Cross		B Flat	2	2	S
4	RF to side and slily bwd, T turnout	Side step with part wt		T	a	a	a
5	LF crod in front of RF	Latin Cross		B Flat	1	3	s
6	RF to side and slily bwd, T turnout	Side step with part wt		T	a	a	a
7	LF crod in front of RF	Latin Cross		B Flat	2	4	S
TRAVELLING VOLTA TO RIGHT							
1	RF crod in front of LF	Latin Cross		B Flat	1	1	S
2	LF to side and slily bwd, T turnout	Side step with part wt		T	a	a	a
3	RF crod in front of LF	Latin Cross		B Flat	2	2	S
TRAVELLING VOLTA TO LEFT							
1	LF crod in front of RF	Latin Cross		B Flat	1	1	S
2	RF to side and slily bwd, T turnout	Side step with part wt		T	a	a	a
3	LF crod in front of RF	Latin Cross		B Flat	2	2	S
UNDERARM TURNING RIGHT							
1	RF crod in front of LF	Twist to Latin Cross		B Flat	1	1	S
2	LF to side and slily bwd, T turnout	Side step with part wt	1 turn to R	T	a	a	a
3	RF crod in front of LF	Sw/v then Latin Cross		B Flat	2	2	S

(삼바) Foot Placement		General Action	턴량	풋 액션	Timing		
UNDERARM TURNING LEFT							
1	RF to side	Side Walk		B Flat	1	1	S
2	LF crod behind RF	Latin Cross with part wt		T	a	a	a
3	RF in place	Wt Transfer in Place Latin Cross		B Flat	2	2	S
MAYPOLE LADY TURNING RIGHT							
1	LF crod in front of RF	Latin Cross	3/8 to L	B Flat	1	1	S
2	RF to side and slily bwd, T turnout	Side step with part wt		T	a	a	a
3	LF crod in front of RF	Latin Cross		B Flat	2	2	S
4	RF to side and slily bwd, T turnout	Side step with part wt		T	a	a	a
5	LF crod in front of RF	Latin Cross		B Flat	1	3	s
6	RF to side and slily bwd, T turnout	Side step with part wt		T	a	a	a
7	LF crod in front of RF	Latin Cross		B Flat	2	4	S
MAYPOLE LADY TURNING LEFT							
1	RF crod in front of LF	Latin Cross	3/8 to R	B Flat	1	1	S
2	LF to side and slily bwd, T turnout	Side step with part wt		T	a	a	a
3	RF crod in front of LF	Latin Cross		B Flat	2	2	S
4	LF to side and slily bwd, T turnout	Side step with part wt		T	a	a	a
5	RF crod in front of LF	Latin Cross		B Flat	1	3	s
6	LF to side and slily bwd, T turnout	Side step with part wt		T	a	a	a
7	RF crod in front of LF	Latin Cross		B Flat	2	4	S
CRUZADOS WALKS							
1	LF fwd	Fwd Walk		B Flat	1	1	S
2	RF fwd	Fwd Walk		B Flat	2	2	S
CRUZADOS LOCKS							
1	LF fwd	Fwd Walk		B Flat	1	1	Q
2	RF crod behind LF	Latin Cross		T	&	&	Q
3	LF fwd	Fwd Walk		B Flat	2	2	S
4	RF fwd	Fwd Walk		B Flat	1	3	Q
5	LF crod behind RF	Latin Cross		T	&	&	Q
6	RF fwd	Fwd Walk		B Flat	2	4	S
DROPPED VOLTA							
1	LF fwd	Fwd Step turning with part wt	1/4 to R	T	&	&	&
2	RF crod in front of LF	Wt slowly lowered into Latin Cross		T of both feet B Flat of RF	1 2	1 2	S.S

(LADY) Foot Placement		General Action	턴량	풋 액션	Timing		
UNDERARM TURNING LEFT							
1	LF crod in front of RF	Fwd Step turning then Latin Cross	1 turn to L	B Flat	1	1	S
2	RF to side and slily bwd, T turnout	Side step with part wt		T	a	a	a
3	LF crod in front of RF	Sw/v then Latin Cross		B Flat	2	2	S
MAYPOLE LADY TURNING RIGHT							
1	RF crod in front of LF	Sw/v then Latin Cross	1 ⅜ turn to R	B Flat	1	1	S
2	LF to side and slily bwd, T turnout	Side step with part wt		T	a	a	a
3	RF crod in front of LF	Sw/v then Latin Cross		B Flat	2	2	S
4	LF to side and slily bwd, T turnout	Side step with part wt		T	a	a	a
5	RF crod in front of LF	Sw/v then Latin Cross		B Flat	1	3	s
6	LF to side and slily bwd, T turnout	Side step with part wt		T	a	a	a
7	RF crod in front of LF	Sw/v then Latin Cross		B Flat	2	4	S
MAYPOLE LADY TURNING LEFT							
1	LF crod in front of RF	Sw/v then Latin Cross	1 ⅜ turn to L	B Flat	1	1	S
2	RF to side and slily bwd, T turnout	Side step with part wt		T	a	a	a
3	LF crod in front of RF	Sw/v then Latin Cross		B Flat	2	2	S
4	RF to side and slily bwd, T turnout	Side step with part wt		T	a	a	a
5	LF crod in front of RF	Sw/v then Latin Cross		B Flat	1	3	s
6	RF to side and slily bwd, T turnout	Side step with part wt		T	a	a	a
7	LF crod in front of RF	Sw/v then Latin Cross		B Flat	2	4	S
CRUZADOS WALKS							
1	LF fwd	Fwd Walk		B Flat	1	1	S
2	RF fwd	Fwd Walk		B Flat	2	2	S
CRUZADOS LOCKS							
1	LF fwd	Fwd Walk		B Flat	1	1	Q
2	RF crod behind LF	Latin Cross		T	&	&	Q
3	LF fwd	Fwd Walk		B Flat	2	2	S
4	RF fwd	Fwd Walk		B Flat	1	3	Q
5	LF crod behind RF	Latin Cross		T	&	&	Q
6	RF fwd	Fwd Walk		B Flat	2	4	S
DROPPED VOLTA							
1	RF fwd	Fwd Step turning with part wt	1/4 to L	T	&	&	&
2	LF crod infront of RF	Wt slowly lowered into Latin Cross		T of both feet T Flat of LF	1 2	1 2	S.S

(삼바) Foot Placement		General Action	턴량	풋 액션	Timing		
CIRCULAR VOLTAS TURNING RIGHT							
1	RF crod in front of LF	Latin Cross	1 Turn to R	B Flat	1	1	S
2	LF to side and slily bwd, T turnout	Side step with part wt		T	a	a	a
3	RF crod in front of LF	Latin Cross		B Flat	2	2	S
4	LF to side and slily bwd, T turnout	Side step with part wt		T	a	a	a
5	RF crod in front of LF	Latin Cross		B Flat	1	3	s
6	LF to side and slily fwd, T turnout	Side step with part wt	1/4 to R	I/E of T	a	a	a
7	RF in place	Wt Transfer in Place		B Flat	2	4	S
CIRCULAR VOLTAS TURNING LEFT							
1	LF crod in front of RF	Latin Cross	1 Turn to L	B Flat	1	1	S
2	RF to side and slily bwd, T turnout	Side step with part wt		T	a	a	a
3	LF crod in front of RF	Latin Cross		B Flat	2	2	S
4	RF to side and slily bwd, T turnout	Side step with part wt		T	a	a	a
5	LF crod in front of RF	Latin Cross		B Flat	1	3	s
6	RF to side and slily fwd, T turnout	Side step with part wt	1/4 to L	I/E of T	a	a	a
7	LF in place	Wt Transfer in Place		B Flat	2	4	S
SAME FOOT BOTAFOGO							
1	RF fwd OP on R side	Fwd Walk then Sw/v	1/4 to R	B Flat	1	1	S
2	LF to side and slily fwd, T turnout	Side step with part wt		I/E of T	a	a	a
3	RF in Place	Wt Transfer in Place		B Flat	2	2	S
4	LF fwd OP on L side	Fwd Walk then Sw/v	1/4 to L	B Flat	1	3	S
5	RF to side and slily fwd, T turnout	Side step with part wt		I/E of T	a	a	a
6	LF in Place	Wt Transfer in Place		B Flat	2	4	S
SAMBA LOCKS LADY ON LEFT SIDE							
♥			1/8 to R		&	&	&
1	RF fwd	Fwd Step		B Flat	1	1	Q
2	LF crod behind RF	Latin Cross		T	&	&	Q
3	RF fwd	Fwd Step Turning and Brush	1/4 to L	B Flat	2	2	S
4	LF fwd	Fwd Step		B Flat	1	3	Q
5	RF crod behind LF	Latin Cross		T	&	&	Q
6	LF fwd	Fwd Step Turning and Brush	1/4 to R	B Flat	2	4	S
7	RF fwd	Fwd Step		B Flat	1	5	Q
8	LF crod behind RF	Latin Cross		T	&	&	Q
9	RF fwd	Fwd Step Turning and Brush		B Flat	2	6	S

	(LADY) Foot Placement	General Action	턴량	풋 액션	Timing		
CIRCULAR VOLTAS TURNING RIGHT							
1	RF crod in front of LF	Latin Cross	1 Turn to R	B Flat	1	1	S
2	LF to side and slily bwd, T turnout	Side step with part wt		T	a	a	a
3	RF crod in front of LF	Latin Cross		B Flat	2	2	S
4	LF to side and slily bwd, T turnout	Side step with part wt		T	a	a	a
5	RF crod in front of LF	Latin Cross		B Flat	1	3	s
6	LF to side and slily fwd, T turnout	Side step with part wt	1/4 to R	I/E of T	a	a	a
7	RF in place	Wt Transfer in Place		B Flat	2	4	S
CIRCULAR VOLTAS TURNING LEFT							
1	LF crod in front of RF	Latin Cross	1 Turn to L	B Flat	1	1	S
2	RF to side and slily bwd, T turnout	Side step with part wt		T	a	a	a
3	LF crod in front of RF	Latin Cross		B Flat	2	2	S
4	RF to side and slily bwd, T turnout	Side step with part wt		T	a	a	a
5	LF crod in front of RF	Latin Cross		B Flat	1	3	s
6	RF to side and slily fwd, T turnout	Side step with part wt	1/4 to L	I/E of T	a	a	a
7	LF in place	Wt Transfer in Place		B Flat	2	4	S
SAME FOOT BOTAFOGO							
1	RF fwd OP on R side	Fwd Walk then Sw/v	1/4 to R	B Flat	1	1	S
2	LF to side and slily fwd, T turnout	Side step with part wt		I/E of T	a	a	a
3	RF in Place	Wt Transfer in Place		B Flat	2	2	S
4	LF fwd OP on L side	Fwd Walk then Sw/v	1/4 to L	B Flat	1	3	S
5	RF to side and slily fwd, T turnout	Side step with part wt		I/E of T	a	a	a
6	LF in Place	Wt Transfer in Place		B Flat	2	4	S
SAMBA LOCKS LADY ON LEFT SIDE							
♥			1/8 to L		&	&	&
1	LF fwd	Fwd Step		B Flat	1	1	Q
2	RF crod behind LF	Latin Cross		T	&	&	Q
3	LF fwd	Fwd Step Turning and Brush	1/4 to R	B Flat	2	2	S
4	RF fwd	Fwd Step		B Flat	1	3	Q
5	LF crod behind RF	Latin Cross		T	&	&	Q
6	RF fwd	Fwd Step Turning and Brush	1/4 to L	B Flat	2	4	S
7	LF fwd	Fwd Step		B Flat	1	5	Q
8	RF crod behind LF	Latin Cross		T	&	&	Q
9	LF fwd	Fwd Step Turning and Brush		B Flat	2	6	S

(삼바) Foot Placement		General Action	턴량	풋 액션	Timing		
SAMBA LOCKS LADY ON RIGHT SIDE							
♥			1/8 to L		&	&	&
1	LF fwd	Fwd Step		B Flat	1	1	Q
2	RF crod behind LF	Latin Cross		T	&	&	Q
3	LF fwd	Fwd Step Turning and Brush	1/4 to R	B Flat	2	2	S
4	RF fwd	Fwd Step		B Flat	1	3	Q
5	LF crod behind RF	Latin Cross		T	&	&	Q
6	RF fwd	Fwd Step Turning and Brush	1/4 to L	B Flat	2	4	S
7	LF fwd	Fwd Step		B Flat	1	5	Q
8	RF crod behind LF	Latin Cross		T	&	&	Q
9	LF fwd	Fwd Step Turning and Brush		B Flat	2	6	S
FOOT CHANGE METHOD 1 - LF Fwd							
1	LF fwd	Cruzados Walk	선 후행 휘겨에 따름	B Flat	1	1	S
2	RF closed to LF	Step in Place		B Flat	2	2	S
FOOT CHANGE METHOD 2 - RF Fwd							
1	RF fwd	Cruzados Walk	선 후행 휘겨에 따름	B Flat	1	1	S
2	LF crosed to RF	Step in Place		B Flat	2	2	S
FOOT CHANGE METHOD 3 - KICK BALL CHANGE							
1	RF kick fwd	Kick with T pointing downwards	선 후행 휘겨에 따름		1	1	S
2	RF bwd, T turnout	Step with part wt		I/E of T	a	a	a
3	LF in place	Wt Transfer in Place		B Flat	2	2	S

METHODS OF CHANGING FEET				
EXAMPLE		METHOD	MAN	LADY
1	**From** R Diag Same(LF-LF) **To** Open Prom Position(LF-RF)	Foot Change MET 3	Kick Ball Change	Volta Spot Turn
2	**From** Open Prom Position(LF-RF) **To** L Diag Opp(LF-LF)	Foot Change MET 3	Kick Ball Change	Botafogos on LF
3	**From** L Diag Opp(LF-LF) **To** Open Prom Position(LF-RF)	Foot Change MET 3	Kick Ball Change	Botafogos on RF
4	**From** Open Prom Position(RF-LF) **To** L Diag Opp(RF-RF)	Foot Change MET 1	LF Fwd	Three Step Turn

	(LADY) Foot Placement	General Action	턴량	풋 액션	Timing		
SAMBA LOCKS LADY ON RIGHT SIDE							
♥			1/8 to R		&	&	&
1	RF fwd	Fwd Step		B Flat	1	1	Q
2	LF crod behind RF	Latin Cross		T	&	&	Q
3	RF fwd	Fwd Step Turning and Brush	1/4 to L	B Flat	2	2	S
4	LF fwd	Fwd Step		B Flat	1	3	Q
5	RF crod behind LF	Latin Cross		T	&	&	Q
6	LF fwd	Fwd Step Turning and Brush	1/4 to R	B Flat	2	4	S
7	RF fwd	Fwd Step		B Flat	1	5	Q
8	LF crod behind RF	Latin Cross		T	&	&	Q
9	RF fwd	Fwd Step Turning and Brush		B Flat	2	6	S
VOLTA SPTO TURN							
1	RF crod in front of LF	Twist to Latin Cross	1 Turn to R	B Flat	1	1	S
2	LF to side and slily fwd	Side step with part wt		T	a	a	a
3	RF crod in front of LF	Sw/v then Latin Cross		B Flat	2	2	S
BOTAFOGO ON RIGHT FOOT							
1	RF fwd	Fwd Walk then Sw/v	선 후행 휘겨에 따름	B Flat	1	1	S
2	LF to side and slily fwd, T turnout	Side step with part wt		I/E of T	a	a	a
3	RF in place	Wt Transfer in Place		B Flat	2	2	S
BOTAFOGO ON LEFT FOOT							
1	LF fwd	Fwd Walk then Sw/v	선 후행 휘겨에 따름	B Flat	1	1	S
2	RF to side and slily fwd, T turnout	Side step with part wt		I/E of T	a	a	a
3	LF in place	Wt Transfer in Place		B Flat	2	2	S
THREE STEP TURN TO RIGHT							
1	RF fwd	Fwd Step	선 후행 휘겨에 따름	B Flat	1	1	Q
2	LF close to RF	Step in Place		B	&	&	Q
3	RF to side	Side Step		B Flat	2	2	S

	(MAN) Foot Placement	General Action	턴량	풋 액션	♬
TIME STEP					
♥	RF to side	Side Walk		B Flat	1
1	LF closed to RF	Walk in Place		B Flat	2
2	RF in place	Wt Transfer in Place		B Flat	3
3	LF to side	Cha-- Chasse to L		B Flat	4
4	RF closed to LF			B	&
5	LF to side			B Flat	1
6	RF closed to LF	Walk in Place		B Flat	2
7	LF in place	Wt Transfer in Place		B Flat	3
8	RF to side	Cha-- Chasse to R		B Flat	4
9	LF closed to RF			B	&
10	RF to side			B Flat	1
CLOSE BASIC MOVEMENT					
1	LF fwd, T turnout	Checked Fwd Walk		B Flat	2
2	RF in place	Wt Transfer in Place		B Flat	3
3	LF to side	Cha-- Chasse to L		B Flat	4
4	RF closed to LF			B	&
5	LF to side			B Flat	1
6	RF bwd	Checked Bwd Walk		B Flat	2
7	LF in place	Wt Transfer in Place		B Flat	3
8	RF to side	Cha-- Chasse to R		B Flat	4
9	LF closed to RF			B	&
10	RF to side			B Flat	1
OPEN BASIC MOVEMENT					
1	LF fwd, T turnout	Checked Fwd Walk		B Flat	2
2	RF in place	Wt Transfer in Place		B Flat	3
3	LF bwd	Cha-- Lock Bwd		T	4
4	RF crod in front of LF			B Flat	&
5	LF bwd			B Flat	1
6	RF bwd	Checked Bwd Walk		B Flat	2
7	LF in place	Wt Transfer in Place		B Flat	3
8	RF fwd	Cha-- Lock Fwd		B Flat	4
9	LF crod behind RF			T	&
10	RF fwd			B Flat	1
NEW YORK TO RIGHT					
♥	Recover LF	Sw/v	1/4 to R	ET of LF	&
1	LF fwd and acro body, T turnout	Cuban Break Action		B Flat	2
2	RF in place	Wt Transfer in Place then Back Sw/v	1/4 to L	B Flat	3
3	LF to side	Cha-- Chasse to L		B Flat	4
4	RF closed to LF			B	&
5	LF to side			B Flat	1

(LADY) Foot Placement		General Action	턴량	풋 액션	♬
TIME STEP					
♥	LF to side	Side Walk		B Flat	1
1	RF closed to LF	Walk in Place		B Flat	2
2	LF in place	Wt Transfer in Place		B Flat	3
3				B Flat	4
4	Cha-- Chasse to R	Cha-- Chasse to R		B	&
5				B Flat	1
6	LF closed to RF	Walk in Place		B Flat	2
7	RF in place	Wt Transfer in Place		B Flat	3
8				B Flat	4
9	Cha-- Chasse to L	Cha-- Chasse to L		B	&
10				B Flat	1
CLOSE BASIC MOVEMENT					
1	RF bwd	Checked Fwd Walk		B Flat	2
2	LF in place	Wt Transfer in Place		B Flat	3
3	RF to side			B Flat	4
4	LF closed to RF	Cha-- Chasse to R		B	&
5	RF to side			B Flat	1
6	LF fwd, T turnout	Checked Fwd Walk		B Flat	2
7	RF in place	Wt Transfer in Place		B Flat	3
8	LF to side			B Flat	4
9	RF closed to LF	Cha-- Chasse to L		B	&
10	LF to side			B Flat	1
OPEN BASIC MOVEMENT					
1	RF bwd	Checked Bwd Walk		B Flat	2
2	LF in place	Wt Transfer in Place		B Flat	3
3	RF fwd			B Flat	4
4	LF crod behind RF	Cha-- Lock Fwd		T	&
5	RF fwd			B Flat	1
6	LF fwd, T turnout	Checked Fwd Walk		B Flat	2
7	RF in place	Wt Transfer in Place		B Flat	3
8	LF bwd			T	4
9	RF crod in front of LF	Cha-- Lock Bwd		B Flat	&
10	LF bwd			B Flat	1
NEW YORK TO RIGHT					
♥	Recover RF	Sw/v	1/4 to L	ET of RF	&
1	RF fwd and acro body, T turnout	Cuban Break Action		B Flat	2
2	LF in place	Wt Transfer in Place then Back Sw/v	1/4 to R	B Flat	3
3	RF to side			B Flat	4
4	LF closed to RF	Cha-- Chasse to R		B	&
5	RF to side			B Flat	1

	(차차차) Foot Placement	General Action	턴량	풋 액션	♬
NEW YORK TO LEFT					
♥	Recover RF	Sw/v	1/4 to L	ET of RF	&
1	RF fwd and acro body, T turnout	Cuban Break Action		B Flat	2
2	LF in place	Wt Transfer in Place then Back Sw/v	1/4 to R	B Flat	3
3	RF to side	Cha-- Chasse to R		B Flat	4
4	LF closed to RF			B	&
5	RF to side			B Flat	1
HAND TO HAND TO RIGHT					
♥	Recover RF	Back Sw/v	1/4 to R	ET of RF	&
1	RF bwd	Checked Bwd Walk		B Flat	2
2	LF in place	Wt Transfer in Place then Sw/v	1/4 to L	B Flat	3
3	RF to side	Cha-- Chasse to R		B Flat	4
4	LF closed to RF			B	&
5	RF to side			B Flat	1
HAND TO HAND TO LEFT					
♥	Recover LF	Back Sw/v	1/4 to L	ET of LF	&
1	LF bwd	Checked Bwd Walk		B Flat	2
2	RF in place	Wt Transfer in Place then Sw/v	1/4 to R	B Flat	3
3	LF to side	Cha-- Chasse to L		B Flat	4
4	RF closed to LF			B	&
5	LF to side			B Flat	1
SPOT TURN TO RIGHT					
♥	Recover LF	Sw/v	1/4 to R	ET of LF	&
1	LF fwd and slily acro body	Fwd Walk Turning	3/8 to R	B Flat	2
2	RF in place	Wt Transfer in Place then Sw/v	3/8 to R	B Flat	3
3	LF to side	Cha-- Chasse to L		B Flat	4
4	RF closed to LF			B	&
5	LF to side			B Flat	1
SPOT TURN TO LEFT					
♥	Recover RF	Sw/v	1/4 to L	ET of RF	&
1	RF fwd and slily acro body	Fwd Walk Turning	3/8 to L	B Flat	2
2	LF in place	Wt Transfer in Place then Sw/v	3/8 to L	B Flat	3
3	RF to side	Cha-- Chasse to R		B Flat	4
4	LF closed to RF			B	&
5	RF to side			B Flat	1
UNDERARM TURN TURNING RIGHT					
♥					&
1	RF bwd	Checked Bwd Walk		B Flat	2
2	LF in place	Wt Transfer in Place		B Flat	3
3	RF to side	Cha-- Chasse to R		B Flat	4
4	LF closed to RF			B	&
5	RF to side			B Flat	1

	(LADY) Foot Placement	General Action	턴량	풋 액션	♬
NEW YORK TO LEFT					
♥	Recover LF	Sw/v	1/4 to R	ET of LF	&
1	LF fwd and acro body, T turnout	Cuban Break Action		B Flat	2
2	RF in place	Wt Transfer in Place then Back Sw/v	1/4 to L	B Flat	3
3	LF to side	Cha-- Chasse to L		B Flat	4
4	RF closed to LF			B	&
5	LF to side			B Flat	1
HAND TO HAND TO RIGHT					
♥	Recover LF	Back Sw/v	1/4 to L	ET of LF	&
1	LF bwd	Checked Bwd Walk		B Flat	2
2	RF in place	Wt Transfer in Place then Sw/v	1/4 to R	B Flat	3
3	LF to side	Cha-- Chasse to L		B Flat	4
4	RF closed to LF			B	&
5	LF to side			B Flat	1
HAND TO HAND TO LEFT					
♥	Recover RF	Back Sw/v	1/4 to R	ET of RF	&
1	RF bwd	Checked Bwd Walk		B Flat	2
2	LF in place	Wt Transfer in Place then Sw/v	1/4 to L	B Flat	3
3	RF to side	Cha-- Chasse to R		B Flat	4
4	LF closed to RF			B	&
5	RF to side			B Flat	1
SPOT TURN TO RIGHT					
♥	Recover RF	Sw/v	1/4 to L	ET of RF	&
1	RF fwd and slily acro body	Fwd Walk Turning	3/8 to L	B Flat	2
2	LF in place	Wt Transfer in Place then Sw/v	3/8 to L	B Flat	3
3	RF to side	Cha-- Chasse to R		B Flat	4
4	LF closed to RF			B	&
5	RF to side			B Flat	1
SPOT TURN TO LEFT					
♥	Recover LF	Sw/v	1/4 to R	ET of LF	&
1	LF fwd and slily acro body	Fwd Walk Turning	3/8 to R	B Flat	2
2	RF in place	Wt Transfer in Place then Sw/v	3/8 to R	B Flat	3
3	LF to side	Cha-- Chasse to L		B Flat	4
4	RF closed to LF			B	&
5	LF to side			B Flat	1
UNDERARM TURN TURNING RIGHT					
♥	Recover LF	Sw/v	1/8 to R	ET of LF	
1	LF fwd and slily acro body	Fwd Walk Turning	3/8 to R	B Flat	2
2	RF in place	Wt Transfer in Place then Sw/v	1/2 to R	B Flat	3
3	LF to side	Cha-- Chasse to L		B Flat	4
4	RF closed to LF			B	&
5	LF to side			B Flat	1

	(차차차) Foot Placement	General Action	턴량	풋 액션	♬
UNDERARM TURN TURNING LEFT					
♥	Recover LF	Sw/v	1/8 to R	ET of LF	&
1	LF fwd, T turnout	Checked Fwd Walk		B Flat	2
2	RF in place	Wt Transfer in Place	1/8 to L	B Flat	3
3	LF to side	Cha-- Chasse to L		B Flat	4
4	RF closed to LF			B	&
5	LF to side			B Flat	1
THREE CHA CHA CHAS TO RIGHT					
1	RF to side	Cha-- Chasse to R then Sw/v		B Flat	4
2	LF closed to RF			B	&
3	RF to side		1/4 to R	B Flat	1
4	LF fwd	Cha-- Lock Fwd then Sw/v		B Flat	2
5	RF crod behind LF			T	&
6	LF fwd		1/4 to L	B Flat	3
7	RF to side	Cha-- Chasse to R		B Flat	4
8	LF closed to RF			B	&
9	RF to side			B Flat	1
THREE CHA CHA CHAS TO LEFT					
1	LF to side	Cha-- Chasse to L then Sw/v		B Flat	4
2	RF closed to LF			B	&
3	LF to side		1/4 to L	B Flat	1
4	RF fwd	Cha-- Lock Fwd then Sw/v		B Flat	2
5	LF crod behind RF			T	&
6	RF fwd		1/4 to R	B Flat	3
7	LF to side	Cha-- Chasse to L		B Flat	4
8	RF closed to LF			B	&
9	LF to side			B Flat	1
SHOULDER TO SHOULDER					
♥	wt on RF	Sw/v	1/8 to R	ET of LF	&
1	LF fwd OP, T turnout	Checked Fwd Walk		B Flat	2
2	RF in place	Wt Transfer in Place	1/8 to L	B Flat	3
3	LF to side	Cha-- Chasse to L then Sw/v		B Flat	4
4	RF closed to LF			B	&
5	LF to side		1/8 to L	B Flat	1
6	RF fwd OP, T turnout	Checked Fwd Walk		B Flat	2
7	LF in place	Wt Transfer in Place	1/8 to R	B Flat	3
8	RF to side	Cha-- Chasse to R		B Flat	4
9	LF closed to RF			B	&
10	RF to side			B Flat	1

	(LADY) Foot Placement	General Action	턴량	풋 액션	♬
UNDERARM TURN TURNING LEFT					
♥	Recover RF	Sw/v	7/8 to L	ET of LF	&
1	RF fwd and slily acro body	Fwd Walk Turning		B Flat	2
2	LF in place	Wt Transfer in Place then Sw/v	1/8 to L	B Flat	3
3	RF to side	Cha-- Chasse to R		B Flat	4
4	LF closed to RF			B	&
5	RF to side			B Flat	1
THREE CHA CHA CHAS TO RIGHT					
1	LF to side	Cha-- Chasse to L then Sw/v		B Flat	4
2	RF closed to LF			B	&
3	LF to side		1/4 to L	B Flat	1
4	RF fwd	Cha-- Lock Fwd then Sw/v		B Flat	2
5	LF crod behind RF			T	&
6	RF fwd		1/4 to R	B Flat	3
7	LF to side	Cha-- Chasse to L		B Flat	4
8	RF closed to LF			B	&
9	LF to side			B Flat	1
THREE CHA CHA CHAS TO LEFT					
1	RF to side	Cha-- Chasse to R then Sw/v		B Flat	4
2	LF closed to RF			B	&
3	RF to side		1/4 to R	B Flat	1
4	LF fwd	Cha-- Lock Fwd then Sw/v		B Flat	2
5	RF crod behind LF			T	&
6	LF fwd		1/4 to L	B Flat	3
7	RF to side	Cha-- Chasse to R		B Flat	4
8	LF closed to RF			B	&
9	RF to side			B Flat	1
SHOULDER TO SHOULDER					
♥			1/8 to R		
1	RF bwd PO	Checked Bwd Walk		B Flat	2
2	LF in place	Wt Transfer in Place then Sw/v	1/8 to L	B Flat	3
3	RF to side	Cha-- Chasse to R		B Flat	4
4	LF closed to RF			B	&
5	RF to side		1/8 to L	B Flat	1
6	LF bwd PO	Checked Bwd Walk		B Flat	2
7	RF in place	Wt Transfer in Place then Sw/v	1/8 to R	B Flat	3
8	LF to side	Cha-- Chasse to L		B Flat	4
9	RF closed to LF			B	&
10	LF to side			B Flat	1

(차차차) Foot Placement		General Action	턴량	풋 액션	♬
AIDA					
♥	Recover RF	Back Sw/v	1/4 to R	ET of RF	&
1	RF bwd	Bwd Walk		B Flat	2
2	LF bwd	Bwd Walk		B Flat	3
3	RF bwd	Cha-- Lock Bwds		T	4
4	LF crod in front of RF			B Flat	&
5	RF bwd			B Flat	1
6	LF in place	Cuban Rocks		B Flat	2
7	RF in place			B Flat	3
8	LF fwd	Cha-- Lock Fwd then Sw/v		B Flat	4
9	RF crod behind LF			T	&
10	LF fwd/ Recover RF		1/2 to L	B Flat	1
11	RF fwd and slily acro body	Fwd Walk Turning	3/8 to L	B Flat	2
12	LF in place	Wt Transfer in Place then Sw/v	3/8 to L	B Flat	3
13	RF to side	Cha-- Chasse to R		B Flat	4
14	LF closed to RF			B	&
15	RF to side			B Flat	1
FAN					
♥					&
1	RF bwd	Checked Bwd Walk		B Flat	2
2	LF in place	Wt Transfer in Place then Sw/v	1/8 to L	B Flat	3
3	RF fwd and well acro body w/o wt	Hip Twist Chasse		T Flat	4
4	LF closed to RF		1/8 to R	B	&
5	RF to side			B Flat	1
OPEN HIP TWIST					
1	LF fwd, T turnout	Checked Fwd Walk		B Flat	2
2	RF in place	Wt Transfer in Place		B Flat	3
3	LF bwd, T turnout	Slip Close Chasse		I/E of T	4
4	RF slipped bwd			Flat	&
5	LF closed to RF			B Flat	1
6	RF bwd	Checked Bwd Walk		B Flat	2
7	LF in place	Wt Transfer in Place then Sw/v	1/8 to L	B Flat	3
8	RF fwd and well acro body w/o wt	Hip Twist Chasse		T Flat	4
9	LF closed to RF		1/8 to R	B	&
10	RF to side			B Flat	1
OPEN HIP TWIST TO CHASSE					
1	LF fwd, T turnout	Checked Fwd Walk		B Flat	2
2	RF in place	Wt Transfer in Place		B Flat	3
3	LF bwd, T turnout	Slip Close Chasse		TB	4
4	RF slipped bwd			Flat	&
5	LF closed to RF			B Flat	1
6	RF bwd	Checked Bwd Walk		B Flat	2
7	LF in place	Wt Transfer in Place then Sw/v	3/8 to L	B Flat	3
8	RF to side	Cha-- Chasse to R		B Flat	4
9	LF closed to RF			B	&
10	RF to side			B Flat	1

	(LADY) Foot Placement	General Action	턴량	풋 액션	♬
AIDA					
♥	Recover LF	Back Sw/v	1/4 to L	ET of LF	&
1	LF bwd	Bwd Walk		B Flat	2
2	RF bwd	Bwd Walk		B Flat	3
3	LF bwd	Cha-- Lock Bwds		T	4
4	RF crod in front of LF			B Flat	&
5	LF bwd			B Flat	1
6	RF in place	Cuban Rocks		B Flat	2
7	LF in place			B Flat	3
8	RF fwd	Cha-- Lock Fwd then Sw/v		B Flat	4
9	LF crod behind RF			T	&
10	RF fwd/ Recover LF		1/2 to R	B Flat	1
11	LF fwd and slily acro body	Fwd Walk Turning	3/8 to R	B Flat	2
12	RF in place	Wt Transfer in Place then Sw/v	3/8 to R	B Flat	3
13	LF to side	Cha-- Chasse to L		B Flat	4
14	RF closed to LF			B	&
15	LF to side			B Flat	1
FAN					
♥	Recover LF	Sw/v	1/8 to R	ET of LF	&
1	LF fwd OP	Fwd Walk		B Flat	2
2	RF diag fwd	Fwd Walk Turning	1/4 to L	B Flat	3
3	LF bwd	Cha-- Lock Bwds	1/8 to L	T	4
4	RF crod in front of LF			B Flat	&
5	LF bwd			B Flat	1
OPEN HIP TWIST					
1	RF bwd	Checked Bwd Walk		B Flat	2
2	LF in place	Wt Transfer in Place then Sw/v	slily to L	B Flat	3
3	RF fwd	Cha-- Lock Fwd then Sw/v		B Flat	4
4	LF crod behind RF			T	&
5	RF fwd		1/4 to R	B Flat	1
6	LF fwd and slily acro body	Fwd Walk		B Flat	2
7	RF fwd and slily acro body	Fwd Walk Turning	3/8 to L	B Flat	3
8	LF bwd	Cha-- Lock Bwds	1/8 to L	T	4
9	RF crod in front of LF			B Flat	&
10	LF bwd			B Flat	1
OPEN HIP TWIST TO CHASSE					
1	RF bwd	Checked Bwd Walk		B Flat	2
2	LF in place	Wt Transfer in Place then Sw/v	slily to L	B Flat	3
3	RF fwd	Cha-- Lock Fwd then Sw/v		B Flat	4
4	LF crod behind RF			T	&
5	RF fwd		1/4 to R	B Flat	1
6	LF fwd and slily acro body	Fwd Walk	slily to L	B Flat	2
7	RF fwd and acro body w/o wt	Delayed Fwd Walk Turning then Back Sw/v	5/8 to L	O/E of T Flat	3&
8	LF to side	Cha-- Chasse to L		B Flat	4
9	RF closed to LF			B	&
10	LF to side			B Flat	1

	(차차차) Foot Placement	General Action	턴량	풋 액션	♬
CLOSE HIP TWIST					
♥	Recover LF	Sw/v	slily to R	ET of LF	&
1	LF fwd, T turnout	Checked Fwd Walk		B Flat	2
2	RF in place	Wt Transfer in Place then Ronde		B Flat	3
3	LF crod behind RF, T turnout	Ronde Chasse		TB	4
4	RF slipped rightwards			Flat	&
5	LF to side			B Flat	1
6	RF bwd	Checked Bwd Walk		B Flat	2
7	LF in place	Wt Transfer in Place then Sw/v	1/8 to L	B Flat	3
8	RF fwd-well acro body w/o wt	Hip Twist Chasse		T Flat	4
9	LF closed to RF		1/8 to R	B	&
10	RF to side			B Flat	1
CLOSE HIP TWIST TO CHASSE					
♥	Recover LF	Sw/v	slily to R	ET of LF	&
1	LF fwd, T turnout	Checked Fwd Walk		B Flat	2
2	RF in place	Wt Transfer in Place then Ronde		B Flat	3
3	LF crod behind RF, T turnout	Ronde Chasse		TB	4
4	RF slipped rightwards			Flat	&
5	LF to side			B Flat	1
6	RF bwd	Checked Bwd Walk		B Flat	2
7	LF in place	Wt Transfer in Place then Sw/v	1/4 to L	B Flat	3
8	RF to side	Cha-- Chasse to R		B Flat	4
9	LF closed to RF			B	&
10	RF to side			B Flat	1
HOCKEY STICK					
1	LF fwd, T turnout	Checked Fwd Walk		B Flat	2
2	RF in place	Wt Transfer in Place then Ronde		B Flat	3
3	LF crod behind RF, T turnout	Ronde Chasse		TB	4
4	RF slipped rightwards			Flat	&
5	LF closed to RF			B Flat	1
6	RF bwd	Checked Bwd Walk	1/8 to R	B Flat	2
7	LF in place	Wt Transfer in Place		B Flat	3
8	RF fwd	Cha-- Lock Fwd		B Flat	4
9	LF crod behind RF			T	&
10	RF fwd			B Flat	1

	(LADY) Foot Placement	General Action	턴량	풋 액션	♬
CLOSE HIP TWIST					
♥	LF bwd and slily to side, Recover RF	Fwd Walk Turning then Back Sw/v	3/8 to R then 1/8 to R	ET of RF	&
1	RF bwd	Checked Bwd Walk		B Flat	2
2	LF in place	Wt Transfer in Place then Sw/v	slily more then 3/8 to L	B Flat	3
3	RF fwd-well acro body w/o wt	Hip Twist Chasse		T Flat	4
4	LF closed to RF		1/8 to R	B	&
5	RF to side			B Flat	1
6	LF fwd	Fwd Walk		B Flat	2
7	RF fwd	Fwd Walk Turning	3/8 to L	B Flat	3
8	LF bwd	Cha-- Lock Bwd	1/8 to L	T	4
9	RF crod in front of LF			B Flat	&
10	LF bwd			B Flat	1
CLOSE HIP TWIST TO CHASSE					
♥	LF back and slily to side, Recover RF	Fwd Walk Turning then Back Sw/v	3/8 to R then 1/8 to R	ET of RF	&
1	RF bwd	Checked Bwd Walk		B Flat	2
2	LF in place	Wt Transfer in Place then Sw/v	slily more then 3/8 to L	B Flat	3
3	RF fwd and acro body w/o wt	Hip Twist Chasse		T Flat	4
4	LF closed to RF		1/8 to R	B	&
5	RF to side			B Flat	1
6	LF fwd	Fwd Walk		B Flat	2
7	RF fwd	Fwd Walk Turning	1/2 to L	B Flat	3
8	LF to side	Cha-- Chasse to L		B Flat	4
9	RF closed to LF			B	&
10	LF to side			B Flat	1
HOCKEY STICK					
1	RF closed to LF	Walk in place then Sw/v		T Flat	2
2	LF fwd	Fwd Walk		B Flat	3
3	RF fwd	Cha-- Lock Fwd		B Flat	4
4	LF crod behind RF			T	&
5	RF fwd		1/8 to L	B Flat	1
6	LF fwd	Fwd Walk		B Flat	2
7	RF fwd	Fwd Walk Turning	3/8 to L	B Flat	3
8	LF bwd	Cha-- Lock Bwd	1/8 to L	T	4
9	RF crod in front of LF			B Flat	&
10	LF bwd			B Flat	1

(차차차) Foot Placement		General Action	턴량	풋 액션	♬
HOCKEY STICK TO CHASSE					
1	LF fwd, T turnout	Checked Fwd Walk		B Flat	2
2	RF in place	Wt Transfer in Place then Ronde		B Flat	3
3	LF crod behind RF, T turnout	Ronde Chasse		TB	4
4	RF slipped rightwards			Flat	&
5	LF closed to RF			B Flat	1
6	RF bwd	Checked Bwd Walk	1/8 to R	B Flat	2
7	LF in place	Wt Transfer in Place then Sw/v	1/8 to L	B Flat	3
8	RF to side	Cha-- Chasse to R		B Flat	4
9	LF closed to RF			B	&
10	RF to side			B Flat	1
ALEMANA					
1	LF fwd, T turnout	Checked Fwd Walk		B Flat	2
2	RF in place	Wt Transfer in Place		B Flat	3
3	LF bwd, T turnout	Slip Close Chasse		I/E of T	4
4	RF slipped bwd			Flat	&
5	LF closed to RF			B Flat	1
6	RF bwd	Checked Bwd Walk		B Flat	2
7	LF in place	Wt Transfer in Place then Sw/v	slily to L	B Flat	3
8	RF fwd and slily acro body	Cha-- Lock Fwd	slily to R	B Flat	4
9	LF crod behind RF			T	&
10	RF fwd and slily acro body			B Flat	1
ALEMANA FROM OPEN OPPOSING POSITION					
1	LF fwd, T turnout	Checked Fwd Walk		B Flat	2
2	RF in place	Wt Transfer in Place		B Flat	3
3	LF bwd, T turnout	Slip Close Chasse		I/E of T	4
4	RF slipped bwd			Flat	&
5	LF closed to RF			B Flat	1
6	RF bwd	Checked Bwd Walk		B Flat	2
7	LF in place	Wt Transfer in Place then Sw/v	slily to L	B Flat	3
8	RF fwd and slily acro body	Cha-- Lock Fwd	slily to R	B Flat	4
9	LF crod behind RF			T	&
10	RF fwd and slily acro body			B Flat	1
CROSS BASIC					
1	LF fwd, T turnout	Checked Fwd Walk		B Flat	2
2	RF in place	Wt Transfer in Place	slily to L	B Flat	3
3	LF bwd and slily to side	Cha-- Chasse to L turning to L	1/8 to L	B Flat	4
4	RF closed to LF			B	&
5	LF to side			B Flat	1
6	RF in place	Cuban Rocks then Sw/v	1/8 to L	B Flat	2
7	LF in place		1/4 to L	B Flat	3
8	RF to side	Cha-- Chasse to R		B Flat	4
9	LF closed to RF			B	&
10	RF to side			B Flat	1

	(LADY) Foot Placement	General Action	턴량	풋 액션	♬
HOCKEY STICK TO CHASSE					
1	RF closed to LF	Walk in place then Sw/v		B Flat	2
2	LF fwd	Fwd Walk		B Flat	3
3	RF fwd	Cha-- Lock Fwd		B Flat	4
4	LF crod behind RF			T	&
5	RF fwd			B Flat	1
6	LF fwd	Fwd Walk	1/8 to L	B Flat	2
7	RF fwd and acro body w/o wt	Delayed Fwd Walk Turning	5/8 to L	O/E of T Flat	3
8	LF to side	Cha-- Chasse to L		B Flat	4
9	RF closed to LF			B	&
10	LF to side			B Flat	1
ALEMANA					
1	RF closed to LF	Walk in place then Sw/v		B Flat	2
2	LF fwd	Fwd Walk		B Flat	3
3	RF fwd	Cha-- Lock Fwd then Sw/v		B Flat	4
4	LF crod behind RF			T	&
5	RF fwd		1/4 to R	B Flat	1
6	LF fwd and well acro body w/o wt	Delayed Fwd Walk Turning	5/8 to R	O/E of T Flat	2&
7	RF fwd	Fwd Walk then Sw/v	1/4 to R	B Flat	3
8	LF fwd and slily acro body	Cha-- Lock Fwd	slily to R	B Flat	4
9	RF crod behind LF			T	&
10	LF fwd and acro body			B Flat	1
ALEMANA FROM OPEN OPPOSING POSITION					
1	RF bwd	Checked Bwd Walk		B Flat	2
2	LF in place	Wt Transfer in Place		B Flat	3
3	RF fwd	Cha-- Lock Fwd		B Flat	4
4	LF crod behind RF			T	&
5	RF fwd			B Flat	1
6	LF fwd and well acro body w/o wt	Delayed Fwd Walk Turning	5/8 to R	O/E of T Flat	2&
7	RF fwd	Fwd Walk then Sw/v	1/4 to R	B Flat	3
8	LF fwd and slily acro body	Cha-- Lock Fwd	slily to R	B Flat	4
9	RF crod behind LF			T	&
10	LF fwd and slily acro body			B Flat	1
CROSS BASIC					
1	RF bwd	Checked Bwd Walk		B Flat	2
2	LF in place	Wt Transfer in Place		B Flat	3
3	RF side and slily fwd	Cha-- Chasse to R turning to L then Sw/v	1/8 to L	B Flat	4
4	LF closed to RF			B	&
5	RF side and slily fwd		1/8 to R	B Flat	1
6	LF fwd OP	Fwd Walk		B Flat	2
7	RF fwd	Fwd Walk Turning	3/8 to L	B Flat	3
8	LF to side	Cha-- Chasse to L	1/8 to L	B Flat	4
9	RF closed to LF			B	&
10	LF to side			B Flat	1

(차차차) Foot Placement		General Action	턴량	풋 액션	♬
CROSS BASIC WITH TURN					
1	LF fwd, T turnout	Checked Fwd Walk		B Flat	2
2	RF in place	Wt Transfer in Place	slily to L	B Flat	3
3	LF bwd and slily to side			B Flat	4
4	RF closed to LF	Cha-- Chasse to L turning to L	1/8 to L	B	&
5	LF to side			B Flat	1
6	RF crod behind LF	Latin Cross	1/8 to L	T	2
7	LF diag fwd	Fwd Walk then Sw/v	1/4 to L	B Flat	3
8	RF to side			B Flat	4
9	LF closed to RF	Cha-- Chasse to R		B	&
10	RF to side			B Flat	1
CROSS BASIC TO OPEN OPPOSING POSITION					
1	LF fwd, T turnout	Checked Fwd Walk		B Flat	2
2	RF in place	Wt Transfer in Place	slily to L	B Flat	3
3	LF bwd and slily to side			B Flat	4
4	RF closed to LF	Cha-- Chasse to L turning to L	1/8 to L	B	&
5	LF to side			B Flat	1
6	RF in place	Cuban Rocks then Sw/v	1/8 to L	B Flat	2
7	LF in place		1/8 to L	B Flat	3
8	RF fwd			B Flat	4
9	LF crod behind RF	Cha-- Lock Fwd		T	&
10	RF fwd			B Flat	1
NATURAL TOP					
♥	LF to side/ Recover Body	Fwd Walk Turning	1/8 to R	B Flat	1
1	RF crod behind LF, T turnout	Latin Cross		T	2
2	LF to side	Side Walk		B Flat	3
3	RF crod in front of LF			B Flat	4
4	LF to side and slily bwd	Volta Cross Chasse		B	&
5	RF crod in front of LF			B Flat	1
6	LF to side and slily fwd	Side Walk		B Flat	2
7	RF crod behind LF, T turnout	Latin Cross		T	3
8	LF to side		3 turns to R	B Flat	4
9	RF closed to LF	Cha-- Chasse to L		B	&
10	LF to side and slily fwd			B Flat	1
11	RF crod behind LF, T turnout	Latin Cross		T	2
12	LF to side	Side Walk		B Flat	3
13	RF fwd and slily acro body			B Flat	4
14	LF crod behind RF	Cha-- Lock Fwd turning to R		T	&
15	RF fwd and slily acro body			B Flat	1

(LADY) Foot Placement		General Action	턴량	풋 액션	♬
CROSS BASIC WITH TURN					
1	RF bwd	Checked Bwd Walk		B Flat	2
2	LF in place	Wt Transfer in Place		B Flat	3
3	RF to side and slily fwd	Cha-- Chasse to R turning to L then Spiral Cross	slily to L	B Flat	4
4	LF closed to RF			B	&
5	RF side and slily fwd		3/4 to L	B Flat	1
6	LF fwd and slily to side	Fwd Walk	1/8 to L	B Flat	2
7	RF fwd and acro body w/o wt	Delayed Fwd Walk Turning	5/8 to L	B Flat	3
8	LF to side	Cha-- Chasse to L		B Flat	4
9	RF closed to LF			B	&
10	LF to side			B Flat	1
CROSS BASIC TO OPEN OPPOSING POSITION					
1	RF bwd	Checked Bwd Walk		B Flat	2
2	LF in place	Wt Transfer in Place		B Flat	3
3	RF fwd and slily to side	Cha-- Lock Fwd	1/8 to R	B Flat	4
4	LF crod behind RF			T	&
5	RF fwd and slily to the side			B Flat	1
6	LF fwd	Fwd Walk		B Flat	2
7	RF fwd	Fwd Walk Turning	3/8 to L	B Flat	3
8	LF bwd	Cha-- Lock Bwds	1/8 to L	T	4
9	RF crod in front of LF			B Flat	&
10	LF bwd			B Flat	1
NATURAL TOP					
♥	RF fwd between Man's feet	Fwd Walk	slily 1/8 to R	B Flat	1
1	LF to side and slily bwd	Side Walk	3 turns to R	B Flat	2
2	RF fwd and acro body	Fwd Walk		B Flat	3
3	LF to side and slily bwd	Volta Cross Chasse		B	4
4	RF crod in front of LF			B Flat	&
5	LF to side and slily bwd			B Flat	1
6	RF fwd and acroe body	Fwd Walk		B Flat	2
7	LF to side and slily bwd	Side Walk		B Flat	3
8	RF crod in front of LF	Volta Cross Chasse		B Flat	4
9	LF to side and slily bwd			B	&
10	RF crod in front of LF			B Flat	1
11	LF to side and slily bwd	Side Walk		B Flat	2
12	RF fwd and acro body	Fwd Walk		B Flat	3
13	LF fwd and slily acro body	Cha-- Lock Fwd turning to R		B Flat	4
14	RF crod behind LF			T	&
15	LF fwd and slily acro body			B Flat	1

(차차차) Foot Placement		General Action	턴량	풋 액션	♬
SPLIT CUBAN BREAK TO RIGHT					
♥	Recover LF	Sw/v	1/4 to R	ET of LF	&
1	LF fwd and acro body, T turnout	Cuban Break Action		B Flat	2.4
2	RF in place	Wt Transfer in Place then Back Sw/v	1/4 to L	B Flat	& (a)
3	LF to side	Side Walk		B Flat	3.1
SPLIT CUBAN BREAK TO LEFT					
♥	Recover RF	Sw/v	1/4 to L	ET of RF	&
1	RF fwd and acro body, T turnout	Cuban Break Action		B Flat	2.4
2	LF in place	Wt Transfer in Place then Back Sw/v	1/4 to R	B Flat	& (a)
3	RF to side	Side Walk		B Flat	3.1
CUBAN BREAK TO RIGHT					
♥	Recover LF	Sw/v	1/4 to R	ET of LF	&
1	LF fwd and acro body, T turnout	Cuban Break Action		B Flat	2
2	RF in place	Wt Transfer in Place then Back Sw/v	1/4 to L	B Flat	& (a)
3	LF to side/ Part wt on LF	Side Walk		I/E of B	3
4	RF in place	Wt Transfer in Place then Sw/v	1/4 to R	Flat	& (a)
5	LF fwd and acro body, T turnout	Cuban Break Action		B Flat	4
6	RF in place	Wt Transfer in Place then Back Sw/v	1/4 to L	B Flat	& (a)
7	LF to side	Side Walk		B Flat	1
CUBAN BREAK TO LEFT					
♥	Recover RF	Sw/v	1/4 to L	ET of RF	&
1	RF fwd and acro body, T turnout	Cuban Break Action		B Flat	2
2	LF in place	Wt Transfer in Place then Back Sw/v	1/4 to R	B Flat	& (a)
3	RF to side/ Part wt on RF	Side Walk		I/E of B	3
4	LF in place	Wt Transfer in Place then Sw/v	1/4 to L	Flat	& (a)
5	RF fwd and acro body, T turnout	Cuban Break Action		B Flat	4
6	LF in place	Wt Transfer in Place then Back Sw/v	1/4 to R	B Flat	& (a)
7	RF to side	Side Walk		B Flat	1

	(LADY) Foot Placement	General Action	턴량	풋 액션	♬
SPLIT CUBAN BREAK TO RIGHT					
♥	Recover RF	Sw/v	1/4 to L	ET of RF	&
1	RF fwd and acro body, T turnout	Cuban Break Action		B Flat	2.4
2	LF in place	Wt Transfer in Place then Back Sw/v	1/4 to R	B Flat	& (a)
3	RF to side	Side Walk		B Flat	3.1
SPLIT CUBAN BREAK TO LEFT					
♥	Recover LF	Sw/v	1/4 to R	ET of LF	&
1	LF fwd and acro body, T turnout	Cuban Break Action		B Flat	2.4
2	RF in place	Wt Transfer in Place then Back Sw/v	1/4 to L	B Flat	& (a)
3	LF to side	Side Walk		B Flat	3.1
CUBAN BREAK TO RIGHT					
♥	Recover RF	Sw/v	1/4 to L	ET of RF	&
1	RF fwd and acro body, T turnout	Cuban Break Action		B Flat	2
2	LF in place	Wt Transfer in Place then Back Sw/v	1/4 to R	B Flat	& (a)
3	RF to side/ Part wt on RF	Side Walk		I/E of B	3
4	LF in place	Wt Transfer in Place then Sw/v	1/4 to L	Flat	& (a)
5	RF fwd and acro body, T turnout	Cuban Break Action		B Flat	4
6	LF in place	Wt Transfer in Place then Back Sw/v	1/4 to R	B Flat	& (a)
7	RF to side	Side Walk		B Flat	1
CUBAN BREAK TO LEFT					
♥	Recover LF	Sw/v	1/4 to R	ET of LF	&
1	LF fwd and acro body, T turnout	Cuban Break Action		B Flat	2
2	RF in place	Wt Transfer in Place then Back Sw/v	1/4 to L	B Flat	& (a)
3	LF to side/ Part wt on LF	Side Walk		I/E of B	3
4	RF in place	Wt Transfer in Place then Sw/v	1/4 to R	Flat	& (a)
5	LF fwd and acro body, T turnout	Cuban Break Action		B Flat	4
6	RF in place	Wt Transfer in Place then Back Sw/v	1/4 to L	B Flat	& (a)
7	LF to side	Side Walk		B Flat	1

(차차차) Foot Placement		General Action	턴량	풋 액션	♬
SIMPLE FOOT CHANGE					
1	LF fwd and acro body	Fwd Walk Turning	3/8 to R	B Flat	2
2	Recover RF to LF w/o wt	Back Sw/v	1/8 to R	T	3

METHOD OF CHANGING FEET 1 - CHASSE TO RIGHT SIDE LINK					
♥	RF to side	Side Walk		B Flat	1
1	LF in place	Wt Transfer in Place		B Flat	2
2	Recover RF to LF w/o wt	Brush		T	3
3	RF to side	Cha-- Chasse to R		B Flat	4
4	LF closed to RF			B	&
5	RF to side			B Flat	1
METHOD OF CHANGING FEET 2 - LOCK TO RIGHT SIDE LINK					
♥	RF fwd and slily acro body Recover Body	Cha-- Lock Fwd curving to L	slily to L	B Flat	4
♥	LF crod behind RF wt on LF			T	&
♥	RF fwd and slily acro body Recover LF			B Flat	1
1	LF fwd and slily acro body	Fwd Walk Turning	3/8 to R	B Flat	2
2	Recover RF to LF w/o wt	Back Sw/v	1/8 to R	T	3
3	RF fwd	Cha-- Lock Fwd		B Flat	4
4	LF crod behind RF			T	&
5	RF fwd			B Flat	1
6	LF fwd	Fwd Walk Turning	3/8 to R	B Flat	2
7	Recover RF to LF w/o wt	Back Sw/v		T	3
8	RF to side	Cha-- Chasse to R		B Flat	4
9	LF closed to RF			B	&
10	RF to side			B Flat	1
METHOD OF CHANGING FEET 3 - LINK TO OPEN OPPOSING POSITION					
1	RF bwd	Checked Bwd Walk		B Flat	2
2	LF in place	Wt Transfer in Place		B Flat	3
3	RF fwd	Fwd Walk		B Flat	4
4	LF fwd	Fwd Walk Turning then Lunge(knee bent)	1/4 to R	B Flat	1
5	RF in place	Wt Transfer in Place	1/4 to L	B Flat	2
6	LF fwd	Fwd Walk		B Flat	3
7	RF fwd	Cha-- Lock Fwd		B Flat	4
8	LF crod behind RF			T	&
9	RF fwd			B Flat	1

	(LADY) Foot Placement	General Action	턴량	풋 액션	♬
SIMPLE FOOT CHANGE					
여자는 Open Opp에서 시작하고 R Side Same 포지션에서 끝날 때 Checked Bwd Walk와 Wt Transfer in Place로 진행					
여자는 R Side Same에서 시작하고 Open Opp 포지션에서 끝날 때 Checked Fwd Walk 그리고 Wt Transfer in Place로 진행					
METHOD OF CHANGING FEET 1 - CHASSE TO RIGHT SIDE LINK					
♥	LF to side	Side Walk then Sw/v	1/8 to L	B Flat	1
1	RF fwd and slily acro body	Fwd Walk		B Flat	2
2	LF fwd and slily acro body	Fwd Walk Turning then Back Sw/v	5/8 to R	B Flat	3
3	RF to side	Cha-- Chasse to R		B Flat	4
4	LF closed to RF			B	&
5	RF to side			B Flat	1
METHOD OF CHANGING FEET 2 - LOCK TO RIGHT SIDE LINK					
♥					
♥					
♥	Cha Cha Cha Lock Bwd				
1	RF bwd	Checked Bwd Walk		B Flat	2
2	LF in place	Wt Transfer in Place		B Flat	3
3	RF fwd	Cha-- Lock Fwd		B Flat	4
4	LF crod behind RF			T	&
5	RF fwd			B Flat	1
6	LF fwd	Fwd Walk Turning	3/8 to R	B Flat	2
7	Recover RF to LF w/o wt	Back Sw/v		T	3
8	RF to side	Cha-- Chasse to R		B Flat	4
9	LF closed to RF			B	&
10	RF to side			B Flat	1
METHOD OF CHANGING FEET 3 - LINK TO OPEN OPPOSING POSITION					
1	RF bwd	Checked Bwd Walk		B Flat	2
2	LF in place	Wt Transfer in Place		B Flat	3
3	RF fwd	Cha-- Lock Fwd		B Flat	4
4	LF crod behind RF			T	&
5	RF fwd			B Flat	1
6	LF fwd	Fwd Walk		B Flat	2
7	RF fwd	Fwd Walk Turning	3/8 to L	B Flat	3
8	LF bwd	Cha-- Lock Bwd	1/8 to L	T	4
9	RF crod in front of LF			B Flat	&
10	LF bwd Recover Body			B Flat	1

(MAN) Foot Placement		General Action	턴량	풋 액션	♬
CLOSE BASIC MOVEMENT					
1	LF fwd, T turnout	Checked Fwd Walk	0, 또는 1/4 to L까지 가능함	B Flat	2
2	RF in place	Wt Transfer in Place		B Flat	3
3	LF to side	Side Walk		B Flat	4.1
4	RF bwd	Checked Bwd Walk		B Flat	2
5	LF in place	Wt Transfer in Place		B Flat	3
6	RF to side	Side Walk		B Flat	4.1
OPEN BASIC MOVEMENT					
1	LF fwd, T turnout	Checked Fwd Walk		B Flat	2
2	RF in place	Wt Transfer in Place		B Flat	3
3	LF bwd	Bwd Walk		B Flat	4.1
4	RF bwd	Checked Bwd Walk		B Flat	2
5	LF in place	Wt Transfer in Place		B Flat	3
6	RF fwd	Fwd Walk		B Flat	4.1
NEW YORK TO RIGHT					
♥	Recover LF	Sw/v	1/4 to R	ET of LF	&
1	LF fwd, T turnout	Checked Fwd Walk		B Flat	2
2	RF in place	Wt Transfer in Place	1/4 to L	B Flat	3
3	LF to side	Side Walk		B Flat	4.1
NEW YORK TO LEFT					
♥	Recover RF	Sw/v	1/4 to L	ET of RF	&
1	RF fwd, T turnout	Checked Fwd Walk		B Flat	2
2	LF in place	Wt Transfer in Place	1/4 to R	B Flat	3
3	RF to side	Side Walk		B Flat	4.1
HAND TO HAND TO RIGHT					
♥	Recover RF	Back Sw/v	1/4 to R	ET of RF	&
1	RF bwd	Checked Bwd Walk		B Flat	2
2	LF in place	Wt Transfer in Place		B Flat	3
3	RF fwd	Fwd Walk Turning	1/4 to L	B Flat	4.1
HAND TO HAND TO LEFT					
♥	Recover LF	Back Sw/v	1/4 to L	ET of LF	&
1	LF bwd	Checked Bwd Walk		B Flat	2
2	RF in place	Wt Transfer in Place		B Flat	3
3	LF fwd	Fwd Walk Turning	1/4 to R	B Flat	4.1
SPOT TURN TO RIGHT					
♥	Recover LF	Sw/v	1/4 to R	ET of LF	&
1	LF fwd and slily acro body	Fwd Walk Turning	3/8 to R	B Flat	2
2	RF fwd	Wt Transfer in Place then Sw/v	3/8 to R	B Flat	3
3	LF to side	Side Walk		B Flat	4.1
SPOT TURN TO LEFT					
♥	Recover RF	Sw/v	1/4 to L	ET of RF	&
1	RF fwd and slily acro body	Fwd Walk Turning	3/8 to L	B Flat	2
2	LF in place	Wt Transfer in Place then Sw/v	3/8 to L	B Flat	3
3	RF to side	Side Walk		B Flat	4.1

(LADY) Foot Placement		General Action	턴량	풋 액션	♬
CLOSE BASIC MOVEMENT					
1	RF bwd	Checked Bwd Walk	0, 또는 1/4 to L까지 가능함	B Flat	2
2	LF in place	Wt Transfer in Place		B Flat	3
3	RF to side	Side Walk		B Flat	4.1
4	LF fwd, T turnout	Checked Fwd Walk		B Flat	2
5	RF in place	Wt Transfer in Place		B Flat	3
6	LF to side	Side Walk		B Flat	4.1
OPEN BASIC MOVEMENT					
1	RF bwd	Checked Bwd Walk		B Flat	2
2	LF in place	Wt Transfer in Place		B Flat	3
3	RF fwd	Fwd Walk		B Flat	4.1
4	LF fwd, T turnout	Checked Fwd Walk		B Flat	2
5	RF in place	Wt Transfer in Place		B Flat	3
6	LF bwd	Bwd Walk		T Flat	4.1
NEW YORK TO RIGHT					
♥	Recover RF	Sw/v	1/4 to L	ET of RF	&
1	RF fwd, T turnout	Checked Fwd Walk		B Flat	2
2	LF in place	Wt Transfer in Place	1/4 to R	B Flat	3
3	RF to side	Side Walk		B Flat	4.1
NEW YORK TO LEFT					
♥	Recover LF	Sw/v	1/4 to R	ET of LF	&
1	LF fwd, T turnout	Checked Fwd Walk		B Flat	2
2	RF in place	Wt Transfer in Place	1/4 to L	B Flat	3
3	LF to side	Side Walk		B Flat	4.1
HAND TO HAND TO RIGHT					
♥	Recover LF	Back Sw/v	1/4 to L	ET of LF	&
1	LF bwd	Checked Bwd Walk		B Flat	2
2	RF in place	Wt Transfer in Place		B Flat	3
3	LF fwd	Fwd Walk Turning	1/4 to R	B Flat	4.1
HAND TO HAND TO LEFT					
♥	Recover RF	Back Sw/v	1/4 to R	ET of RF	&
1	RF bwd	Checked Bwd Walk		B Flat	2
2	LF in place	Wt Transfer in Place		B Flat	3
3	RF fwd	Fwd Walk Turning	1/4 to L	B Flat	4.1
SPOT TURN TO RIGHT					
♥	Recover RF	Sw/v	1/4 to L	ET of RF	&
1	RF fwd and slily acro body	Fwd Walk Turning	3/8 to L	B Flat	2
2	LF in place	Wt Transfer in Place then Sw/v	3/8 to L	B Flat	3
3	RF to side	Side Walk		B Flat	4.1
SPOT TURN TO LEFT					
♥	Recover LF	Sw/v	1/4 to R	ET of LF	&
1	LF fwd and slily acro body	Fwd Walk Turning	3/8 to R	B Flat	2
2	RF in place	Wt Transfer in Place then Sw/v	3/8 to R	B Flat	3
3	LF to side	Side Walk		B Flat	4.1

(룸바) Foot Placement		General Action	턴량	풋 액션	♬
UNDERARM TURN TURNING RIGHT					
♥					&
1	RF bwd	Checked Bwd Walk		B Flat	2
2	LF in place	Wt Transfer in Place		B Flat	3
3	RF to side	Side Walk		B Flat	4.1
UNDERARM TURN TURNING LEFT					
♥	Recover LF	Sw/v	1/8 to R		&
1	LF fwd and slily acro body	Checked Fwd Walk		B Flat	2
2	RF in place	Wt Transfer in Place	1/8 to L	B Flat	3
3	LF to side	Side Walk		B Flat	4.1
FAN					
♥					&
1	RF bwd	Checked Bwd Walk		B Flat	2
2	LF in place	Wt Transfer in Place		B Flat	3
3	RF to side	Side Walk		B Flat	4.1
SIDE WALKS AND CUCARACHAS					
1	LF to side	Side Walk		B Flat	2
2	RF closed to LF	Walk in Place		B Flat	3
3	LF to side	Side Walk		B Flat	4.1
4	RF closed to LF	Walk in Place		B Flat	2
5	LF to side	Side Walk		B Flat	3
6	RF closed to LF	Walk in Place		B Flat	4.1
7	LF to side			B Flat	2
8	RF in place	Cucaracha to L		Flat	3
9	LF closed to RF			B Flat	4.1
10	RF to side			B Flat	2
11	LF in place	Cucaracha to R		Flat	3
12	RF closed to LF			B Flat	4.1
OPEN HIP TWIST					
1	LF fwd, T turnout			B Flat	2
2	RF in place	Fwd Cucaracha		B Flat	3
3	LF closed to RF			B Flat	4.1
4	RF bwd	Checked Bwd Walk		B Flat	2
5	LF in place	Wt Transfer in Place		B Flat	3
6	RF to side	Side Walk		B Flat	4.1
OPEN HIP TWIST FINISHED TO SIDE					
1	LF fwd, T turnout			B Flat	2
2	RF in place	Fwd Cucaracha		B Flat	3
3	LF closed to RF			B Flat	4.1
4	RF bwd	Checked Bwd Walk		B Flat	2
5	LF in place	Wt Transfer in Place then Sw/v	1/4 to L	B Flat	3
6	RF to side	Side Walk		B Flat	4.1

	(LADY) Foot Placement	General Action	턴량	풋 액션	♬
UNDERARM TURN TURNING RIGHT					
♥	Recover LF	Sw/v	1/4 to R	ET of LF	
1	LF fwd and slily acro body	Fwd Walk Turning	3/8 to R	B Flat	2
2	RF in place	Wt Transfer in Place then Sw/v	3/8 to R	B Flat	3
3	LF to side	Side Walk		B Flat	4.1
UNDERARM TURN TURNING LEFT					
♥	Recover RF	Sw/v	7/8 to L	ET of RF	&
1	RF fwd and slily acro body	Fwd Walk Turning		B Flat	2
2	LF in place	Wt Transfer in Place then Sw/v	1/8 to L	B Flat	3
3	RF to side	Side Walk		B Flat	4.1
FAN					
♥	Recover LF	Sw/v	1/8 to R	ET of LF	&
1	LF fwd OP	Fwd Walk		B Flat	2
2	RF diag fwd	Fwd Walk Turning	1/4 to L	B Flat	3
3	LF bwd	Bwd Walk	1/8 to L	B Flat	4.1
SIDE WALKS AND CUCARACHAS					
1	RF to side	Side Walk		B Flat	2
2	LF closed to RF	Walk in Place		B Flat	3
3	RF to side	Side Walk		B Flat	4.1
4	LF closed to RF	Walk in Place		B Flat	2
5	RF to side	Side Walk		B Flat	3
6	LF closed to RF	Walk in Place		B Flat	4.1
7	RF to side	Cucaracha to R		B Flat	2
8	LF in place			Flat	3
9	RF closed to LF			B Flat	4.1
10	LF to side	Cucaracha to L		B Flat	2
11	RF in place			Flat	3
12	LF closed to RF			B Flat	4.1
OPEN HIP TWIST					
1	RF bwd	Checked Bwd Walk		B Flat	2
2	LF in place	Wt Transfer in Place		B Flat	3
3	RF fwd and slily acro the body	Fwd Walk then Sw/v	slily to L then 1/4 to R	B Flat	4.1
4	LF fwd	Fwd Walk		B Flat	2
5	RF fwd	Fwd Walk Turning	3/8 to L	B Flat	3
6	LF bwd	Bwd Walk	1/8 to L	B Flat	4.1
OPEN HIP TWIST FINISHED TO SIDE					
1	RF bwd	Checked Bwd Walk		B Flat	2
2	LF in place	Wt Transfer in Place		B Flat	3
3	RF fwd and slily acro the body	Fwd Walk then Sw/v	slily to L then 1/4 to R	B Flat	4.1
4	LF fwd	Fwd Walk	slily to L	B Flat	2
5	RF fwd	Delayed Fwd Walk Turning	1/2 to L	B Flat	3
6	LF to side	Side Walk		B Flat	4.1

(룸바) Foot Placement		General Action	턴량	풋 액션	♬
HOCKEY STICK					
1	LF fwd, T turnout	Fwd Cucaracha		B Flat	2
2	RF in place			B Flat	3
3	LF closed to RF			B Flat	4.1
4	RF bwd	Checked Bwd Walk	1/8 to R	B Flat	2
5	LF in place	Wt Transfer in Place		B Flat	3
6	RF fwd	Fwd Walk		B Flat	4.1
HOCKEY STICK FINISHED TO SIDE					
1	LF fwd, T turnout	Fwd Cucaracha		B Flat	2
2	RF in place			B Flat	3
3	LF closed to RF			B Flat	4.1
4	RF bwd	Checked Bwd Walk	1/8 to R	B Flat	2
5	LF in place	Wt Transfer in Place then Sw/v	1/8 to L	B Flat	3
6	RF to side	Side Walk		B Flat	4.1
OPENING OUT					
♥					
1	LF to side	Cucaracha to L		B Flat	2
2	RF in place			Flat	3
3	LF closed to RF			B Flat	4.1
4	RF to side	Cucaracha to R		B Flat	2
5	LF in place			Flat	3
6	RF closed to LF			B Flat	4.1
SHOULDER TO SHOULDER					
♥	Recover LF	Sw/v	1/8 to R	ET of LF	
1	LF fwd, T turnout	Checked Fwd Walk		B Flat	2
2	RF in place	Wt Transfer in Place	1/8 to L then	B Flat	3
3	LF to side	Side Walk then Sw/v	1/8 to L	B Flat	4.1
4	RF fwd, T turnout	Checked Fwd Walk		B Flat	2
5	LF in place	Wt Transfer in Place	1/8 to R	B Flat	3
6	RF to side	Side Walk		B Flat	4.1
CLOSE HIP TWIST					
♥	Recover LF	Sw/v	1/8 to R	ET of LF	&
1	LF fwd, T turnout	Checked Fwd Walk		B Flat	2
2	RF in place	Wt Transfer in Place		B Flat	3
3	LF bwd well acro body w/o wt	Delayed Bwd Walk(knee bent)		T Flat	4.1
4	RF bwd	Checked Bwd Walk		B Flat	2
5	LF in place	Wt Transfer in Place		B Flat	3
6	RF to side and slily fwd	Side Walk		B Flat	4.1

	(LADY) Foot Placement	General Action	턴량	풋 액션	♬
HOCKEY STICK					
1	RF closed to LF	Walk in Place then Sw/v		B Flat	2
2	LF fwd	Fwd Walk		B Flat	3
3	RF fwd	Fwd Walk		B Flat	4.1
4	LF fwd and slily to side	Fwd Walk	1/8 to L	B Flat	2
5	RF fwd	Fwd Walk Turning	3/8 to L	B Flat	3
6	LF bwd	Bwd Walk	1/8 to L	B Flat	4.1
HOCKEY STICK FINISHED TO SIDE					
1	RF closed to LF	Walk in Place then Sw/v		T Flat	2
2	LF fwd	Fwd Walk		B Flat	3
3	RF fwd	Fwd Walk		B Flat	4.1
4	LF fwd and slily to side	Fwd Walk	1/8 to L	B Flat	2
5	RF fwd and acro body	Delayed Fwd Walk Turning	1/2 to L	O/E of T Flat	3.&
6	LF to side	Side Walk	1/8 to L	B Flat	4.1
OPENING OUT					
♥	Recover RF	Back Sw/v	1/4 to R	ET of RF	4.1
1	RF bwd	Checked Bwd Walk		B Flat	2
2	LF in place	Wt Transfer in Place		B Flat	3
3	RF fwd slily acro body w/o wt	Delayed Fwd Walk Turning	1/2 to L	O/E of T Flat	4.1
4	LF bwd	Checked Bwd Walk		B Flat	2
5	RF in place	Wt Transfer in Place		B Flat	3
6	LF fwd and slily acro body w/o wt	Delayed Fwd Walk Turning	1/4 to R	O/E of T Flat	4.1
SHOULDER TO SHOULDER					
♥	Recover RF		1/8 to R	ET of RF	
1	RF bwd	Checked Bwd Walk		B Flat	2
2	LF in place	Wt Transfer in Place	1/8 to L then 1/8 to L	B Flat	3
3	RF to side	Side Walk		B Flat	4.1
4	LF bwd	Checked Bwd Walk		B Flat	2
5	RF in place	Wt Transfer in Place	1/8 to R	B Flat	3
6	LF to side	Side Walk		B Flat	4.1
CLOSE HIP TWIST					
♥	Recover RF	Fwd Walk Turning then Back Sw/v	3/8 to R then 1/4 to R	ET of RF	&
1	RF bwd	Checked Bwd Walk		B Flat	2
2	LF in place	Wt Transfer in Place then Sw/v	slily under 1/2 to L	B Flat	3
3	RF fwd and acro body w/o wt	Delayed Fwd Walk(knee bent) then Sw/v	1/4 to R	T Flat	4.1
4	LF fwd	Fwd Walk		B Flat	2
5	RF fwd	Fwd Walk Turning	3/8 to L	B Flat	3
6	LF bwd	Bwd Walk	1/8 to L	B Flat	4.1

	(룸바) Foot Placement	General Action	턴량	풋 액션	♬
CLOSE HIP TWIST FINISHED TO SIDE					
♥	Recover LF		1/8 to R	ET of LF	&
1	LF fwd, T turnout	Checked Fwd Walk		B Flat	2
2	RF in place	Wt Transfer in Place		B Flat	3
3	LF bwd well acro body w/o wt	Delayed Bwd Walk(knee bent)		T Flat	4.1
4	RF bwd	Checked Bwd Walk		B Flat	2
5	LF in place	Wt Transfer in Place then Sw/v	1/4 to L	B Flat	3
6	RF to side	Side Walk		B Flat	4.1
ALEMANA					
1	LF fwd, T turnout	Fwd Cucaracha		B Flat	2
2	RF in place			B Flat	3
3	LF closed to RF			B Flat	4.1
4	RF bwd	Checked Bwd Walk		B Flat	2
5	LF in place	Wt Transfer in Place then Sw/v	1/8 to L	B Flat	3
6	RF fwd and slily acro body	Fwd Walk		B Flat	4.1
ALEMANA FINISH TO SIDE					
1	LF fwd, T turnout	Fwd Cucaracha		B Flat	2
2	RF in place			B Flat	3
3	LF closed to RF			B Flat	4.1
4	RF bwd	Checked Bwd Walk		B Flat	2
5	LF in place	Wt Transfer in Place		B Flat	3
6	RF to side	Side Walk		B Flat	4.1
PROGRESSIVE FWD WALKS					
♥	Recover RF	Sw/v	1/4 to L	ET of RF	&
1	RF fwd	Fwd Walk	0 또는 1/4 to L 까지 가능함	B Flat	2
2	LF fwd	Fwd Walk		B Flat	3
3	RF fwd	Fwd Walk		B Flat	4.1
4	LF fwd	Fwd Walk		B Flat	2
5	RF fwd	Fwd Walk		B Flat	3
6	LF fwd, T turnout	Checked Fwd Walk		B Flat	4.1
7	RF in Place	Cuban Rocks		B Flat	2
8	LF in Place			B Flat	3
9	RF fwd	Fwd Walk		B Flat	4.1
PROGRESSIVE FWD WALKS TO FAN					
♥	Recover RF	Sw/v	1/4 to L	ET of RF	&
1	RF fwd	Fwd Walk	0 또는 1/4 to L 까지 가능	B Flat	2
2	LF fwd	Fwd Walk		B Flat	3
3	RF fwd	Fwd Walk		B Flat	4.1
4	LF fwd	Fwd Walk		B Flat	2
5	RF fwd	Fwd Walk		B Flat	3
6	LF fwd, T turnout	Checked Fwd Walk		B Flat	4.1
7	RF in Place	Wt Transfer in Place		B Flat	2
8	LF in Place	Wt Transfer in Place		B Flat	3
9	RF to side	Side Walk		B Flat	4.1

	(LADY) Foot Placement	General Action	턴량	풋 액션	♬
CLOSE HIP TWIST FINISHED TO SIDE					
♥	Recover RF	Fwd Walk Turning then Back Sw/v	3/8 to R then 1/4 to R	ET of RF	&
1	RF bwd	Checked Bwd Walk		B Flat	2
2	LF in place	Wt Transfer in Place then Sw/v	Just under 1/2 to L	B Flat	3
3	RF fwd and acro the body w/o wt	Delayed Fwd Walk(knee bent) then Sw/v	1/4 to R	B Flat	4.1
4	LF fwd	Fwd Walk		B Flat	2
5	RF fwd and slily acro body w/o wt	Delayed Fwd Walk Turning	1/2 to L	O/E of T Flat	3&
6	LF to side	Side Walk		B Flat	4.1
ALEMANA					
1	RF closed to LF	Walk in Place then Sw/v		B Flat	2
2	LF fwd	Fwd Walk		B Flat	3
3	RF fwd	Fwd Walk then Sw/v	1/4 to R	B Flat	4.1
4	LF fwd and acro body w/o wt	Delayed Fwd Walk Turning	5/8 to R	O/E of T Flat	2&
5	RF fwd	Fwd Walk then Sw/v	1/4 to R	B Flat	3
6	LF fwd	Fwd Walk		B Flat	4.1
ALEMANA FINISH TO SIDE					
1	RF closed to LF	Walk in Place then Sw/v		B Flat	2
2	LF fwd	Fwd Walk		B Flat	3
3	RF fwd	Fwd Walk then Sw/v	1/4 to R	B Flat	4.1
4	LF fwd and acro body w/o wt	Delayed Fwd Walk Turning	5/8 to R	O/E of T Flat	2&
5	RF fwd	Fwd Walk then Sw/v	3/8 to R	B Flat	3
6	LF to side	Side Walk		B Flat	4.1
PROGRESSIVE FWD WALKS					
♥		Sw/v	1/4 to R	ET of RF	&
1	LF fwd	Fwd Walk	0 또는 1/4 to L까지 가능함	B Flat	2
2	RF fwd	Fwd Walk		B Flat	3
3	LF fwd	Fwd Walk		B Flat	4.1
4	RF fwd	Fwd Walk		B Flat	2
5	LF fwd	Fwd Walk		B Flat	3
6	RF fwd	Fwd Walk		B Flat	4.1
7	LF fwd	Fwd Walk		B Flat	2
8	RF fwd	Fwd Walk Turning	3/8 to L	B Flat	3
9	LF bwd	Bwd Walk	1/8 to L	B Flat	4.1
PROGRESSIVE FWD WALKS TO FAN					
♥	Recover LF	Sw/v	1/4 to R	ET of RF	&
1	LF fwd	Fwd Walk	0 또는 1/4 to L까지 가능	B Flat	2
2	RF fwd	Fwd Walk		B Flat	3
3	LF fwd	Fwd Walk		B Flat	4.1
4	RF fwd	Fwd Walk		B Flat	2
5	LF fwd	Fwd Walk		B Flat	3
6	RF fwd	Fwd Walk		B Flat	4.1
7	LF fwd	Fwd Walk	1/8 to L	B Flat	2
8	RF fwd acro body w/o wt	Delayed Fwd Walk Turning	1/2 to L	O/E of T Flat	3
9	LF bwd	Bwd Walk	1/8 to L	B Flat	4.1

	(룸바) Foot Placement	General Action	턴량	풋 액션	♬
ALTERNATIVE BASIC MOVEMENT					
♥	RF fwd	Fwd Walk Turning	1/4 to L	B Flat	4.1
1	LF closed to RF	Walk in Place		B Flat	2
2	RF in place	Wt Transfer in Place		B Flat	3
3	LF to side	Side Walk		B Flat	4.1
AIDA					
♥	Recover RF	Sw/v	1/4 to L	ET of RF	
1	RF fwd	Fwd Walk		B Flat	2
2	LF fwd and slily acro body	Delayed Fwd Walk Turning	1/2 to R	O/E of T Flat	3&
3	RF bwd	Checked Bwd Walk		B Flat	4.1
4	LF in Place	Syncopated Cuban Rocks then Sw/v		B	2
5	RF in Place			Flat	&
6	LF in Place/ Recover RF		1/4 to L	B Flat	3
7	RF points to side w/o wt	Tap to Side then Sw/v	1/4 to L	ET	4.1
8	RF fwd and slily acro body	Fwd Walk Turning	3/8 to L	B Flat	2
9	LF in Place	Wt Transfer in Place then Sw/v	3/8 to L	B Flat	3
10	RF to side	Side Walk		B Flat	4.1
CONTINUOUS HIP TWIST					
♥	Recover LF	Sw/v	1/8 to R	ET of LF	&
1	LF fwd, T turnout	Checked Fwd Walk		B Flat	2
2	RF in place	Wt Transfer in Place		B Flat	3
3	LF bwd well acro body w/o wt	Delayed Bwd Walk(knee bent)		T Flat	4.1
4	RF to side	Side Walk		B Flat	2
5	LF in place	Wt Transfer in Place then Sw/v	1/8 to L	B Flat	3
6	RF fwd and slily acro body	Fwd Walk		B Flat	4.1
CUBAN ROCKS					
1. 큐반 록스: 3-4개의 체중 옮기며 춤을 추면 큐발 록이라는 휘겨가 된다. 세 번의 체중 이동으로 춤을 추면 타이밍 2341이 사용된다. 2. 풋 액션은 B Flat, B Flat, B Flat이 된다.					
FENCING TO SPIN					
1	LF fwd, T turnout	Checked Fwd Walk		B Flat	2
2	RF in place	Wt Transfer in Place		B Flat	3
3	LF to side/ Recover RF	Side Walk then Sw/v	1/4 to L	B Flat	4.1
4	RF fwd, T turnout	Checked Fwd Walk		B Flat	2
5	LF in place	Wt Transfer in Place then Back Sw/v	1/4 to R	B Flat	3
6	RF to side	Side Walk		B Flat	4.1
7	LF in place	Wt Transfer in Place then Back Sw/v	1 Turn to L	B Flat	2.3
8	RF to side	Side Walk		B Flat	4.1

(LADY) Foot Placement		General Action	턴량	풋 액션	♬
ALTERNATIVE BASIC MOVEMENT					
♥	LF bwd	Bwd Walk		B Flat	4.1
1	RF closed to LF	Walk in Place then Sw/v		B Flat	2
2	LF fwd	Fwd Walk		B Flat	3
3	RF fwd	Fwd Walk		B Flat	4.1
AIDA					
♥	Recover LF	Sw/v	1/4 to R	ET of LF	
1	LF fwd	Fwd Walk		B Flat	2
2	RF fwd and slily acro body w/o wt	Delayed Fwd Walk Turning	1/2 to L	O/E of T Flat	3&
3	LF bwd	Checked Bwd Walk		B Flat	4.1
4	RF in Place			B	2
5	LF in Place	Syncopated Cuban Rocks then Sw/v		Flat	&
6	RF in Place/ Recover LF		1/4 to R	B Flat	3
7	LF points to side w/o wt	Tap to Side then Sw/v	1/4 to R	ET	4.1
8	LF fwd and slily acro body	Fwd Walk Turning	3/8 to R	B Flat	2
9	RF in Place	Fwd Walk then Sw/v	3/8 to R	B Flat	3
10	LF to side	Side Walk		B Flat	4.1
CONTINUOUS HIP TWIST					
♥	Recover RF	Fwd Walk Turning then Back Sw/v	3/8 to R then 1/4 to R		&
1	RF bwd	Checked Bwd Walk		B Flat	2
2	LF in place	Wt Transfer in Place then Sw/v	Just under 1/2 to L	B Flat	3
3	RF fwd and acro body w/o wt	Delayed Fwd Walk(knee bent) then Sw/v	1/4 to R	T Flat	4.1
4	LF fwd and slily acro body	Fwd Walk then Sw/v	Just under 1/2 to L	B Flat	2
5	RF fwd and slily acro body	Fwd Walk then Sw/v	1/8 to R	B Flat	3
6	LF fwd	Fwd Walk		B Flat	4.1
CUBAN ROCKS					
3. 4개의 체중 이동 시 타이밍 2&341이 되며, "SYNCOPATED CUBAN ROCKS"라 명칭한다. 4. 큐반록의 1보는 wt transfer in place이지만 side, fwd or bwd step로 진행한다.					
FENCING TO SPIN					
1	RF closed to LF	Walk in Place then Sw/v		B Flat	2
2	LF fwd	Fwd Walk		B Flat	3
3	RF fwd and slily acro body/ Recover LF	Fwd Walk then Sw/v	1/8 to R then 3/8 to R	B Flat	4.1
4	LF fwd, T turnout	Checked Fwd Walk		B Flat	2
5	RF in place	Wt Transfer in Place then Sw/v	1/4 to L	B Flat	3
6	LF to side	Side Walk		B Flat	4.1
7	RF in place	Wt Transfer in Place then Sw/v	1 Turn to R	B Flat	2.3
8	LF to side	Side Walk		B Flat	4.1

(MAN) Foot Placement		General Action	턴량	풋 액션	♬	
BASIC MOVEMENT						
1	RF fwd	Small Fwd Steps on Balls of feet, strong pressure into the floor	1/2 to L or R	B	1	1
2	LF fwd			B	2	2
3	RF fwd			B	1	3
4	LF fwd			B	2	4
5	RF fwd			B	1	5
6	LF fwd			B	2	6
7	RF fwd			B	1	7
8	LF fwd			B	2	8
SUR PLACE						
1	RF in Place	Steps in place using strong pressure into the floor		B	1	1
2	LF in place			B	2	2
3	RF in Place			B	1	3
4	LF in place			B	2	4
CHASSE TO RIGHT						
1	RF to side	Side Step	0, 또는 1/4 to R or L	B	1	1
2	LF closed to RF	Step in Place		B	2	2
3	RF to side	Side Step		B	1	3
4	LF closed to RF	Step in Place		B	2	4
DRAG						
♥					&	&
1	RF to side, R knee flexed	Side Step		I/E of B Flat	1	1
2	R knee straightens			Flat I/E of B	2.1	2.3
3	LF closed to RF	Step in Place		B Flat	2	4
CHASSE TO LEFT						
1	RF in place	Sur Place	0, 또는 1/4 to R or L	B	1	1
2	LF to side	Side Step		B	2	2
3	RF closed to LF	Step in Place		B	1	3
4	LF to side	Side Step		B Flat	2	4
ATTACK						
1	RF in place	Appel		B Flat	1	1
2	LF fwd and slily to side	March	1/8 to L	H Flat	2	2
3	RF to side	Side Step	1/8 to L	I/E of B Flat	1	3
4	LF closed to RF	Step in Place		B Flat	2	4
HUIT						
1	RF fwd and acro body	March		H Flat	1	1
2	LF closed to RF	Step in Place	1/8 to R	B Flat	2	2
3	RF in place	Sur Place		B Flat	1	3
4	LF in place			B Flat	2	4
5	RF in place			B Flat	1	5
6	LF in place			B Flat	2	6
7	RF in place			B Flat	1	7
8	LF in place			B Flat	2	8

(LADY) Foot Placement		General Action	턴량	풋 액션	♬	
BASIC MOVEMENT						
1	LF bwd	Small Bwd Steps on Balls of feet, strong pressure into the floor	1/2 to L or R	B	1	1
2	RF bwd			B	2	2
3	LF bwd			B	1	3
4	RF bwd			B	2	4
5	LF bwd			B	1	5
6	RF bwd			B	2	6
7	LF bwd			B	1	7
8	RF bwd			B	2	8
SUR PLACE						
1	LF in place	Steps in place using strong pressure into the floor		B	1	1
2	RF in place			B	2	2
3	LF in place			B	1	3
4	RF in place			B	2	4
CHASSE TO RIGHT						
1	LF to side	Side Step	0, 또는 1/4 to R or L	B	1	1
2	RF closed to LF	Step in Place		B	2	2
3	LF to side	Side Step		B	1	3
4	RF closed to LF	Step in Place		B	2	4
DRAG						
♥					&	&
1	LF to side, L knee flexed	Side Step		I/E of B Flat	1	1
2	L knee straightens			Flat I/E of B	2.1	2.3
3	RF closed to LF	Step in place		B Flat	2	4
CHASSE TO LEFT						
1	LF in place	Sur Place	0, 또는 1/4 to R or L	B	1	1
2	RF to side	Side Step		B	2	2
3	LF closed to RF	Step in Place		B	1	3
4	RF to side	Side Step		B Flat	2	4
ATTACK						
1	LF in place	Appel		B Flat	1	1
2	RF diag bwd	Bwd Step	1/8 to L	B Flat	2	2
3	LF to side	Side Step	1/8 to L	I/E of B Flat	1	3
4	RF closed to LF	Step in Place		B Flat	2	4
HUIT						
1	LF fwd and acro body	March	slily to L	H Flat	1	1
2	RF fwd	Fwd Step Turning	3/8 to L	B	2	2
3	LF in place	Wt Transfer in Place		B Flat	1	3
4	RF fwd and acro body	March	slily to R	H Flat	2	4
5	LF fwd	Fwd Step Turning	1/2 to R	B	1	5
6	RF in place	Wt Transfer in Place		B Flat	2	6
7	LF fwd and acro body	March	1/8 to L	H Flat	1	7
8	RF closed to LF	Step in Place	1/8 to L	B Flat	2	8

(파소) Foot Placement		General Action	턴량	풋 액션	♬	
CLOSED PROMENADE						
1	RF Fwd and acro body	March		H Flat	1	1
2	LF closed to RF	Step in Place	1/8 to R	B Flat	2	2
3	RF to side	Side Step		I/E B Flat	1	3
4	LF closed to RF	Step in Place		B Flat	2	4
PROMENADE LINK						
♥		Appel			&	&
1	RF in place		1/8 to L	B Flat	1	1
2	LF diag fwd	March		H Flat	2	2
3	RF fwd and acro body	March		H Flat	1	3
4	LF closed to RF	Step in Place	1/8 to R	B Flat	2	4
SEPARATION						
1	RF in place	Appel		B Flat	1	1
2	LF fwd	March		H Flat	2	2
3	RF closed to LF	Step in Place		B	1	3
4	LF in Place	Sur Place		B	2	4
5	RF in place			B	1	5
6	LF in place			B	2	6
7	RF in place			B	1	7
8	LF in Place			B Flat	2	8
NATURAL TWIST TURN						
♥		Appel			&	&
1	RF in Place		1/8 to L	B Flat	1	1
2	LF diag fwd	March		H Flat	2	2
3	RF fwd and acro the body	March		H Flat	1	3
4	LF fwd	Fwd Step Turning	3/8 to R	B Flat	2	4
5	RF crossed behind LF	Latin Cross	1/8 to R	T	1	5
6	Turn to R on both feet, PO	Untwist to R	1/2 to R	B(LF). TB(RF)	2	6
7	RF in place, continue turning on RF, PO			B Flat	1	7
8	LF closed to RF	Step in Place	1/8 to R	B Flat	2	8
PROMENADE						
♥		Appel			&	&
1	RF in place		1/8 to L	B Flat	1	1
2	LF diag fwd	March		H Flat	2	2
3	RF fwd and acro the body	March		H Flat	1	3
4	LF fwd	Fwd Step Turning	3/8 to R	B Flat	2	4
5	RF bwd	Bwd Step	1/8 to R	B Flat	1	5
6	LF bwd, PO	Bwd Step	1/8 to R	B Flat	2	6
7	RF to side	Side Step		I/E of B Flat	1	7
8	LF closed to RF	Step in place		B Flat	2	8

(LADY) Foot Placement		General Action	턴량	풋 액션	♬	
CLOSED PROMENADE						
1	LF fwd and acro body	March		H Flat	1	1
2	RF closed to LF	Step in Place	1/8 to L	B Flat	2	2
3	LF to side	Side Step		I/E B Flat	1	3
4	RF closed to LF	Step in Place		B Flat	2	4
PROMENADE LINK						
♥		Appel			&	&
1	LF in place		1/8 to R	B Flat	1	1
2	RF diag fwd	March		H Flat	2	2
3	LF fwd and acro body	March		H Flat	1	3
4	RF closed to LF	Step in Place	1/8 to L	B Flat	2	4
SEPARATION						
1	LF in Place	Appel		B Flat	1	1
2	RF bwd	Bwd Step		B Flat	2	2
3	LF bwd	Bwd Step		B	1	3
4	RF closed to LF	Step in Place		B	2	4
5	LF fwd	Basic Movment		B	1	5
6	RF fwd			B	2	6
7	LF fwd			B	1	7
8	RF closed to LF	Step in Place		B Flat	2	8
NATURAL TWIST TURN						
♥		Appel			&	&
1	LF in place		1/8 to R	B Flat	1	1
2	RF diag fwd	March		H Flat	2	2
3	LF fwd and acro body	March		H Flat	1	3
4	RF fwd	March	1/8 to R	H Flat	2	4
5	LF fwd	March	1/8 to R	H Flat	1	5
6	RF fwd OP	Basic Movment	1/2 to R	B	2	6
7	LF fwd OP			B	1	7
8	RF closed to LF	Step in Place	1/8 to R	B Flat	2	8
PROMENADE						
♥		Appel			&	&
1	LF in Place		1/8 to R	B Flat	1	1
2	RF diag fwd	March		H Flat	2	2
3	LF fwd and acro body	March		H Flat	1	3
4	RF fwd	March	1/8 to R	H Flat	2	4
5	LF fwd	March		H Flat	1	5
6	RF fwd OP	March	1/8 to R	H Flat	2	6
7	LF to side	Side Step	1/8 to R	I/E of B Flat	1	7
8	RF closed to LF	Step in place		B Flat	2	8

	(파소) Foot Placement	General Action	턴량	풋 액션	♬	
SIXTEEN						
♥		Appel			&	&
1	RF in Place		1/8 to L	B Flat	1	1
2	LF diag fwd	March		H Flat	2	2
3	RF fwd and acro body	March		H Flat	1	3
4	LF fwd	Fwd Step Turning	3/8 to R	B Flat	2	4
5	RF bwd	Bwd Step	1/8 to R	B Flat	1	5
6	LF bwd PO	Bwd Step	1/8 to R	B Flat	2	6
7	RF closed to LF	Step in Place		B Flat	1	7
8	LF in place	Sur Place		B Flat	2	8
9	RF in place			B Flat	1	1
10	LF in place			B Flat	2	2
11	RF in place			B Flat	1	3
12	LF in place			B Flat	2	4
13	RF in place			B Flat	1	5
14	LF in place			B Flat	2	6
15	RF in place			B Flat	1	7
16	LF in place			B Flat	2	8
PROMENADE TO COUNTER PROMENADE						
♥		appel			&	&
1	RF in Place		1/8 to L	B Flat	1	1
2	LF diag fwd	March		H Flat	2	2
3	RF fwd and acro body	March		H Flat	1	3
4	LF fwd	Fwd Step Turning	3/8 to R	B Flat	2	4
5	RF diag fwd	Fwd Step	3/8 to R	B Flat	1	5
6	LF fwd	March	1/8 to R	H Flat	2	6
7	RF fwd	March	1/8 to R	H Flat	1	7
8	LF diag fwd	March		H Flat	2	8
GRAND CIRCLE						
1	RF fwd and acro body	March	1/8 to L	H Flat	1	1
2	Hold Position	Position Hold		Flat(RF). I/E of B(LF)	2	2
3					1	3
4					2	4
5	Start turning to L on both feet	Untwist to L	3/8 to L	B both feet then B Flat(LF)	1	5
6	Continue turning to L				2	6
7	RF fwd and acro body	March		H Flat	1	7
8	LF closed to RF	Step in Place	1/8 to R	B Flat	2	8

(LADY) Foot Placement		General Action	턴량	풋 액션	♬	
SIXTEEN						
♥		Appel			&	&
1	LF in Place		1/8 to R	B Flat	1	1
2	RF diag fwd	March		H Flat	2	2
3	LF fwd and acro body	March		H Flat	1	3
4	RF fwd	March	1/8 to R	H Flat	2	4
5	LF fwd	March		H Flat	1	5
6	RF fwd OP	March	slily to R	H Flat	2	6
7	LF fwd	Fwd Step Turning	1/2 to R	B	1	7
8	RF in place	Wt Transfer in Place		B Flat	2	8
9	LF fwd and slily acro body	March	slily to L	H Flat	1	1
10	RF fwd	Fwd Step Turning	1/2 to L	B	2	2
11	LF in Place	Wt Transfer in Place		B Flat	1	3
12	RF fwd and slily acro body	March	slily to R	H Flat	2	4
13	LF fwd	Fwd Step Turning	1/2 to R	B	1	5
14	RF in place	Wt Transfer in Place		B Flat	2	6
15	LF fwd	March	1/4 to L	H Flat	1	7
16	RF closed to LF	Step in Place		B Flat	2	8
PROMENADE TO COUNTER PROMENADE						
♥		Appel			&	&
1	LF in Place		1/8 to R	B Flat	1	1
2	RF diag fwd	March		H Flat	2	2
3	LF fwd and acro body	March		H Flat	1	3
4	RF fwd	March	1/8 to R	H Flat	2	4
5	LF diag fwd	March	1/8 to R	H Flat	1	5
6	RF fwd and acro body	March		H Flat	2	6
7	LF fwd and acro body	Spiral Cross	5/8 to R	B	1	7
8	RF diag fwd	Fwd Step	1/8 to R	B Flat	2	8
GRAND CIRCLE						
1	LF fwd and acro body	Basic Movement fwd turning to L	1/8 to R	B	1	1
2	RF fwd		5/8 to L	B	2	2
3	LF fwd			B	1	3
4	RF fwd			B	2	4
5	LF fwd			B	1	5
6	RF fwd			B Flat	2	6
7	LF fwd and acro body	March		H Flat	1	7
8	RF closed to LF	Step in Place	1/8 to L	B Flat	2	8

	(파소) Foot Placement	General Action	턴량	풋 액션	♬	
BANDERILLAS						
1	RF in place	Sur Place		B	1	1
2	LF in place			B	2	2
3	RF in place			B	1	3
4	LF in place			B	2	4
5	RF in place	Appel		B Flat	1	5
6	LF to side	Side Step		T	2	6
7	RF Closed to LF	Step in Place		T	1	7
8	LF in place	Sur Place		T Flat	2	8
9	RF fwd, Op	March		H Flat	1	1
10	LF to side and slily bwd	Side Step		B Flat	2	2
11	RF bwd under body, PO on L side	Bwd Step		B	1	3
12	LF bwd	Basic Movement bwd turning to L	1/2 to L	B	2	4
13	RF bwd			B	1	5
14	LF bwd			B	2	6
15	RF bwd			B	1	7
16	LF bwd			B Flat	2	8
FALLAWAY REVERSE						
1	RF in place	Appel		B Flat	1	1
2	LF fwd	March	1/8 to L	H Flat	2	2
3	RF to side	Side Step	1/8 to L	B Flat	1	3
4	LF behind RF	Bwd Step	1/8 to L	B Flat	2	4
5	RF bwd-slily to side(피봇)	Slip Pivot	1/2 to L	B Flat B	1	1
6	LF fwd	March	3/4 to L	H Flat	2	2
7	RF to side	Side Step		B	1	3
8	LF diag fwd	Fwd Step		B Flat	2	4
FALLAWAY WHISK						
1	RF in place	Appel		B Flat	1	1
2	LF fwd	March		H Flat	2	2
3	RF to side	Side Step		B Flat	1	3
4	LF behind RF	Bwd Step	1/8 to L	B Flat	2	4
SPANISH LINES						
1	RF fwd and acro body	March		H Flat	1	1
2	LF fwd	Fwd Step Turning	3/8 to R	B Flat	2	2
3	RF bwd, T turnout	Bwd Step	1/8 to R	B Flat	1	3
4	LF in front of RF slily acro body w/o wt	Spanish Line		ET	2	4
5	LF fwd	March	1/8 to L	H Flat	1	5
6	RF fwd	Fwd Step Turning	3/8 to L	B Flat	2	6
7	LF bwd, T turnout	Bwd Step	1/8 to L	B Flat	1	7
8	RF in front of LF slily acro body w/o wt	Spanish Line		ET	2	8

	(LADY) Foot Placement	General Action	턴량	풋 액션	♬	
BANDERILLAS						
1	LF in place	Sur Place		B	1	1
2	RF in place			B	2	2
3	LF in place			B	1	3
4	RF in place			B	2	4
5	LF in place	Appel		B Flat	1	5
6	RF in place	Sur Place		B	2	6
7	LF in place			B	1	7
8	RF in place			B Flat	2	8
9	LF bwd	Bwd Step		B Flat	1	1
10	RF to side and slily fwd	Side Step		B Flat	2	2
11	LF fwd, OP on L side	Basic Movement fwd truning to L	1/2 to L	B	1	3
12	RF fwd			B	2	4
13	LF fwd			B	1	5
14	RF fwd			B	2	6
15	LF fwd			B	1	7
16	RF fwd			B Flat	2	8
FALLAWAY REVERSE						
1	LF in place	Appel		B Flat	1	1
2	RF bwd	Bwd Step		B Flat	2	2
3	LF bwd	Bwd Step		B Flat	1	3
4	RF behind LF	Pivot	3/8 to L	B	2	4
5	LF fwd	Pivot	1/2 to L	B Flat	1	5
6	RF bwd and slily to side	Bwd Step	1/2 to L	B Flat	2	6
7	LF closed to RF	Heel Turn		H Flat	1	7
8	RF diag fwd	Fwd Step		B Flat	2	8
FALLAWAY WHISK						
1	LF in place	Appel		B Flat	1	1
2	RF bwd	Bwd Step		B Flat	2	2
3	LF to side	Side Step		B Flat	1	3
4	RF behind LF	Bwd Step	1/8 to R	B Flat	2	4
SPANISH LINES						
1	LF fwd and acro body	March		H Flat	1	1
2	RF fwd	Fwd Step Turning	3/8 to L	B Flat	2	2
3	LF bwd, T turnout	Bwd Step	1/8 to L	B Flat	1	3
4	RF in front of LF slily acro body w/o wt	Spanish Line		ET	2	4
5	RF fwd	March	1/8 to R	H Flat	1	5
6	LF fwd	Fwd Step Turning	3/8 to R	B Flat	2	6
7	RF bwd, T turnout	Bwd Step	1/8 to R	B Flat	1	7
8	LF in front of RF slily acro body w/o wt	Spanish Line		ET	2	8

	(파소) Foot Placement	General Action	턴량	풋 액션	♬	
LA PASSE						
♥		Appel			&	&
1	RF in place		1/8 to L	B Flat	1	1
2	LF diag fwd	March		H Flat	2	2
3	RF fwd and acro body	March		H Flat	1	3
4	LF fwd	Fwd Step Turning	3/8 to R	B Flat	2	4
5	RF bwd	Bwd Step		B Flat	1	5
6	LF bwd PO	Bwd Step	1/8 to R	B Flat	2	6
7	RF fwd	March	1/8 to R	H Flat	1	7
8	Hold Position	Position Held		Flat. I/E of T(LF)	2	8
9	Hold Position				1	1
10	LF fwd	March		H Flat	2	2
11	Hold Position	Position Held		Flat. I/E of T(RF)	1	3
12	Hold Position				2	4
13	RF fwd	March		H Flat	1	5
14	Hold Position	Position Held		Flat. I/E of T(LF)	2	6
15	Hold Position				1	7
16	LF closed to RF	Step in Place		B Flat	2	8
SYNCHOPATED SEPARATION						
1	RF in place	Appel		B Flat	1	1
2	LF fwd	March		H Flat	2	2
3	RF closed to LF	Step in Place		B Flat	1	3
4	LF in place	Sur Place		B Flat	2	4
5	RF crod behind LF	Backrward Steps with slight Ronde Action from the knee to Latin Cross		T Flat	1	5
6	LF crod behind RF			T Flat	2	6
7	RF crod behind LF			T Flat	1	7
8	LF crod behind RF			T Flat	2	8
9	RF closed to LF	Step in Place		B Flat	&	&
10	LF to side w/o wt	Point w/o wt, supp orting Knee bent		I/E of ET	1	1
11	LF closed to RF	Step in Place		B Flat	&	&
12	RF to side w/o wt	Point w/o wt, supp orting Knee bent		I/E of ET	2	2
13	RF bwd under body, PO on L side	Bwd Step		B	1	3
14	LF to side and slily fwd	Side Step	3/8 to L	B Flat	&	&
15	RF fwd acro body, OP	Fwd Step		H Flat	2	4
16	Turn to L on both feet	Untwist to L	1/4 to L	B both feet	1	5
17					2	6
18	Continue to turn to L			LF B Flat	1	7
19	RF bwd, PO on L side	Bwd Step		B Flat	2	8
FLAMENCO TAPS						
1	LF in place	Step in place		B Flat	1	1
2	RF tapped behind LF w/o wt	Foot Taps w/o wt in Latin Cross		ET	2	2
3	RF tapped behind LF w/o wt			ET	&	&
4	RF bwd, T turnout	Bwd Step		B Flat	1	3
5	LF in front of RF slily acro body w/o wt	Spanish Line		ET	2	4

	(LADY) Foot Placement	General Action	턴량	풋 액션	♬	
LA PASSE						
♥		Appel			&	&
1	LF in place		1/8 to R	B Flat	1	1
2	RF diag fwd	March		H Flat	2	2
3	LF fwd and acro body	March		H Flat	1	3
4	RF fwd	March	1/8 to R	H Flat	2	4
5	LF fwd	March		H Flat	1	5
6	RF fwd OP	March	1/8 to R	H Flat	2	6
7	LF fwd	Fwd Step Turning	3/8 to R	B	1	7
8	RF diag fwd	Small Step		B Flat	2	8
9	LF fwd and slily acro body	March	slily to L	H Flat	1	1
10	RF fwd	Fwd Step Turning	1/2 to L	B	2	2
11	LF diag fwd	Small Step		B Flat	1	3
12	RF fwd and slily acro body	March	slily to R	H Flat	2	4
13	LF fwd	Fwd Step Turning	1/2 to R	B	1	5
14	RF diag fwd	Small Step		B Flat	2	6
15	LF fwd	March	1/8 to L	H Flat	1	7
16	RF closed to LF	Step in Place	1/8 to L	B Flat	2	8
SYNCHOPATED SEPARATION						
1	LF in place	Appel		B Flat	1	1
2	RF bwd	Bwd Step		B Flat	2	2
3	LF bwd	Bwd Step		B	1	3
4	RF closed to LF	Step in Place		B Flat	2	4
5	LF fwd and acro body	Fwd Steps with Knee Lift		T Flat	1	5
6	RF fwd acro body			T Flat	2	6
7	LF fwd and acro body			T Flat	1	7
8	RF fwd and acro body			T Flat	2	8
9	LF closed to RF	Step in Place		B Flat	&	&
10	RF to side w/o wt	Point w/o wt, supporting Knee bent		I/E of ET	1	1
11	RF closed to LF	Step in Place		B Flat	&	&
12	LF to side w/o wt	Point w/o wt, supporting Knee bent		I/E of ET	2	2
13	LF fwd and acro body, OP on L side	Fwd Step		B Flat	1	3
14	RF to side and slily bwd	Side Step	3/8 to L	B Flat	&	&
15	LF bwd under body, PO	Bwd Step		B	2	4
16	RF diag fwd	Basic Movement fwd turning to L	1/4 to R	B	1	5
17	LF fwd		1/2 to L	B	2	6
18	RF fwd			B	1	7
19	LF fwd, OP on L side			B Flat	2	8
FLAMENCO TAPS						
1	RF in Place	Step In Place		B Flat	1	1
2	LF tapped behind RF w/o wt	Foot Taps w/o wt in Latin Cross		ET	2	2
3	LF tapped behind RF w/o wt			ET	&	&
4	LF bwd, T turnout	Bwd Step		B Flat	1	3
5	RF in front of LF slily acro body w/o wt	Spanish Line		ET	2	4

(MAN) Foot Placement		General Action	턴량	풋 액션	Timing		
BASIC IN PLACE							
1	LF in place	Step in Place		B Flat	1	1	Q
2	RF in place	Step in Place		B Flat	2	2	Q
3	LF to Side	Jive Chasse to L		B	3	3	Q
4	RF half closed to LF			B	a	a	a
5	LF to Side			B Flat	4	4	Q
6	RF to Side	Jive Chasse to R		B	1	5	Q
7	LF half closed to RF			B	a	a	a
8	RF to Side			B Flat	2	6	Q
BASIC IN FALLAWAY							
♥			1/8 to L				
1	LF bwd	Rock		B Flat	1	1	Q
2	RF in place		1/8 to R	B Flat	2	2	Q
3	LF to side	Jive Chasse to L		B	3	3	Q
4	RF half closed to LF			B	a	a	a
5	LF to side			B Flat	4	4	Q
6	RF to side	Jive Chasse to R		B	1	5	Q
7	LF half closed to RF			B	a	a	a
8	RF to side			B Flat	2	6	Q
CHANGE OF PLACE FROM RIGHT TO LEFT							
♥			1/8 to L				
1	LF bwd	Rock		B Flat	1	1	Q
2	RF in place			B Flat	2	2	Q
3	LF diag fwd	Jive Chasse diag fwd		B	3	3	Q
4	RF half closed to LF			B	a	a	a
5	LF diag fwd			B Flat	4	4	Q
6	RF fwd and slily to side	Jive Chasse diag fwd	1/8 to L	B	1	5	Q
7	LF half closed to RF			B	a	a	a
8	RF fwd and slily to side			B Flat	2	6	Q
CHANGE OF PLACE FROM LEFT TO RIGHT							
1	LF bwd	Rock		B Flat	1	1	Q
2	RF in place			B Flat	2	2	Q
3	LF fwd	Two steps of Jive Chasse fwd then Fwd Step Turning	3/8 to R	B	3	3	Q
4	RF half closed to LF			B	a	a	a
5	LF diag fwd			B Flat	4	4	Q
6	RF fwd	Jive Chasse fwd		B	1	5	Q
7	LF half closed to RF			B	a	a	a
8	RF fwd			B Flat	2	6	Q
AMERICAN SPIN							
1	LF bwd	Rock		B Flat	1	1	Q
2	RF in place			B Flat	2	2	Q
3	LF diag fwd	Jive Chasse diag fwd almost in place		B	3	3	Q
4	RF half closed to LF			B	a	a	a
5	LF diag fwd			B Flat	4	4	Q
6	RF diag fwd	Jive Chasse diag fwd almost in place		B	1	5	Q
7	LF half closed to RF			B	a	a	a
8	RF diag fwd			B Flat	2	6	Q

(LADY) Foot Placement		General Action	턴량	풋 액션	Timing		
BASIC IN PLACE							
1	RF in place	Step in Place		B Flat	1	1	Q
2	LF in place	Step in Place		B Flat	2	2	Q
3	RF to side	Jive Chasse to R		B	3	3	Q
4	LF half closed to RF			B	a	a	a
5	RF to side			B Flat	4	4	Q
6	LF to side	Jive Chasse to L		B	1	5	Q
7	RF half closed to LF			B	a	a	a
8	LF to side			B Flat	2	6	Q
BASIC IN FALLAWAY							
♥			1/8 to R				
1	RF bwd	Rock		B Flat	1	1	Q
2	LF in place		1/8 to L	B Flat	2	2	Q
3	RF to side	Jive Chasse to R		B	3	3	Q
4	LF half closed to RF			B	a	a	a
5	RF to side			B Flat	4	4	Q
6	LF to side	Jive Chasse to L		B	1	5	Q
7	RF half closed to LF			B	a	a	a
8	LF to side			B Flat	2	6	Q
CHANGE OF PLACE FROM RIGHT TO LEFT							
♥			1/8 to R				
1	RF bwd	Rock		B Flat	1	1	Q
2	LF in place		1/8 to L	B Flat	2	2	Q
3	RF to side	Jive Chasse to R then Sw/v		B	3	3	Q
4	LF half closed to RF			B	a	a	a
5	RF to side		5/8 to R	B	4	4	Q
6	LF diag bwd	Jive chasse diag bwd turning to R	1/8 to R	B	1	5	Q
7	RF half closed to LF			B	a	a	a
8	LF bwd			B Flat	2	6	Q
CHANGE OF PLACE FROM LEFT TO RIGHT							
1	RF bwd	Rock		B Flat	1	1	Q
2	LF in place			B Flat	2	2	Q
3	RF fwd	Two steps of Jive Chasse fwd then Fwd Step Turning	1/8 to L	B	3	3	Q
4	LF half closed to RF			B	a	a	a
5	RF to side and slily fwd		3/8 to L	B	4	4	Q
6	LF bwd	Jive Chasse bwd	1/8 to L	B	1	5	Q
7	RF half closed to LF			B	a	a	a
8	LF bwd			B Flat	2	6	Q
AMERICAN SPIN							
1	RF bwd	Rock		B Flat	1	1	Q
2	LF in place			B Flat	2	2	Q
3	RF fwd	Jive Chasse fwd then Sw/v		B	3	3	Q
4	LF half closed to RF			B	a	a	a
5	RF fwd		3/4 to R	B	4	4	Q
6	LF to side	Jive Chasse to L turning to R	1/4 to R	B	1	5	Q
7	RF half closed to LF			B	a	a	a
8	LF bwd			B Flat	2	6	Q

(자이브) Foot Placement		General Action	턴량	풋 액션	Timing		
CHANGE OF PLACE BEHIND THE BACK							
1	LF bwd	Rock		B Flat	1	1	Q
2	RF in place			B Flat	2	2	Q
3	LF diag fwd	Jive Chasse fwd then Sw/v	1/8 to L	B	3	3	Q
4	RF half closed to LF			B	a	a	a
5	LF fwd		1/4 to L	B Flat	4	4	Q
6	RF to side and slily bwd	Jive Chasse to R turning to L	1/8 to L	B	1	5	Q
7	LF half closed to RF			B	a	a	a
8	RF to side			B Flat	2	6	Q
LINK							
1	LF bwd	Rock		B Flat	1	1	Q
2	RF in place			B Flat	2	2	Q
3	LF fwd	Jive Chasse fwd		B	3	3	Q
4	RF half closed to LF			B	a	a	a
5	LF fwd			B Flat	4	4	Q
6	RF to side	Jive Chasse to R		B	1	5	Q
7	LF half closed to RF			B	a	a	a
8	RF to side			B Flat	2	6	Q
PROMENADE WALKS-SLOW							
♥			1/8 to L				
1	LF bwd	Rock		B Flat	1	1	Q
2	RF in place		1/8 to R	B Flat	2	2	Q
3	LF diag fwd	Jive Chasse diag fwd then Sw/v		B	3	3	Q
4	RF half closed to LF			B	a	a	a
5	LF to side		1/8 to L	B Flat	4	4	Q
6	RF fwd	Jive chasse fwd then Sw/v		B	1	5	Q
7	LF half closed to RF			B	a	a	a
8	RF fwd		1/8 to R	B Flat	2	6	Q
PROMENADE WALKS-QUICK							
♥			1/8 to L				
1	LF bwd	Rock		B Flat	1	1	Q
2	RF in place		1/8 to R	B Flat	2	2	Q
3	LF to side	Merengue		B	3	3	Q
4	RF closed to LF			RF B LF Flat	4	4	Q
5	LF to side			LF B RF Flat	1	5	Q
6	RF closed to LF			RF B LF Flat	2	6	Q
FALLAWAY THROWAWAY							
♥			1/8 to L				
1	LF bwd	Rock		B Flat	1	1	Q
2	RF in Place		1/8 to L	B Flat	2	2	Q
3	LF diag fwd	Jive Lock fwd		B Flat	3	3	Q
4	RF crossed behind LF			T	a	a	a
5	LF fwd			B Flat	4	4	Q
6	RF fwd and slily to side	Jive Chasse diag fwd	1/8 to L	B	1	5	Q
7	LF half closed to RF			B	a	a	a
8	RF fwd and slily to side			B Flat	2	6	Q

(LADY) Foot Placement		General Action	턴량	풋 액션	Timing		
CHANGE OF PLACE BEHIND THE BACK							
1	RF bwd	Rock		B Flat	1	1	Q
2	LF in place	Rock		B Flat	2	2	Q
3	RF fwd	Jive Chasse fwd then Sw/v		B	3	3	Q
4	LF half closed to RF	Jive Chasse fwd then Sw/v	1/8 to R then	B	a	a	a
5	RF fwd	Jive Chasse fwd then Sw/v	1/4 to R	B Flat	4	4	Q
6	LF to side and slily bwd	Jive Chasse to L turning to R	1/8 to R	B	1	5	Q
7	RF half closed to LF	Jive Chasse to L turning to R	1/8 to R	B	a	a	a
8	LF to side and slily bwd	Jive Chasse to L turning to R	1/8 to R	B Flat	2	6	Q
LINK							
1	RF bwd	Rock		B Flat	1	1	Q
2	LF in Place	Rock		B Flat	2	2	Q
3	RF fwd	Jive Chasse fwd		B	3	3	Q
4	LF half closed to RF	Jive Chasse fwd		B	a	a	a
5	RF fwd	Jive Chasse fwd		B Flat	4	4	Q
6	LF to side	Jive Chasse to L		B	1	5	Q
7	RF half closed to LF	Jive Chasse to L		B	a	a	a
8	LF to side	Jive Chasse to L		B Flat	2	6	Q
PROMENADE WALKS-SLOW							
♥			1/8 to R				
1	RF bwd	Rock	1/8 to R	B Flat	1	1	Q
2	LF in place	Rock	1/8 to L	B Flat	2	2	Q
3	RF to side	Jive Chasse to R turning to L then Sw/v	1/8 to L	B	3	3	Q
4	LF half closed to RF	Jive Chasse to R turning to L then Sw/v		B	a	a	a
5	RF to side	Jive Chasse to R turning to L then Sw/v	1/4 to R	B Flat	4	4	Q
6	LF fwd	Jive Chasse fwd then Sw/v		B	1	5	Q
7	RF half closed to LF	Jive Chasse fwd then Sw/v		B	a	a	a
8	LF fwd	Jive Chasse fwd then Sw/v	1/8 to L	B Flat	2	6	Q
PROMENADE WALKS-QUICK							
♥			1/8 to R				
1	RF bwd	Rock	1/8 to R	B Flat	1	1	Q
2	LF in place	Rock	1/8 to L then	B Flat	2	2	Q
3	RF to side, RK bent	Delayed Walk in Place then Sw/v	1/4 to R	T	3	3	Q
4	LF fwd, LK bent	Fwd Step then Sw/v	1/4 to L	B	4	4	Q
5	RF to side, RK bent	Delayed Walk in Place then Sw/v	1/4 to R	T	1	5	Q
6	LF fwd, LK bent	Fwd Step then Sw/v	1/4 to L	B	2	6	Q
FALLAWAY THROWAWAY							
♥			1/8 to R				
1	RF bwd	Rock	1/8 to R	B Flat	1	1	Q
2	LF in place	Rock		B Flat	2	2	Q
3	RF diag fwd	Two steps of Jive Lock fwd then Fwd Step Turning		B Flat	3	3	Q
4	LF crossed behind RF	Two steps of Jive Lock fwd then Fwd Step Turning		T	a	a	a
5	RF fwd	Two steps of Jive Lock fwd then Fwd Step Turning	3/8 to L	B	4	4	Q
6	LF bwd and slily to side	Jive Chasse diag bwd	1/8 to L	B	1	5	Q
7	RF half closed to LF	Jive Chasse diag bwd	1/8 to L	B	a	a	a
8	LF bwd and slily to side	Jive Chasse diag bwd	1/8 to L	B Flat	2	6	Q

(자이브) Foot Placement		General Action	턴량	풋 액션	Timing		
CHANGE OF PLACE FROM R TO L WITH DOUBLE SPIN							
♥			1/8 to L				
1	LF bwd	Rock		B Flat	1	1	Q
2	RF in Place			B Flat	2	2	Q
3	LF diag fwd	Jive Chasse diag fwd		B	3	3	Q
4	RF half closed to LF			B	a	a	a
5	LF diag fwd			B Flat	4	4	Q
6	RF fwd and slily to side	Jive Chasse fwd	1/8 to L	B	1	5	Q
7	LF half closed to RF			B	a	a	a
8	RF fwd and slily to side			B Flat	2	6	Q
OVERTERNED CHANGE OF PLACE FROM L TO R							
1	LF bwd	Rock		B Flat	1	1	Q
2	RF in Place			B Flat	2	2	Q
3	LF fwd	Two steps of Jive Chasse fwd then Fwd Step Turning	3/8 to R	B	3	3	Q
4	RF half closed to LF			B	a	a	a
5	LF diag fwd			B Flat	4	4	Q
6	RF fwd	Jive Lock fwd		B Flat	1	5	Q
7	LF crossed behind RF			T	a	a	a
8	RF fwd			B Flat	2	6	Q
WHIP							
♥	LF to side and slily bwd/ Recover Body		1/8 to R				
1	RF crossed behind LF	Latin Cross	3/4 to R	T	1	1	Q
2	LF to side	Side Step		B Flat	2	2	Q
3	RF to side	Jive Chasse to R	1/8 to R	B	3	3	Q
4	LF half closed to RF			B	a	a	a
5	RF to side			B Flat	4	4	Q
DOUBLE CROSS WHIP							
♥	LF to side and slily bwd/ Recover Body		1/8 to R				
1	RF crossed behind LF	Latin Cross	3/4 to R	T	1	1	Q
2	LF to side	Side Step		B Flat	2	2	Q
3	RF crossed behind LF	Latin Cross	3/4 to R	T	3	3	Q
4	LF to side	Side Step		B Flat	4	4	Q
5	RF to side	Jive Chasse to R	1/8 to R	B	1	5	Q
6	LF half closed to RF			B	a	a	a
7	RF to side			B Flat	2	6	Q
THROWAWAY WHIP							
♥	LF side and slily bwd/ Recover Body		1/8 to R				
1	RF crossed behind LF	Latin Cross	3/4 to R	T	1	1	Q
2	LF to side	Side Step		B Flat	2	2	Q
3	RF to side	Jive Chasse to R almost in place	1/8 to R	B	3	3	Q
4	LF half closed to RF			B	a	a	a
5	RF to side			B Flat	4	4	Q

(LADY) Foot Placement		General Action	턴량	풋 액션	Timing		
CHANGE OF PLACE FROM R TO L WITH DOUBLE SPIN							
♥							
1	RF bwd	Rock	1/8 to R	B Flat	1	1	Q
2	LF in place		1/8 to L	B Flat	2	2	Q
3	RF to side	Jive Chasse then Sw/v Turn		B	3	3	Q
4	LF half closed to RF		1 turn to R	B	a	a	a
5	RF fwd			B	4	4	Q
6	LF to side	Volta Cross Chasse turning to R	3/4 to R	B	1	5	Q
7	RF crossed in front of LF			B	a	a	a
8	LF to side			B Flat	2	6	Q
OVERTERNED CHANGE OF PLACE FROM L TO R							
1	RF bwd	Rock		B Flat	1	1	Q
2	LF in place			B Flat	2	2	Q
3	RF fwd	Two steps of Jive Chasse fwd then Spiral Cross	1/8 to L	B	3	3	Q
4	LF half closed to RF			B	a	a	a
5	RF fwd		7/8 to L	B Flat	4	4	Q
6	LF fwd	Two steps of Jive Lock fwd then Fwd Step Turning	1/8 to L	B Flat	1	5	Q
7	RF crossed behind LF			T	a	a	a
8	LF fwd		1/2 to R	B Flat	2	6	Q
WHIP							
♥	RF Fwd between Man's feet		1/8 to R				
1	LF fwd	Fwd Step Turning	7/8 to R	B Flat	1	1	Q
2	RF fwd and slily acro body	Fwd Step		B Flat	2	2	Q
3	LF to side and slily fwd	Jive Chasse to L turning to R		B	3	3	Q
4	RF half closed to LF			B	a	a	a
5	LF to side			B Flat	4	4	Q
DOUBLE CROSS WHIP							
♥	RF fwd between Man's feet		1/8 to R				
1	LF fwd	Fwd Step Turning	3/4 to R	B Flat	1	1	Q
2	RF fwd and slily acro body	Fwd Step		B Flat	2	2	Q
3	LF fwd	Fwd Step Turning	3/4 to R	B Flat	3	3	Q
4	RF fwd and acro LF	Fwd Step		B Flat	4	4	Q
5	LF to side and slily fwd	Jive Chasse to L turning to R	1/8 to R	B	1	5	Q
6	RF half closed to LF			B	a	a	a
7	LF to side			B Flat	2	6	Q
THROWAWAY WHIP							
♥	RF fwd between Man's feet		1/8 to R				
1	LF fwd	Fwd Step Turning	7/8 to R	B Flat	1	1	Q
2	RF fwd and slily acro body	Fwd Step		B Flat	2	2	Q
3	LF to side and slily bwd	Jive Chasse diag bwd turning to R		B	3	3	Q
4	RF half closed to LF			B	a	a	a
5	LF to side and slily bwd			B Flat	4	4	Q

	(자이브) Foot Placement	General Action	턴량	풋 액션	Timing		
REVERSE WHIP							
♥			1/8 to L				
1	LF bwd	Rock		B Flat	1	1	Q
2	RF in Place		1/8 to L	B Flat	2	2	Q
3	LF diag fwd	Jive Chasse fwd		B	3	3	Q
4	RF half closed to LF			B	a	a	a
5	LF fwd			B Flat	4	4	Q
6	RF fwd	Fwd Step Turning	1/2 to L	B Flat	1	5	Q
7	LF in Place	Twist to Latin Cross		B Flat	2	6	Q
8	RF to side	Jive Chasse turning to L	1/4 to L	B	3	7	Q
9	LF half closed to RF			B	a	a	a
10	RF to side			B Flat	4	8	Q
CURLY WHIP							
1	LF bwd	Rock		B Flat	1	1	Q
2	RF in place			B Flat	2	2	Q
3	LF fwd	Jive Chasse fwd turning to R	1/4 to R	B	3	3	Q
4	RF half closed to LF			B	a	a	a
5	LF to side			B Flat	4	4	Q
OVERTURNED FALLAWAY THROWAWAY							
♥			1/8 to L				
1	LF bwd	Rock		B Flat	1	1	Q
2	RF in place		1/8 to L	B Flat	2	2	Q
3	LF diag fwd	Jive Lock fwd		B Flat	3	3	Q
4	RF crossed behind LF			T	a	a	a
5	LF fwd			B Flat	4	4	Q
6	RF fwd and acro body	Jive Lock fwd		B Flat	1	5	Q
7	LF crossed behind RF			T	a	a	a
8	RF fwd and acro body		1/8 to L	B Flat	2	6	Q
STOP AND GO							
1	LF bwd	Rock		B Flat	1	1	Q
2	RF in place			B Flat	2	2	Q
3	LF diag fwd	Jive Chasse diag fwd turning to R	1/4 to R	B	3	3	Q
4	RF half closed to LF			B	a	a	a
5	LF to side			B Flat	4	4	Q
6	RF fwd and acro body	Rock		B Flat	1	5	Q
7	LF in place			B Flat	2	6	Q
8	RF diag bwd	Jive Chasse diag back turning to L	1/4 to L	B	3	7	Q
9	LF half closed to RF			B	a	a	a
10	RF diag bwd			B Flat	4	8	Q
HIP BUMP							
1	LF bwd	Rock		B Flat	1	1	Q
2	RF in place		1/4 to R	B Flat	2	2	Q
3	LF diag fwd	Fwd Step Turning		B Flat	3	3	Q
4	Position Held	LK straightens and L Hip in contact with Lady's R Hip			4	4	Q
5	RF diag fwd	Jive Chasse turning to R	1/4 to L	B	1	5	Q
6	LF half closed to RF			B	a	a	a
7	RF diag fwd			B Flat	2	6	Q

	(LADY) Foot Placement	General Action	턴량	풋 액션	Timing		
REVERSE WHIP							
♥			1/8 to R				
1	RF bwd	Rock		B Flat	1	1	Q
2	LF in place			B Flat	2	2	Q
3	RF diag fwd	Jive Chasse to R turning to L	3/8 to L	B	3	3	Q
4	LF half closed to RF			B	a	a	a
5	RF side and slightly			B Flat	4	4	Q
6	LF crossed behind RF	Latin Cross	1/8 to L	T	1	5	Q
7	RF to side and slily bwd	Untwist	3/8 to L	B Flat	2	6	Q
8	LF to side	Jive Chasse to Lturning to L	1/4 to L	B	3	7	Q
9	RF half closed to LF			B	a	a	a
10	LF to side			B Flat	4	8	Q
CURLY WHIP							
1	RF bwd	Rock		B Flat	1	1	Q
2	LF in place			B Flat	2	2	Q
3	RF fwd	Jive Chasse fwd turning strongly to L then Spiral	3/4 to L	B	3	3	Q
4	LF half vlosed to RF			B	a	a	a
5	RF fwd			B Flat	4	4	Q
OVERTURNED FALLAWAY THROWAWAY							
♥			1/8 to R				
1	RF bwd	Rock		B Flat	1	1	Q
2	LF in Place		1/8 to L	B Flat	2	2	Q
3	RF diag fwd	Two steps of Jive Lock fwd then Spiral Cross		B Flat	3	3	Q
4	LF crossed behind RF			T	a	a	a
5	RF fwd		3/4 to L	B Flat	4	4	Q
6	LF fwd	Two steps of Jive Lock fwd then Fwd Step Turning	1/8 to L	B Flat	1	5	Q
7	RF crossed behind LF			T	a	a	a
8	LF fwd		1/2 to R	B Flat	2	6	Q
STOP AND GO							
1	RF bwd	Rock		B Flat	1	1	Q
2	LF in Place			B Flat	2	2	Q
3	RF fwd	Two steps of Jive Chasse turning to L then Fwd Step Turning	1/2 to L	B	3	3	Q
4	LF half closed to RF			B	a	a	a
5	RF diag bwd			B Flat	4	4	Q
6	LF bwd	Rock		B Flat	1	5	Q
7	RF in place			B Flat	2	6	Q
8	LF fwd	Two steps of Jive Chasse turning to R then Fwd Step Turning	1/2 to R	B	3	7	Q
9	RF half closed to LF			B	a	a	a
10	LF diag bwd			B Flat	4	8	Q
HIP BUMP							
1	RF bwd	Rock		B Flat	1	1	Q
2	LF in place		1/4 to L	B Flat	2	2	Q
3	RF diag fwd	Fwd Step Turning		B Flat	3	3	Q
4	Position Held	LK straightens and R Hip in contact with Man's L Hip			4	4	Q
5	LF diag fwd	Jive Chasse to L turning to L	1/4 to R	B	1	5	Q
6	RF half closed to LF			B	a	a	a
7	LF diag fwd			B Flat	2	6	Q

	(자이브) Foot Placement	General Action	턴량	풋 액션	Timing		
WINDMILL							
1	LF bwd	Rock	1/8 to L	B Flat	1	1	Q
2	RF in place		1/4 to L	B Flat	2	2	Q
3	LF diag fwd	Jive Lock fwd, turning to L almost in place		B Flat	3	3	Q
4	RF crossed behind LF			T	a	a	a
5	LF diag fwd			B Flat	4	4	Q
6	RF fwd and slily to side	Jive Chasse turning to L	1/8 to L	B	1	5	Q
7	LF half closed to RF			B	a	a	a
8	RF side and slily fwd			B Flat	2	6	Q
MOOCH							
♥			1/4 to L		&	&	&
1	LF bwd	Rock		B Flat	1	1	Q
2	RF in place			B Flat	2	2	Q
3	LF pointed fwd	Flick			3	3	Q
4	LF closed to RF	Step in place		B Flat	4	4	Q
5	RF pointed fwd	Flick			1	5	Q
6	RF closed to LF	Step in place		B Flat	2	6	Q
7	LF bwd	Rock		B Flat	3	7	Q
8	RF in place			B Flat	4	8	Q
9	LF diag fwd	Jive Chasse to L turning to R	1/4 to R then 1/4 to R	B	1	1	Q
10	RF half closed to LF			B	a	a	a
11	LF to side			B Flat	2	2	Q
12	RF bwd	Rock		B Flat	3	3	Q
13	LF in place			B Flat	4	4	Q
14	RF pointed fwd	Flick			1	5	Q
15	RF closed to LF	Step in place		B Flat	2	6	Q
16	LF pointed fwd	Flick			3	7	Q
17	LF closed to RF	Step in place		B Flat	4	8	Q
18	RF bwd	Rock		B Flat	1	1	Q
19	LF in place			B Flat	2	2	Q
20	RF diag fwd	Jive Chasse to R turning to L	1/4 to L	B	3	3	Q
21	LF half closed to RF			B	a	a	a
22	RF to side			B Flat	4	4	Q

(LADY) Foot Placement		General Action	턴량	풋 액션	Timing		
WINDMILL							
1	RF bwd	Rock	1/8 to R	B Flat	1	1	Q
2	LF in Place			B Flat	2	2	Q
3	RF diag fwd	Two steps of Jive Lock fwd then Fwd Step Turning		B Flat	3	3	Q
4	LF crossed behind RF			T	a	a	a
5	RF fwd		3/8 to L	B Flat	4	4	Q
6	LF diag bwd	Jive Chasse diag bwd	1/4 to L	B	1	5	Q
7	RF half closed to LF			B	a	a	a
8	LF diag bwd			B Flat	2	6	Q
MOOCH							
♥			1/4 to R				
1	RF bwd	Rock		B Flat	1	1	Q
2	LF in place			B Flat	2	2	Q
3	RF pointed fwd	Flick			3	3	Q
4	RF closed to LF	Step in place		B	4	4	Q
5	LF pointed fwd	Flick			1	5	Q
6	LF closed to RF	Step in place		B Flat	2	6	Q
7	RF bwd	Rock		B Flat	3	7	Q
8	LF in place			B Flat	4	8	Q
9	RF diag fwd	Jive Chasse to R turning to L	1/4 to L then 1/4 to L	B	1	1	Q
10	LF half closed to RF			B	a	a	a
11	RF to side			B Flat	2	2	Q
12	LF bwd	Rock		B Flat	3	3	Q
13	RF in place			B Flat	4	4	Q
14	LF pointed fwd	Flick			1	5	Q
15	LF closed to RF	Step in place		B Flat	2	6	Q
16	RF pointed fwd	Flick			3	7	Q
17	RF closed to LF	Step in place		B Flat	4	8	Q
18	LF bwd	Rock		B Flat	1	1	Q
19	RF in place			B Flat	2	2	Q
20	LF diag fwd	Jive Chasse to L turning to R	1/4 to R	B	3	3	Q
21	RF half closed to LF			B	a	a	a
22	LF to side			B Flat	4	4	Q

04 WDSF 라틴댄스 턴 정보

* Fwd Walk Turning	반대 턴	센터 밸런스 도달 후에 1/8-**3/8**
LF fwd - R turn		**오른발은 바닥에 Held 총 4/8턴**

* Bwd Walk Turning	정상턴	전반부는 센터 밸런스 도달 전에 1/8 후반부는 센터 밸런스 도달 후에 1/4
LF bwd - L turn		**양발 바닥 누르며 발 모으며 턴 총 3/8턴**

* Walk in Place : 스텝 발과 같은 방향으로, 스위블 사용 1/8

*** Side Walk : ×**

*** Checked Fwd Walk Turning: ×**

* Checked Bwd Walk Turning: 1/8까지 회전

* Delayed Fwd Walk 터닝	5/8턴까지	왼발 디레이드 웍 - 턴 없음
LF fwd - R turn		체중 왼발, extra 턴 - 1/4 R
무릎 쭉 편 상태로 진행		턴 - **3/8 R**

* Delayed Fwd Walk	1/4턴 이상 가능	오른발 디레이드 웍 - 턴 없음
LF fwd - L turn		체중 오른발, extra 턴 - 1/4 R
무릎 구부린 후, 펴며 진행		계속 회전 가능

*** Weight Transfer in Place : ×**

*** Cuban Rock Action : ×**

*** Cucaracha : ×**

*** Spiral Cross**	Fwd Walk Turn - RF 딛고 좌회전	3/8 L
최대 턴: 3/4-7/8	Turn - LF 그대로 놔두고 좌회전	1/2 L

*** Spiral Turn**	Delayed Fwd Walk Turning: RF 딛고 좌회전	**3/8 L**
최소 턴 7/8 이상	LF drawn 유지	×
	좌회전	5/8 L
	RF로워, LF 뻗는다	×

*** Swivel (왼발 앞으로 딛은 후)**	♥	Fwd Walk	Fwd Walk	×
턴량 제한 없음 LF fwd 후 발 모아 L turn	1	Recover	RF ET로 LF 옆으로	Start turn to L
	2	Turn	트위스트 L	1/8 L
	3	Settle	바디가 턴을 완료하도록 세틀은 시작됨	1/8 L

*** Back Swivel (왼발 뒤로 딛은 후)**	♥	Bwd Walk	Bwd Walk	×
턴량 1/2 넘지 않음 LF bwd 후 발 모아 R turn	1	Recover	RF ET로 LF 옆으로	Slit R
	2	Turn	트위스트 R	1/2 R
			Swivel Change 가능	

05 WDSF 라틴댄스 ACROSS 정보

@ Close Hip Twist는 Close H Twist와 같음

구분	GENERAL ACTION	FOOT PLACEMENT	풋 액션	비고
well across	Delayed Fwd Walk Delayed Bwd Walk-Swivel	RF fwd well across body w/o wt LF bwd well across body w/o wt	T Flat	T와 B 사용 Delayed Walk 진행 **Turning 아님**
across	Delayed Fwd Walk Turn 혹은 Swivel	LF fwd and across body w/o wt	O/E of T Flat	O/E of T Flat 사용 Delayed fwd Walk **Turning 진행**
slily across	Delayed Fwd Walk Turn, Fwd Walk, Fwd Walk Turn or Swive 등등	w/o wt 없이 across body로 진행		Delayed fwd Walk 아닌 **fwd Walk 진행**

well across	Close Hip Twist 남자 3보	LF bwd well across body w/o wt - Delayed bwd Walk(knee bent)	T Flat
	Close Hip Twist to side 남자 3보	LF bwd well across body w/o wt - Delayed bwd Walk(knee bent)	T Flat
	Continuous Hip Twist 남자 3보	LF bwd well across body w/o wt - Delayed bwd Walk(knee bent)	T Flat
across	Hockey Stick to Side 여자 5보	RF fwd and across body - Delayed fwd Walk Turning	O/E of T Flat
	Close Hip Twist 여자 3보	RF fwd and across body w/o wt - Delayed fwd Walk(knee bent) then Swivel	T Flat
	Alemana 여자 4보	LF fwd and across body w/o wt - Delayed fwd Walk Turning	O/E of T Flat
	Alemana to Side 여자 4보	LF fwd and across body w/o wt - Delayed fwd Walk Turning	O/E of T Flat

slily across	Spot Turn to R	남녀 1보	Aida	남녀 2보·8보
	Underarm Turn Turning R	여자 1보	Alemana	남자 6보
	Underarm Turn Turning L	남녀 1보	Fencing to Spin	여자 3보
	Opening Out	여자 3보	Coninuous Hip Twist	남자 6보, 여자 5보
	Close Hip Twist Finto Side	여자 3보	Natural Top	남녀 9보

PART 5

스탠다드댄스 예상문제

01 WDSF 스탠다드댄스 이론

1. 풋 플레이스먼트 개념	31. 셔플 타이밍
2. 풋 플레이스먼트 3가지 표현	32. 뮤지컬 스트럭쳐
3. 풋 액션 9가지	33. 슬로우 스탭
4. 풋 - 롤 원리	34. 오프-비트 스탭
5. 라이즈 앤 폴	35. 헤드 포지션 6가지
6. 드라이브 액션 개념	36. 핸드홀드
7. 포워드 스탭 드라이브 액션 5단계	37. 포스처
8. 백워드 스탭 드라이브 액션 5단계	38. 커플 포지션 9가지
9. 예비보 스탭	39. 로테이션
10. 바디 액션 3가지	40. 와인드업
11. 비포 풋 포지션	41. 피피 V 각도
12. 스윙 사이드 스탭	42. 익스텐션
13. 샤세	43. 스웨이 3가지
14. 트위스트 턴	44. 스타트(탱고)
15. 씨비엠피	45. 포지션변화(탱고)
16. 스핀 턴	46. 클로즈드 · 오픈 피니시(탱고)
17. 피봇팅 액션	47. 포스처(탱고)
18. 브러시	48. 홀드(탱고)
19. 컨티뉴어스 스핀	49. 탱고 웍
20. 내추럴 · 리버스 피봇	50. 서든 무브먼트(탱고)
20. 토피봇	51. 라이즈 앤 폴(탱고)
21. 힐 턴	52. 힐 턴(탱고)
22. 힐 풀	53. 라이즈 앤 폴(비엔나)
23. 스위블 액션	54. 오프 - 비트 스탭(비엔나)
24. 사이드 리딩	55. 내추럴 · 리버스 턴(비엔나)
25. 클로즈 개념	56. 스웨이(슬로우 폭스)
26. 크로싱 실행 방법	57. 샤세(퀵스텝) 3가지
27. 얼라이언먼트	
28. 박자값과 타격 액센트	
29. 타이밍	
30. 싱코페이션	

1. Foot Placement 개념을 설명하시오.

딛고 있는 왼발을 기준으로 제1보를 만들 때 오른발을 어디에 놓아서 센터 밸런스를 만드는가와 그 후 1보를 완료시키기 위한 상황을 설명한다. "Foot Placement"는 1보(Step)를 설명함에 있어서 2칸(위와 아래 칸)으로 나뉜다. 위 칸은 센터 밸런스까지, 아래 칸은 센터 밸런스 이후부터 그 스텝 끝 부분까지를 설명한다.

2. Foot Placement에서 스텝의 최종단계의 상황을 나타내는 3가지를 말하시오.

Recover Body, Recover Foot, Weight on Foot.

3. Foot Action 9가지에 대하여 논하시오.

풋 액션은 스텝을 진행하는 중에 (체중 유무에 관계없이) 발의 어느 부분이 바닥과 접촉하고 있는지, 바닥과 어떻게 놓이는지를 설명하는 것이며, 다음과 같이 9개로 구분한다.

<table>
<tr><td>Heel 일반적인 롤링동작의 시작 또는 끝</td><td rowspan="4">Ball
Flat과 Toe 사이의 롤링동작의 모든 단계.
Toe보다 1도 이상 굽혀진 상태에서 바닥에 놓인 후, Heel이 바닥에 닿기 전까지의 모든 과정을 포함</td></tr>
<tr><td>Toe 라이즈의 가장 높은 지점에서 사용</td></tr>
<tr><td>Extreme Toe 주로 미적 라인에 사용, 최高 접촉</td></tr>
<tr><td>Whole Foot 전체 발이 바닥에 직접 놓일 때</td></tr>
<tr><td>Flat Foot 롤링 동작 중 발 전체가 바닥에 놓일 때</td><td>Inside Edge of Toe 안쪽 엄지발가락 부분이 바닥에 놓일 때</td></tr>
<tr><td>OutSide Edge of Toe
바깥쪽 발가락 부분이 바닥에 놓일 때</td><td>Inside Edge of Foot
발 안쪽 부분이 바닥에 놓을 때</td></tr>
</table>

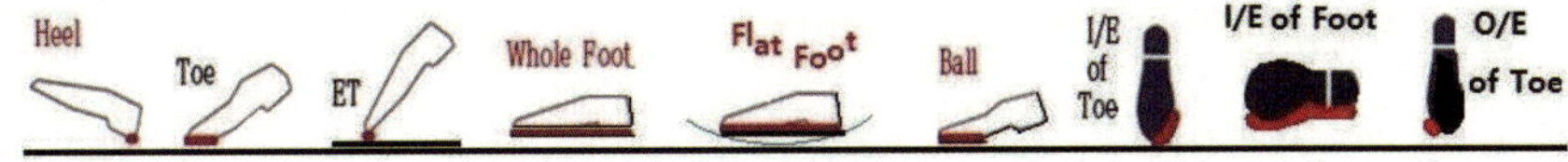

4. The Foot-Roll Principles(풋-롤 원리)에 대하여 설명하시오.

스윙댄스(Waltz, Viennese Waltz, Slow Fox 및 Quickstep) 스텝은 Drive Action으로 진행되며, 일반적으로 풋 액션이 H Flat을 갖는 것으로 설명된다.

실제 관점에서 보면, 앞으로 진행하는 파트너는 움직임의 아름다움을 유지하고 격렬한 체중의 이동과 관련한 몸의 균형을 통제하기 위하여 - 발의 Recover 단계에서 발 전체를 바닥과 접촉 상태로 유지해야 한다. 그 이후 후행 스텝 제1보의 전반부에서 힐은 바닥을 떠날 수 있으며, 휘겨에 가장

적합한 접촉(토, 볼 혹은 플렛)을 사용할 수 있다.

Foot Action이 H Flat이더라도, 스텝 후반에 표시된 Rise and Fall은 발목이 rise할 것임을 인지해야 한다.

5. 스탠다드댄스에서 Rise and Fall에 대하여 설명하시오.

라이즈 앤 폴은 댄서가 스텝과 휘겨를 실행하는 동안, 플로워를 기준으로 하여 만들어 내는 높이의 변화이다.

Rise와 Fall은 | Foot 발 | Leg 다리 | Body 몸통 | 세 부분을 사용하여 생성할 수 있다.

6. Drive Action이 무엇인지 설명하시오.

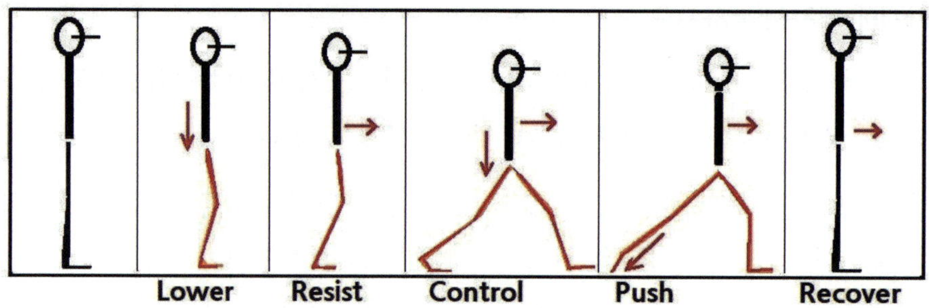

일반적으로 각 휘겨의 첫 번째 스텝에서 사용되는 드라이브 액션은, 신체의 오버밸런싱, 무릎 굽힘 및 다리 스윙 - 이 동작들을 부드럽게 연결하는 것이다.

Fwd 진행에서 이 연결은 Lower, Resist, Control, Push, Recover(or Collect)의 5개 단계로 구분하고, Bwd 진행에서 "Prepare 준비"라는 발을 뒤로 뻗는 동작이 위의 5단계보다 먼저 실행된다.

7. Drive Action Fwd Step 5개 단계는 무엇인지 설명하시오.

- LOWER : 왼발 무릎을 낮추기 시작한다.
- RESIST : 왼쪽 다리는 몸의 수직선을 유지하면서, 전방으로 약한 오버밸런싱하며 이동 시작한다.
- CONTROL : 이 시점에서 선수는 체중과 무빙다리를 함께 움직여 센터 밸런스 포지션까지 진행.
- PUSH : 딛고 선 왼쪽다리로 푸싱액션이 만들어지고, 오른발이 새로이 딛고 서 있는 다리가 된다.
- RECOVER : 왼쪽 다리는 오른발 옆으로 이동되고, 체중은 딛고 선 오른쪽 다리 앞쪽으로 이동된다.

8. Drive Action Bwd Step 5개 단계를 설명하시오.

백워드 스텝의 하위 액션들

1. **PREPARE**: 후방 이동에서 준비는 5개 단계보다 먼저 실행되어야 한다.
이 준비는 댄서가 파트너의 중심에서 멀리 떨어져 있는 것을 막기 위해 사용된다. 이러한 Prepare action은 선행 스텝의 마지막 스텝에서 수행된다.

2. LOWER 3. RESIST 4. CONTROL 5. PUSH 6. RECOVER

9. 예비보인 Preparation Step에 대하여 논하시오.

안무를 정적 위치에서 시작할 때 큰 움직임의 효과를 내기가 어렵기 때문에, 첫 번째 휘겨에서 선수의 움직임을 준비하는 단계인 예비보로 시작하게 된다. Preparation Step은 일반적으로 약간의 와인드업 액션을 수반하며, 연결되는 첫 번째 휘겨에 적절한 회전을 만들어 주게 되며, 체중 投射를 증가시키고 스윙 액션을 도와준다.

이 경우뿐만 아니라 일반적으로 simple step(앞 또는 뒤쪽)은 딛고 선 다리의 통제하에 무빙다리가 스윙하며 동시에 신체를 오버밸런스하여 얻어지는 Centre Balance 와 Recovery position 원리를 실천해야 한다.

10. 바디 액션은 신체의 윗부분을 포함하는 모든 움직임이다. 스탠다드댄스에서 3가지 중요한 바디 액션은?

Rotation(Torsion), Sway, Extension.

바디 액션은 크고 강한 라인을 만들고, 커플 에너지로 인해 동작과 기동성의 효과가 있다.

11. Before Foot Position의 개념을 설명하시오.

근육의 사용으로 바디가 움직이게 되는데, 센터 밸런스를 지난 지점에서 바디 움직임을 통제할 수 있는 큰 에너지를 유발하게 된다. 바디가 Before foot position에 도달하게 되면, 바닥을 딛었던 다리의 근육이 적당히 사용되어 바디 진행 동작을 제어할 수 있게 된다.

댄서 체중(FW)의 힘과 바닥을 딛었던 다리의 추력(F2)은 바디 움직임(F1)과 반대 방향의 힘(FR)을 생성한다. 따라서 두 가지 힘은 서로를 상쇄시켜 체중이동을 안정적으로 끝낼 수 있다.

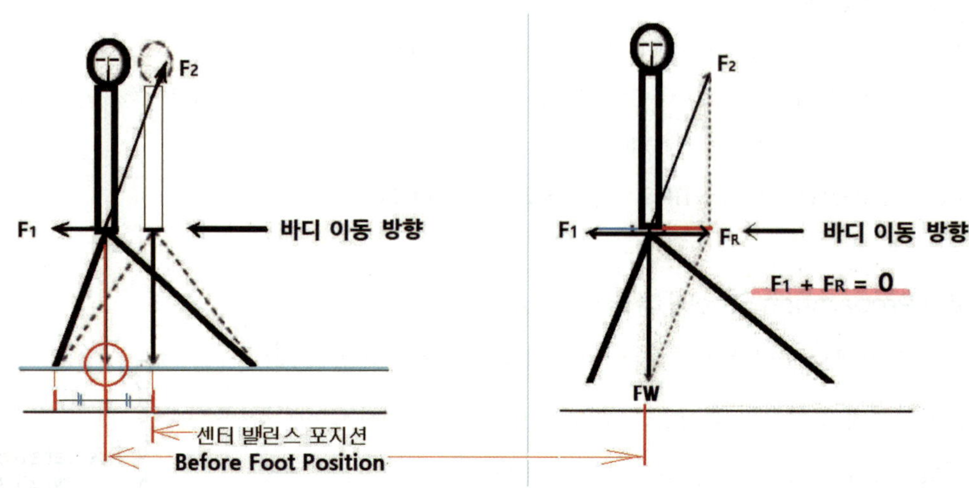

12. The "Swing Side Step"에 대하여 설명하시오.

모든 스윙사이드 스텝은 fwd(또는 bwd) and finishing to side로 표현되지만, 차트에서는 Side Step으로 표기된다. to side로 끝나지 않는 때는 간단히 "Swing Step"이라고 부른다.

스윙사이드 스텝의 전형적인 예는 남자 내추럴 턴 제2보이며, 이러한 스텝의 경우, Dance Sport 기술적인 부분에서, 움직임을 통제하는 "Before Foot Position"의 원칙을 실천하는 것이 중요하다.

13. Chasse에 대하여 논하시오.

Chasse는 모든 모던 댄스에서 사용되는 3보의 조합이지만 Waltz 및 Quickstep의 기본 실라부스에서만 발견된다. 이 연속된 스텝은 하나의 액션으로 볼 수 있으며, 중요한 기술적인 부분을 알아본다.

- 정확한 발 모양과 발끝 alignment가 브러시 액션 중에 표현되어야 한다.
- 일반적으로 Drive Action에 이어 샤세가 실행된다.
- 탱고(베이직 휘겨에 샤세를 포함하지 않음)를 제외한 모든 춤의 샤세는 점진적인 라이즈를 사용한다. 선행드라이브 액션의 끝에서 시작하여 샤세의 제2보(발이 모아짐)까지 계속되고, 샤세의 마지막 스텝에서는 앞의 2보에서 도달한 고도가 유지된다(차트에 언급되지 않았지만, 약간의 바

디 상승 有).

• Progressive Chass에서는 측면 이동인 옆으로의 움직임이 만들어지는 경향이 있다.

- Progressive Chass to R(남자의 오른쪽으로) - Progressive Chass to L(남자의 왼쪽으로 무빙)

• 샤세가 PP에서 진행되면, 남자는 약한 왼쪽 숄더리드와 함께 앞으로 진행한다.

14. Twist Turn 실행 방법을 설명하시오.

트위스트는 발이 교차되고 난 후 교차가 풀어지는 유형의 회전이다. 꼬였다가 풀어지는 액션은 일반적으로 남자에 의해 실행되며 다음과 같은 방식으로 오른쪽으로 회전하며 관리된다.

• RF는 풋 액션 "볼"로 왼발 뒤에 교차되고
• Cross Position 동안 체중은 양쪽 발 사이에 유지되지만 앞쪽 발의 힐로 향하며
• 앞발의 힐과 뒷발의 볼 사이에서 턴이 만들어진다.
• 턴하는 동안, 앞발의 토는 바닥과의 컨텍을 유지해야 하며
• 뒷발의 힐은 통제된 방식으로 바닥으로 내려가고 턴이 끝나면 바닥에 도달하며
• 턴이 끝나면 발이 거의 옆으로 붙고 평행하며 체중은 RF 위에 유지된다.
• 턴 후반의 라이즈(Feet, Knee and Body)를 사용하여 다음 휘겨로 진행할 수 있으며
• 몸의 수직라인은 턴 진행 동안 유지되지만, Cosmetic Sway의 사용은 진보된 연출을 위해서 중요하며, 여자는 일반적으로 남자 주위를 돌며 일련의 3보를 실행한다. 커플의 턴 타이밍을 관리하기 위하여 남자는 여자의 타이밍에 특별한 주의를 기울여야 한다.

15. CBMP란 무엇인가.

왼발로 바닥을 딛고 있는 경우, 왼발 앞뒤로 스텝을 실행할 때, 오른발이 왼발의 線 위에 있거나 그 선을 가로질러서 위치하는 포지션이다. CBMP는 일반적으로 두 파트너가 공존을 유지하고 자세 왜곡을 피하기 위해 O/P 포지션을 사용하며, 보통 PP에서 남자가 RF과 함께 앞으로 나아가며 여자는 LF과 함께 앞으로 나아간다. Contrary Body Movement Position 용어는 선수의 몸 위치에서 약간 회전한 것처럼 보이는 사실에서 그 이름을 따 왔으며, 사실은 Foot Placement인 발을 바닥에 딛는 행위로 인해 실제로 만들어진 것이 아니고, 선행(先行)의 Rotation 동작으로 만들어진 것이다.

16. Spin Turn에 대하여 설명하시오(Natural Spin Turn의 5-6보).

스핀은 턴의 한 종류(기본적으로 최대 3/8.135°)이며, 강한 회전운동을 전진 움직임과 연결시키기 위한 - Natural Pivot이 실행된 후 2보로(남자 RF-LF, 여자 LF-RF) 진행되며, 다음은 스핀 턴의 기본적인 특징들이다.

- 스핀 턴의 첫 번째 스텝은 약한 Drive action으로 시작한다(대략, 센터 밸런스 포지션까지). 그리고 점진적 인상승(스텝의 Recovery에서)으로 끝나며
- 턴이 3/8.135° 이상일 때 "Cosmetic Sway to R" 또는 스웨이 없이 SpiN Turn할 수 있으며
- 스핀에서 남자는 앞으로 움직이고 계속해서 약간 옆쪽 뒤로 움직이고. 동시에, 여자는 뒤쪽 대각선 앞으로 움직인다. 이 두 움직임 사이에서 여자는 발로 브러시 액션을 실행하게 되며, 연속적으로 움직임을 진행하면서 발을 모으고 좋은 균형을 유지하는 것은 올바른 스핀이 실행되었음을 의미한다.
- 여자의 Brush Action에서 두 발이 올바로 모아져 진행되게 하려면 라이즈와 익스텐션을 정확히 사용해야 한다.

17. Pivoting Action의 실행 방법을 말하시오.

피벗 액션은 일반적으로 Natural Pivot과 연결된 턴이며, 한 파트너가 Natural Pivot을 실행하면 다른 파트너는 Pivoting Action을 실행해야 하고 - 피봇팅 액션의 일반적인 특성은 다음과 같다.

- 턴은 주로 딛고 있는 발을 사용 하지만 턴의 마지막 부분은 커플의 합일성과 후행으로 오는 턴(일반적으로 스핀)과 자연스럽게 연결을 진행시키기 위하여 발의 안쪽 엣지 쪽으로 사용된다.
- 최대 1/2 회전한다.
- 피봇팅 액션 수행 중에 클로즈드 포지션이 유지된다.
- 댄서는 무빙다리(왼발)를 다음에 놓일 위치로 즉시 스윙해야 한다.
- 기본 피봇팅 액션에는 Sway가 포함되지 않는다.
- 풋 액션은 "HB"이다.

일반적으로 피봇팅 액션은 이동을 생성하는 턴(Progressive Turn)으로 정의된다.

18. Brush에 대하여 설명하시오.

브러시는 딛고 서 있는 발에 체중이 유지되고, 체중이 없는 발은 플로워와 접촉해 딛는 발쪽으로 통과한 다음 멀리 이동하는 동작이다. 일반적으로 브러시에서 사용되는 타이밍은 발이 모아지는 동안 3/4로, 오프닝하는 동안 1/4로 나누어져야 하며, 이 타이밍은 무빙 발이 바닥을 약한 압력으로 접촉하며 이후의 움직임을 관리하게 된다.

19. Continuous Spin이란 무엇인가.

남자가 Natural Pivot과 여자 Pivoting Action을 실행한 후, 이어지는 휘겨에서 - 남자는 Pivoting Action 여자는 플로워에 힐이 닿지 않는 Natural Pivot을 실행한다. 이것은 커플이 연속스핀으로 알려진 이 2동작으로 advanced amalgamation 댄싱을 하고 있음을 의미한다. 이 Continuous Spin을 실행하는 동안 연속되는 턴이 잘 실행될 수 있도록 "elevation of the Pivoting Action"이 항상 내포되어 있으며, 풋 액션은 다음과 같다.

- 남자 피봇팅 액션 HB - 피봇 BHB
- 여자 피봇팅 액션 HB - 피봇 B

20. N Pivot, R Pivot, Toe Pivot에 대하여 논하시오.

피벗은 독특한 턴 유형이며 내추럴 피봇과 리버스 피봇으로 구분한다.

일반적으로 피벗은 static 회전(즉, 진행하지 않는 회전)으로 정의되어야 한다.

N Pivot의 특징은 다음과 같다.

1) 턴은 딛고 있는 발 위에서 만들어진다.

2) 최대 1/2 턴이다.

3) 한 파트너(일반적으로 남자)가 피벗을 실행하면, 다른 파트너는 피벗팅 액션을 하게 된다.

4) 피벗 전에 강한 드라이브 액션이 있으며, 이를 사용하려면 커플의 공존을 선호 하고 이전 휘겨와

더 잘 융합시키기 위해 “backward and slightly to side”가 사용된다(예 : 내추럴 스핀 턴 1-4보).

5) 피벗을 실행하는 동안 Closed Position이 유지되고, 피벗에 의해 커플 포지션이 변경되었을 때마다 스위블하였다고 표현된다.

6) 턴하는 동안 댄서는 강한 움직임으로 인해 발생할 수 있는 다리의 “spiral 효과”를 피하고, 두 발이 끝까지 같이 움직임 변화가 없다. 이 포지션은 두발이 교차(CBMP에서와 같이)하지 않고 평행하며, 이 내용은 커플의 합일성을 만들기 위해 적용된다(즉, 두 파트너사이의 콘텍 문제와 관련⋯).

7) 기본적으로 피벗 동안, 균형을 유지하고 체중을 쉽게 분배하기 위해 Sway를 피하지만, 고급 연출은 Sway의 사용을 고려할 수 있다. 일반적으로 Cosmetic Sway는 왼쪽으로 실행된다.

8) 풋 액션은 BHB이며 일반적으로 다음과 같이 분포된다.
   - “B” - 일반적으로 이 스텝에 적용되는 드라이브 액션 중에, 피봇 시작 부분에 사용된다.
   - “H” - 턴의 끝에서 사용하고 볼에서 힐로 롤액션을 포함하며, 발은 바닥에서 방향이 변경된다(백킹에서 페이싱으로). 힐은 제어력이 유지되도록 바닥에 놓여야 하며 이후 운동을 지속하도록 바닥에서 들어 올려서 유명한 “Kiss the floor”라고 알려진 효과를 생성해야 한다.
   - “B” - 동일한 센터 밸런스 포지션 실행 중에, 후행 스텝의 시작 부분에서 사용되며 이 풋 액션은 알맞은 방향을 변경하는 데 사용된다(뒤쪽에서 앞쪽으로 방향을 변경하는 것이 피벗의 특징).

R Pivot은 N Pivot과 거의 유사하지만 몇 가지 차이점은 다음과 같다.

- 파트너 모두 동시에 피벗을 실행한다.
- 리버스 피벗은 강렬한 드라이브 액션이 선행되지 않지만, 파트너와 한 몸이 되어서 선행 휘겨와 리버스 피봇을 부드럽게 연결하기 위해서 “Bwd and slightly to side”로 유지된다.
- 또한 이 경우 균형을 잘 유지하고 체중을 쉽게 분배하기 위해 Sway는 피하지만, N Pivot과는 반대로 Sway는 고급 동작에서도 사용되지 않는다(그러나 고급 댄서가 Cosmetic Sway를 사용하는 동안 치밀한 연결과 좋은 균형을 유지하며 R Pivot을 연출하기도 한다).

Toe Pivot은 모든 피벗과 마찬가지로 딛고 선 발 위에서 실행되고, 최대로 1/2 회전량을 갖는다. 이 유형의 피벗은 휘겨 內에서만 사용되거나, 진행이 없는 제자리에서 하는 휘겨로 사용된다. 또한 이 유형의 동작 중에 사용되는 풋 액션은 항상 토이다(그래서 토 피벗이라고 이름 지어짐).

21. Heel Turn에 대하여 설명하시오.

힐 턴은 오른쪽 또는 왼쪽으로 턴을 하게 되며, 제1보는 오른발 힐로 턴한다. 2보 왼발은 오른발 옆에 체중 없이 붙이고, 턴이 완료된 후에 왼발로 체중을 옮기게 된다. 통상적으로는 힐 턴 시 사용되는 타이밍은 클로징으로 3/4, 오프닝으로 1/4로 나누어 진행하며, 이 타이밍은 무빙하고 있는 왼발이 바닥을 살짝 누르며 턴 진행을 도와주는 액션을 병행해 가며 진행하면 된다.

힐 턴은 심플한 회전이지만, 힐 턴 시 스웨이를 사용할 수도 있다(폭스, 리버스 턴).

22. Heel Pulll의 기능에 대하여 말하시오.

힐 풀은 힐 턴의 한 유형이다. 이 액션은 진행하고 있는 신체를 감속시키기 위해 사용되며 이동 방향을 변경할 수 있으며, 1보와 2보 사이에 135°, 3/8턴이(남녀 모두 각도 동일) 이루어진다.

23. Swivel Action이란 무엇인지 설명하시오.

스위블 액션은 바닥을 딛고 서 있는 발 위에서 회전되는 동작을 말한다. 스위블 액션을 사용하면 방향 및 커플 포지션의 변경이 가능하게 된다.

24. Side Leading은 어떻게 하는 것인지를 설명하시오.

발이 앞으로 또는 뒤로 1보가 진행될 때, 어깨가 같은 방향으로 움직일 때 side leading이라고 한다. 이러한 유형의 액션은 보통 Closed에서 OutSide Partner로 위치 변경을 포함하는 휘겨에서 사용된다(예 : 슬로우 폭스, 페더 스텝). 이 동작을 적용하는 일반적인 방법은 다음과 같다(Fwd로 춤을 출 때).

- 일반적으로 드라이브 액션 후의 Position에서, 딛고 있는 발쪽으로 Dynamic Rotation이 된다.
- 연속적으로 몸은 전방으로 움직이며 신체의 균형을 이루기 위해, 무빙 발은 앞으로 스윙한다.
- 이 움직임이 끝나면 센터 밸런스 포지션에 도달하고 무빙 발(예 : 왼쪽발로 만든 스텝 위에 왼쪽 어깨가 있음)과 같은 어깨가 평소보다 좀 더 전방으로 나가 있게 된다.

25. Close는 어떤 의미인지 설명하시오.

Close는 일반적으로 대표적인 Waltz 휘겨 마디 끝에서 발견되는 액션이며, 이 행동의 기능은 주로

한 발에서 다른 발로 체중을 변경하는 기능이다. 이것은 결과적으로 바닥을 딛고 서 있는 발을 향해 다른 발이 다가오는 동작을 통해 이루어진다. 양발이 half closed 되는 탱고를 제외하고, 다른 모든 춤에서 close는 양쪽발의 Toe가 서로 접촉하여 클로즈드가 완료되어야 하며, 이 크로스는 경연대회에서 댄스 기량을 평가할 때 매우 중시한다.

26. Crossing의 실행 방법을 설명하시오.

Crossing은 무빙 발을 딛고 서 있는 발쪽으로 오므려서 내전을 통해 움직이며, 딛고 있는 발의 선을 가로 지르는 발의 포지션을 보여 주는 액션이고, 두 가지 타입의 Crossing을 구별하는 것이 중요하다.

- 양쪽 허벅지 부분이 맞붙어 단단히 교차하고 두 발이 바디 아래에 있는 상황(예 : 삼바 휘스크 투 레프트의 2보).
- 발을 서로 닿지 않으며 교차하고 있는 상황으로, 큰 진행 변화가 필요한 스텝에 사용하는 드라이브 액션 스텝(예 : 샤세 프롬 피피에서의 제1보).

27. Alignment - Direction에 대하여 설명하시오.

이것은 커플이 플로워에서 움직이는 방향과, 무빙을 앞으로 혹은 뒤로 진행하는지에 대한 설명이며, 댄스 플로어에서 발견되는 4개 라인의 춤 중 하나의 방향으로 움직이게 된다.

28. 스텐다드댄스의 박자값과 강세 및 빠르기를 말하시오.

Dance Sport는 Sound와 Movement의 조합을 기반으로 한 분야이므로 음악과 직접 연결되어 있다. 템포는 음악의 속도이며 1분당 사용되는 Bar 개수로 측정한다. 박자표와 타격 악센트는 다음과 같다.

박자	댄스에서 타격 액센트
2/4	• 탱고 **모든 비트에 액센트**
3/4	• 왈츠 · 비엔나왈츠 **첫 비트에**
4/4	• 폭스 · 퀵스텝 **1,3비트에**

템포 · 빠르기(Bar per minute)			
Waltz Slow Fox	28-30	Tango	31-33
Qurckstep	50-52	Viennese Waltz	58-60

29. 휘겨 차트에서의 Timing은 무엇인지 설명하시오.

타이밍은 Step/Action을 실행할 때 음악의 빠르기이다. 비트값은 Step/Action에 사용되는 박자의 길이를 나타낸다. 이론적 박자 길이는 다음과 같다.

1	Whole Beat	&	½ Beat	a	¼ of a Beat
S	2 Beats (4/4 Time Signature, ex. Slow Fox, Quick Step) 1 Beat (2/4 Time Signature, ex. Tango)				
Q	1 Beat (4/4 Time Signature, ex. Slow Fox, Quick Step) ½ Beat (2/4 Time Signature, ex. Tango)				

30. Syncopation에 대하여 설명하시오.

Dance에서 한 박자 내에서 한 발 이상을 사용할 때 Syncopation이라는 단어를 사용하며, 싱코페이션은 항상 선행의 Whole Beat(값 = 1)과 연관되어 있고, 여기에서 싱코페이션 값을 빼면 된다.

31. Shuffle Timing이란 무엇인가요?

체중 이동과 댄스 동작을 손상시키지 않고, 비트값을 약간 변형시켜 사용하는 것을 말하며, 휘겨의 첫 스텝 타이밍과 악센트는 어떤 경우에도 존중되어야 한다. Dance Sport는 예술적 스포츠이기 때문에 Shuffle Timing의 원리를 도입하게 되면, 댄서에게 시연 및 음악 공연의 예술적 수준을 높일 수 있는 기회를 제공하게 되는 결과가 될 수 있다.

32. Musical Structure 음악구조에 대하여 말하시오.

음악 구성은 일반적으로 도입부 4 Bar와 코러스 구조(4개의 樂句)로 구성되어 있다. 멜로디 樂句는 일반적으로 처음 두 樂句에서 유사하고, 세 번째 樂句에서 완전히 변경되고 결론 문구에서 원래 樂句로 돌아간다.

33. Slow Step을 설명하시오.

슬로우 스텝은 “on time”으로 무빙하기 위하여 첫 비트에 발이 위치되고 두 번째 비트에서 체중 이동이 완료되어야 한다. Slow Step이 늦게 발을 바닥에 놓을 수 있는 경우는, 발이 모아지는 스텝의

경우이다. (예 : 탱고 Closed Promenade의 4보, SQQS)

34. Off-Beat Step을 설명하시오.

많은 3/8 박자에서 휘겨에 포함된 스텝의 수는 사용된 비트 수보다 작다. 일부 스텝에서는 더 많은 비트가 사용되며, 스텝과 관련하여 비트의 구분은 댄서 재량에 달려 있지만, 차트에서 주어진 비트 구분이 가장 명확하다.

35. Head Position 1-6번을 설명하시오.

헤드 포지션은 어깨 또는 흉골을 기준으로 턱의 위치이며, 목의 비틀림이 만들어지면 그로 인해 머리가 회전되어 이루어지며, 헤드포지션 사용은 주관적이며 안무 연출을 어떻게 할 것인가와 커플의 스타일에 따라 달라진다.

참고 : 헤드 포지션과 이러한 포지션 변경은, 항상 포지션의 미적 원리와 포스처의 작용을 고려해야 함.

Head Position 번호	각도	각도	Head Position 번호
Position 1 흉골을 기준 · 턱이 왼쪽 어깨선 남: PP에서 사용 여: CPP에서 사용			Position 6 턱이 오른쪽 어깨선 위에 있다 남: CPP에서 사용 여: PP에서 사용
Position 2 턱이 왼쪽으로 45도 남: OP, Fallaway P에서 사용 여: Close P에서 사용			Position 5 턱이 오른쪽으로 45도 남: Rwd Moving Line에서 여: Right Sway에서 사용
Position 3 턱이 왼쪽으로 2-3cm 남: Close Position에서 사용			Position 4 턱이 오른쪽으로 2-3cm 남: Right Sway에서 사용
헤드포지션의 자연스런 움직임을 발생시키는 포인트 5가지와 헤드가 연동된다. 1. 포지션 센터의 변경 2. 익스텐션, 스트레칭 3. 회전, 로테이션 4. 바디 선, 라인의 움직임 5. 기울임, 스웨이			

36. Hand Hold 방법을 설명하시오.

男女 사이에서의 핸드홀드 컨텍은 다음과 같다.

손을 잡는 절차	연결 완료된 후 또는 기능
1) 男 왼손-女 오른손	女 눈높이에서, 손의 자연스러운 모양을 유지한다.
2) 男 오른손-女 견갑골	女를 지지, 앞으로 뒤로 옆으로 움직임을 지시한다.
3) 女 왼손-男 등 삼각근 아래쪽에 위치	女 손으로 男의 어깨를 잡아당기는 것을 피하면서, 손과 어깨의 매끄러운 모양을 보여 주어야 한다.

핸드홀드의 일반적인 임무는 어깨를 서로 평행하게 유지하고, 남자 팔은 샤프한 라인을 만들며 레이디의 팔은 둥글게 하여, 강하고 부드러움이 함께하는 자연스러운 분위기를 만들도록 한다.

37. 스탠다드댄스에서의 Posture를 설명하시오.

Posture는 일반적으로 중력에 대항하기 위해 신체가 취하는 자세이다. Dance Sport에서 정적 자세는 정상적인 자세(춤추지 않고 있는 자세)를 기준으로, 다음과 같은 신체통제를 통해 구현되는 자세다.

- 복부 근육의 가벼운 스트레칭은 등뼈부분 약간의 스트레칭을 하게 해 준다.
- 골반 근육을 조절한다. 그리고 허리선이 바닥 선과 거의 평행하게 유지되도록 한다.
- 체중은 볼 위로 옮겨진 결과 무릎을 약간 구부리게 된다.
  - 이 단계(체중 전진) 진행 동안, 바디라인의 각도는 바닥과 관련하여 일정하게 유지되어야 한다.
  - 레이디는 체중을 볼 쪽으로 이동시키고, 머리는 원래의 위치에 남겨두고 몸의 중심만 이동한다. 이렇게 하면 원래 시작 자세가 아닌 뒤로 휘어지는 선이 생성된다. 레이디의 마지막 오른쪽 갈비뼈가 남자의 마지막 오른쪽 갈비뼈와 접촉할 때까지 바디가 왼쪽으로 약간 이동하며, 어깨선은 바닥과 평행하게 유지되어야 하고, 머리는 똑바로 목은 길고 어깨는 아래로 유지되어야 한다.

이러한 신체통제 절차를 거쳐 9가지 포지션 중 첫 번째 포지션인 "클로즈드 포지션"을 만들게 된다.

38. 스댄다드댄스의 9가지 Couple Position을 설명하시오.

① Closed Position(Right to Right)

일반적으로 댄스를 시작하는 데 사용되는 기본자세이다. 클로즈드 포지션에서, 여자 센터의 오른쪽 사이드와 남자 센터의 오른쪽 사이드가 컨택한다. 따라서 남자와 여자의 왼쪽은 접촉하지 않고 어깨와 관절은 평행을 유지해야 한다.

② OutSide Partner Position

이 자세는 클로즈드 포지션과 매우 유사하며 전진하는 파트너가 오른쪽 발로 밖으로 나가야 할 때 사용된다. 스텝이 엘리베이션에서 취해지면 클로즈드 포지션과의 차이는 매우 미미하며, 커플은 어깨와 관절 사이에 1/8 회전을 만들기 위해 약간의 우측 회전을 하고 전진하는 상대방의 발과 무릎이 파트너 외부로 이동할 수 있게 한다. 만약 스텝이 로워링 상태에서 취해지면, 엉덩이는 앞으로 움직이는 파트너의 오른쪽 허벅지까지 약간 옆으로 미끄러진다. 이런 상황에서는 오른쪽 갈비뼈만 접촉을 유지하게 될 것이다.

③ Promenade Position

컨택 위치는 남자의 오른쪽과 여자의 왼쪽이며, V 모양을 만든다. 두 파트너가 열린 방향으로 전진해야 할 때 사용된다. 프롬나드 포지션을 더 자세히 설명하기 위해 다음 예를 생각해 볼 수 있다. Promenade Position은 클로즈드 포지션에서 서로 몸을 약간 회전시켜 얻을 수 있다(남성 왼쪽으로, 여성 오른쪽으로).

두 바디는 "V" 모양을 취하기 위해 슬라이딩 움직임이 없이 "힌지 같은" 액션으로 회전할 것이다.

④ Fallaway Position

컨택 위치는 PP와 같으며, V 모양의 닫힌 방향으로 이동해야 할 때 사용된다.

Fallaway Position은 Promenade Position과 매우 유사하다는 점에 유의해야 한다.

⑤ Counter Promenade Position

컨택 지점은 남자의 왼쪽과 여자의 오른쪽이며, V 모양을 만든다. 두 파트너가 열린 방향으로 전진

해야 할 때 사용된다. 이 포지션은 그 기능면에서 프롬나드 포지션과 비슷하다.

⑥ Counter Fallaway Position

컨택 지점은 남자의 왼쪽과 여자의 오른쪽이며, V 모양을 만든다. 두 파트너가 뒤쪽을 향해 같은 방향으로 이동해야 할 때 사용된다(V 모양의 닫힌 부분을 향하여).

참고 : 이 포지션은 기능 면에서 Fallaway Position과 비슷하다.

⑦ Wing Position(Left to Left)

컨택 지점은 여자의 왼쪽과 남자 왼쪽이며, 이 자세는 Closed Hold와 정확하게 반대이며, Close Hold와 비교하여 바디의 반대편 쪽에 컨택이 되며 어깨와 힙은 평행하다. 이 포지션은 전진하는 파트너가 왼발로 밖으로 나가야 할 때 사용된다. 이 스텝은 어떠한 높이에서든 만들 수 있지만, 로워링 상태에서 취할 때, 힙은 앞으로 움직이는 파트너의 왼쪽 허벅지가 후방으로 움직이는 파트너의 왼쪽 허벅지 옆에 있을 때까지 힙이 약간 Side로 미끄러진다. 이 상황에서는 왼쪽 갈비뼈만 접촉 상태로 남아 있다.

⑧ Right Angle Position

여자의 왼쪽 힙은 남자 사타구니의 오른쪽과 접촉하며, 힙은 약 1/8에서 1/4 정도 우측으로 벌어진다. 윙 포지션에서와 마찬가지로, 좋은 각도는 여자의 바디가 남자 바디를 타고 슬라이딩되어야 한다. 어깨는 힙보다 덜 돌아가며 가능한 한 평행 유지, 힙은 우측으로 1/16-1/8 정도 열린다.

⑨ Left Angle Position

⑧번과 방향이 반대이다. 여자의 오른쪽 힙이 안쪽 가장자리가 남자 사타구니의 왼쪽에 놓여진다. 이 포지션은 여자의 바디가 슬라이딩 운동을 통해가 아니라, "힌지 같은" 운동을 통해 만들게 된다. 어깨는 힙보다 덜 돌아가며 가능한 한 평행 유지, 힙은 좌측으로 1/16-1/8 정도 열린다.

39. Rotation에 대하여 설명하시오.

Rotation이라는 용어는 댄서의 힙과 어깨가 서로 정렬되지 않는 순간을 의미하며, 일반적으로 이 변형은 힙을 기준으로 하여 어깨의 회전을 통해 이루어지지만, 어깨를 기준으로 하여 힙과 발의 회전한 결과로 인해 발생할 수도 있다(회전량이 없는 휘겨의 경우 회전은 힙에 의해서만 이루어짐). 또한 이러한 두 가지 행동이 결합된 경우가 있다(예 : 위스크). 다음은 로테이션으로 인한 리드 종류이다.

* **Lightness(CBM) :** 일반적으로 스텝 전체에 걸쳐 로테이션이 분산되어 진행 - 씨비엠
* **Leading to change position of the centre :** 보통 센터 밸런스 포지션 이후 - 포지션이 변하게 리딩
* **Leading to OutSide partner :** 보통 이전 스텝 마지막 발에서 로테이션하며 - 리딩하여 O/P로 됨
* **Dynamics :** Drive Action이 끝났을 때의 그 발 위에서 무브먼트와 볼륨의 더 큰 효과를 보여 준다.

40. 댄스에서 Wind Up이란 무엇을 말하는가.

댄스를 실행하는 데 있어서 세 가지 신체동작이 서로 다른 방식으로 동시에 발생하는데, 그러한 행동의 예로는 Wind Up이 있다. Wind Up은 3가지 몸동작을 모두 결합하고 신체의 운동량을 생성할 수 있게 해 주는 동작이며, 정적 위치에서 움직임을 시작할 때 자주 사용된다.

41. Promenase Position, Fallaway Position의 V 각도에 대하여 논하시오.

생성된 "V" 각도는 어깨에서 발까지 일정하지 않으며, 남자와 여자의 다리 사이의 각도는 대략 90°(턴 1/4), 힙 각도는 대략 45°(턴 1/8)이며 어깨는 가능한 한 평행선 상태로 유지(22°까지, 턴 1/16)되어야 한다. 따라서 두 파트너의 몸통에서는 약간의 비틀림을 발생시킨 것이다. 이 비틀림은 팔을 평행선으로 유지하면서, 다리와 발은 자유스럽게 앞뒤로 움직일 수 있게 해 준다.

42. Extension에 대하여 설명하시오.

여자가 자주 사용하는 바디 액션이며 등을 기준으로 신체의 앞쪽 부분을 강하게 뻗어 올려서 만들어진다. 이것은 바디의 상체(머리, 목, 가슴)에서 시작하며 아랫부분(복부와 요추 부위)으로 이어진다. 자신의 밸런스 유지, 커플 포지션이 변경되어서는 안 되며, 댄서가 사용할 수 있는 시간의 길이에 따라 Extension 수준·정도가 결정된다. Extension은 항상 남성에 의해 리드되어야 하며, 차트에서는 여자 헤드의 최종위치와 함께 - Extension이 이루어지는 방식이 표기됨(예 : Gradually, Direct 등).

43. Sway 3가지 유형을 말하시오.

Sway는 신체의 기울기(측면 굴곡)이며, 균형을 유지하고, 움직임을 개시하고, 운동 속도를 높이거나, 휘겨의 아름다움을 향상시킨다. 스웨이는 운동의 반대방향으로 속도를 줄이고 균형을 향상시키지만, 운동 방향으로 스웨이는 가속도를 증가시켜 더 빠른 속도를 얻을 수 있다. 사용된 Sway의 양은 휘겨의 유형과 선수가 보여 주고 싶은 시각적 효과에 따라 다르며 Sway에는 세 가지 유형이 있다.

1. Technical Sway

바디 전체(발에서 머리까지)가 사용되는 Sway의 기본 형태이다. 보통 이 액션은 힙 영역에서 인지될 수 있다.

2. Releasing (Broken) Sway @ 탱고에서 사용빈도수 多

바디 윗부분만 사용되며, 힙 포지션은 변하지 않는다. 한쪽을 짧게(릴리이싱) 하고 이어서 반대쪽이 길어지면 그 결과 더 또렷한 기울기가 만들어지고 큰 시각적 효과를 발생하게 된다.

3. Cosmetic Sway @ 폭스에서 사용 빈도수 多

Cosmetic Sway의 작은 기울어짐은 주로 양 어깨와 견갑골에 의해 만들어지며 **머리 중립위치를 크게 바꾸지 않고 어깨 수평이 변한다.** 또한 이 경우 바디 한 쪽이 짧아져 릴리스되는 결과로 인해 반대쪽이 길어진다.

탱고 이론

44. 탱고 스타트 시 발 위치는 어떻게 해야 하는가.

양발 모으는 중에 오른발은 왼발보다 5-8cm 뒤로 하고, Facing Wall로 시작할 것을 권한다. 압축된 무릎과 발의 포지션은 탱고의 전형적인 특성을 만드는 기본적인 요소이다.

45. 탱고에서의 자세와 포지션의 주요한 변화를 말하시오.

- 어깨, 힙, 무릎, 발이 정렬되어 있다.
- 오른쪽 shoulder lead는 없다.
- 경쟁이 더욱 치열해 보이기 위해, 프레임은 더 넓어졌고 왈츠 퀵스텝 등 다른 종목과 비슷해 보임.

46. Closed Finish와 Open Finish에 대하여 언급하시오.

탱고에서 많은 휘겨의 마지막 2보에 대한 두 가지 가능한 연출은 Closed Finish와 Open Finish이다. 이 두 가지 마무리는 서로 바꿔서 할 수 있으며, 모든 Closed Finish는 Open Finish로 대체할 수 있으며, 그 반대의 경우도 마찬가지로 가능하다.

47. 탱고의 Posture를 설명하시오.

자세와 홀드는 탱고에서 가장 많이 변화한 부분이며, 요즈음 탱고 커플 포지션은 타 종목들과 비슷하다.

포스처	男	허리에 몸을 지탱하고 똑바로 선다. 체중은 무릎의 압박으로 인해 약간 앞으로 향하는 발의 중간에 유지되며, 복부 근육은 톤이 있고, 머리는 직립으로 무릎은 바닥을 누른다.
	女	남자와 동일하지만, 허리를 왼쪽 약간 위쪽으로 늘리고 머리는 약간 뻗어 헤드 포지션 2 위치이다(모던 기본 원칙의 Head chapter 참조).

48. 탱고의 Hold와 Couple's Position을 설명하시오.

- 다른 종목에서와 마찬가지로 서로 마주보고 선다.
- 남자는 왼쪽 팔을 앞으로 뻗어 여자의 오른손을 잡은 후, 오른팔을 옆으로 향한다.
- 왼쪽 팔꿈치를 구부리고, 당겨서 여자가 그 포지션에 들어오게 리드한다.
- 남자의 왼손은 커플과의 거리 중앙에 위치한다.
- 여자는 남자의 오른쪽에 위치하고, 여자의 우측 갈비뼈 부분이 남성 우측 갈비뼈 부분에 닿는다.
- 남자 왼손은 여의 눈높이에 두고, 왼쪽 팔뚝은 앞쪽으로 바닥과 20-30° 사이 각도로 뻗는다.
- 남자 오른손은 타 종목보다 더 깊게 여의 견갑골 아래쪽 부분에 있고, 그의 끝 손가락이 여자의 척추에 닿으면, 여자는 남자의 팔꿈치에 팔이 닿고, 왼손이 남자 겨드랑이 바로 밑에 위치하게

한다.

• 여자는 또한 오른쪽 무릎이 남자의 오른쪽 무릎에 거의 닿을 때까지 무릎이 바닥을 누르며 압축한다.

49. Tango Walk은 다른 종목과 비교하여 독특한 방식이다. 그 주요한 차이점을 설명하시오.

1. 라이즈와 폴이 없다.
2. 무릎은 구부러져 있지만 다리 근육은 힘이 유지된다.
3. 왼발이 나갈 때 CBMP에 있으며 오른발 진행시 *右*리드를, 이것은 일정한 곡선에서 움직이게 해준다.
4. 왼발이 앞으로 나가는 스텝(CBMP)에서 LF의 힐은 오른쪽 발의 선 위에 위치해야 하며 그 선을 가로지르지 않아야 한다. 오른발이 뒤로 진행 시 (CBMP에서) 오른발의 발가락은 왼발과 같은 선에 위치해야 하며 교차하지 않도록 해야 한다.
5. 왈츠나 폭스 등 종목에서 발을 바닥과 붙여 진행하는 슬라이딩 동작으로 진행하는 것이 아니라, 각 스텝에서는 플로워에서 약간 들어 올려놓는다. 발의 자연스러운 롤링동작은 유지되어야 한다.
6. 남자와 여자의 후진 스텝을 시작하려 할 때, 딛고 있는 앞발의 발가락이 바닥에서 떨어지며, 토에서 힐까지 정상적인 롤링동작이 만들어진다.
7. 각각의 전진스텝 풋 액션은 "힐"로 표현되지만, 왼발 스텝 시 발의 바깥쪽 엣지로 그리고 오른발 스텝 시 안쪽 엣지로 가볍게 누른다. 같은 방식으로, 후진 때는 왼발 안쪽 엣지와 오른발 바깥쪽 엣지에 가벼운 압력이 가해질 것이다.

Note : 위의 7가지 포인트는 모두 Progressive Walk의 기본 스텝에만 사용된다. 대부분의 탱고 휘겨에 포함된 전진 및 후진 스텝의 경우 1과 2만 고려됨. 그러나 일부 휘겨는 3과 4(예 : Progressive Link)에 설명된 CBMP를 사용한다.

50. 탱고의 Sudden Movements를 설명하시오.

스탠다드댄스에서, 특히 탱고에서는 한 동작이나 라인에서 - 매우 짧은 시간 내에 - 다른 동작으로 변화를 주어야 하는 경우가 많다. 다음은 Sudden Movements라고 불리는 이러한 행동 중 댄서의

몸에 어떤 일이 일어나는지에 대한 자세한 분석이다

Sudden Movements 갑작스런 무브먼트는 다음과 같이 나눌 수 있다.

SUDDEN MOVE MENTS	With Pressure	Non-travelling Lines	Fwd and Rightwards Contra Check and Lunge
			Bwd and Leftwards Back Check and Spanish Drag
		Travelling Lines and Figures	Fallaway Whisk, Chase, Throwaway Oversway and Same Foot Lunge
	Without Pressure	바디 구조와 근육의 움직임으로 만들어 내는 소통 Closed Position to a Promenade Position from a standing start	
갑작스런 움직임	압력으로 작동	제자리에서 만들어 내는 라인	우측과 전방으로 무빙 Contra Check and Lunge
			좌측과 후방으로 무빙 Back Check and Spanish Drag
		움직이며 만들어 내는 라인과 휘겨: Fallaway Whisk, Chase, Throwaway Oversway and Same Foot Lunge	
	압력 없이 작동	바디 구조와 근육의 움직임으로 만들어 내는 소통 : Closed Position to a Promenade Position from a standing start	

51. 탱고에서의 Rise & Fall에 대하여 설명하시오.

요즈음 탱고 안무에서 고급 선수는 특별한 경우에 미세한 라이즈와 폴을 사용한다. 어떤 상황에서든 Rise & Fall은 과장되어서는 안 되며, 따라서 이 비정상적인 라이즈의 풋 액션은 "토"가 아닌 "Ball, 볼"로 묘사된다. 탱고에서는 풋 액션에 관한 몇 가지 규칙이 적용될 수 있다

- 피피에서 시작하는 모든 휘겨의 1, 2보는 Heel이다.
- 사이드 리드가 있는 모든 후진 스텝은 I/E Ball-Heel.
- Closed Finish로 끝나는 모든 스텝은 Whole Foot.
- 좌측 턴의 경우 남자의 제2보는 Ball-Heel이고, 여자는 Whole Foot. (그러나 프로그래시브 사이드 스텝 리버스 턴의 남자와 여자 제2보의 Foot Action 풋 액션은 I/E of F이므로 이것은 제외한다.)

• 사이드 스텝에는 2가지 풋 액션이 있다.

예 : 남자 Closed Promenade 제3보, I/E of F

예 : 여자 Closed Promenade 제3보, I/E of BH

52. 탱고의 Heel Turn에 대하여 설명하시오.

힐 턴 기술은 일반 원칙에서 설명되는 정상적인 힐 턴과 동일하지만, 탱고에는 조금 다른 세부 사항이 있으며, 중요한 기술적 내용은 다음과 같다:

• 1보의 여자 오른발 위에서 힐을 축으로 이용하며 회전한다.
• 2보의 왼발은 딛고 서 있는 발 옆에 체중 없이 모아지고, 턴이 완료된 후에 왼발로 체중이 옮겨진다.
• 탱고의 힐 턴에 있어서는 라이즈와 폴은 없다.
• 힐 턴 2보 풋 액션은 Heel-Ball로 설명되지만, Ball은 후행 스텝이 연결되어 진행될 때만 발생한다.
• 탱고에서의 힐 턴은 스웨이가 사용되지 않는다.

비엔나왈츠 이론

53. 비엔나왈츠에서의 Rise and Fall을 설명하시오.

엘리베이션은 발, 무릎 및 신체에 의해서 생성된다. 각 엘리베이션에 의해 생성된 높이의 변화는 스윙 효과를 만들어 내고, 낮추는 순간 드라이브 액션을 펼쳐 나가기 쉽게 해준다.

비엔나 왈츠의 높이는 일반적으로 제1보의 끝에서 완료되며 동일한 Bar 내에서, 후행 스텝 동안 그 높이로 유지된다. 일반적으로 빠른 음악의 속도 때문에 비엔나 왈츠의 최대 상승은 없으므로 발목과 무릎이 완전히 펴지지 않으며, 이 중간 상승으로 인해 무릎은 약간 구부러지고 상승과 함께 풋 액션은 볼이 된다. 조금 더 턴을 많이 하거나 오프비트 타이밍 사용을 쉽게 하기 위하여, 일부 휘겨에 추가적인 상승이 표시된다. 그 특정 순간에, 댄서들은 발목을 펴서 라이즈 선을 증가시킬 것이고 사용된 풋 액션은 토가 될 것이다.

54. Off - Beat Step을 설명하시오.

일부 휘겨에서 "3스텝=3박자" 규칙을 따르지 않으며, 따라서 Off-Beat Timing이 도입되었다. 예를 들면 Drag Hesitation과 같이 오프-비트 휘겨를 춤을 추면 노래의 리듬에 어울리게 무빙하는 길이는 댄서의 재량에 달려 있지만, 차트는 명확하고 읽기 쉽게 만들기 때문에 차트에서 표기된 내용이 가장 명확한 것이다.

@ 오프비트 타이밍 사용 목적은 일반적인 회전량보다 더 큰 회전을 필요로 할 때와, 하나의 스텝에 2 이상의 박자길이를 부여할 때(예 : Drag Hesitation, Natural Back Check 등)이다.

55. 비엔나왈츠에서의 N turn, R turn 움직임 방법에 대하여 언급하시오.

비엔나왈츠의 특징 중 하나는 내추럴 혹은 리버스 턴을 연속적으로 연출할 때 생기는 연속적 움직임과 지속되는 속도이다. 연속적인 움직임과 계속 유지해야 하는 속도 등 변수들을 일정하게 유지하기 위하여 선수는 플로워의 구석에서, 턴량을 늘리거나(리버스 턴) 턴량을 빨리 감소(내추럴 턴)시켜야 하는 플로워의 4개 코너에 너무 가까이 다가가서 액션을 하지 말아야 한다. 아래 궤도를 사용해야 함.

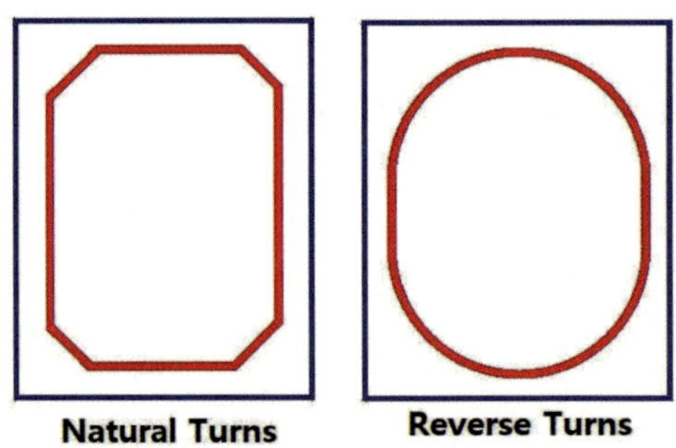

움직임의 궤도를 유지하려면 "Commence to turn action"과 "Lateral Leg Movement Principle"를 사용해야 한다. 차트에 언급되지 않았어도 Viennese Waltz 대부분의 휘겨에서 commence to turn action은 선행스텝과 1보 사이에 1/8턴을 만들게 된다. 내추럴 및 리버스 턴의 궤도가 명확하게 파악되면, 4곳의 코너 혹은 LOD 중간에서 - 라인 및 회전하는 휘겨들 등 - 스테이셔너리 휘겨를 사용할 수 있는 공간이 만들어진다.

슬로우 폭스 이론

56. 슬로우 폭스에서의 Sway를 설명하시오.

슬로우 폭스 휘겨들에 있어서 스웨이 사용은 중요하다. 전진 또는 후진으로 이동하는 스텝에서는 Cosmetic Sway(예 : Feather Step의 제2.3보)가 사용된다. 이를 통해 올바른 커플 포지션을 잘 유지할 수 있으며 멋진 움직임을 만들어 낼 수 있다. 옆 방향으로 움직이는 스텝에서의 스웨이는 일반적인 Technical Sway이다.

퀵스텝 이론

57. 퀵스텝에서의 3가지 샤세를 말하시오.

Basic Chasse	Syncopated Chasse	Polka Chasse
베이직 휘겨에서 사용		어드벤스 콤비네이션에서 사용
QQ or S&	Q&Q	Q&Q&

Quickstep에는 세 가지 유형의 샤세가 있으며, 표를 보면 점프 연출이 들어 있는 루틴에서 Basic Chasse를 진행 시 타이밍 "S&"이다. 그러나 점프가 들어가 있지 않은 베이직 루틴에서 사용될 때의 타이밍은 "QQ"으로 한다.

02 WDSF 스탠다드댄스 선후행

하나의 스텝은 선후행 스텝과 연결된다. WDSF 테크닉북에서는 아래와 같이 선후행 Chart로 선후행의 스텝 정보를 보여 주고 있다.

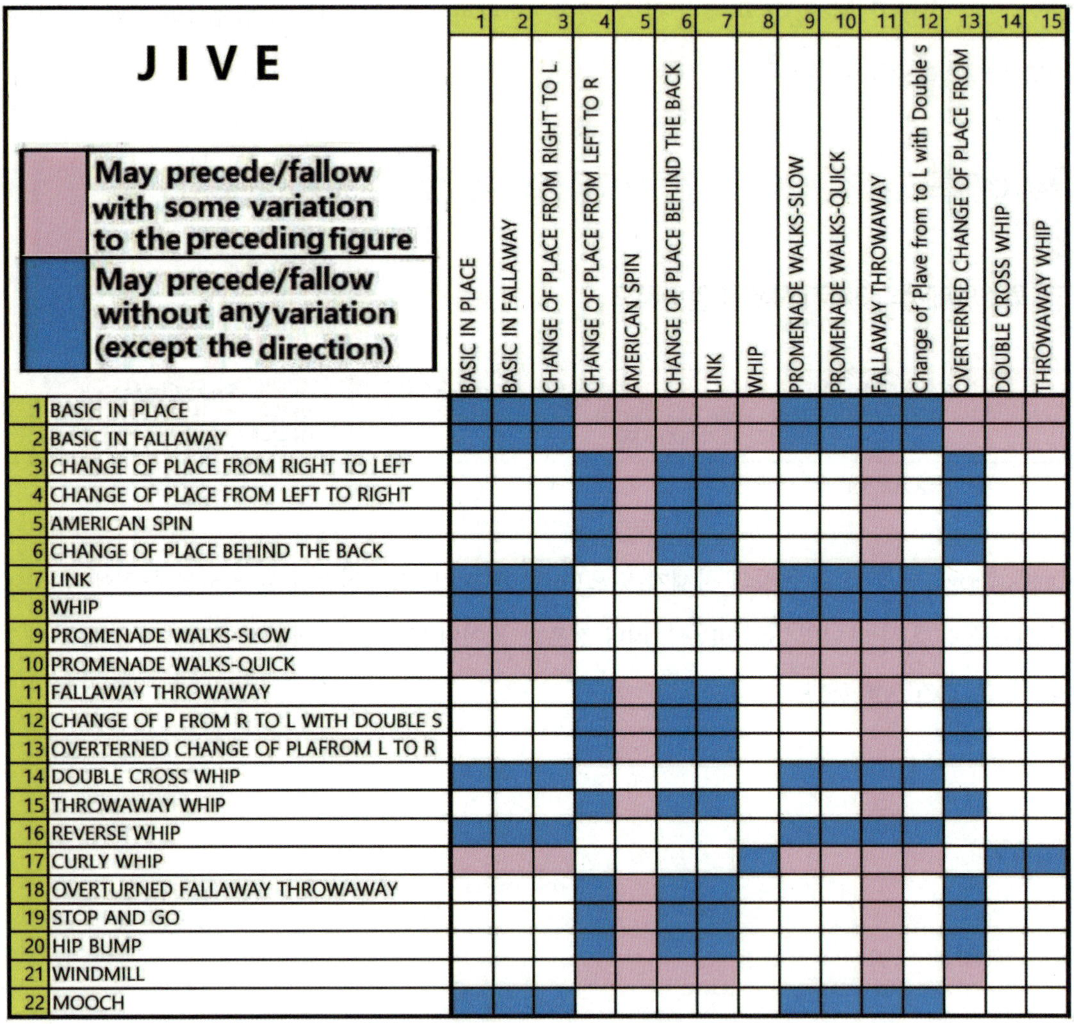

JIVE

(분홍)	May precede/fallow with some variation to the preceding figure
(파랑)	May precede/fallow without any variation (except the direction)

JIVE	1 BASIC IN PLACE	2 BASIC IN FALLAWAY	3 CHANGE OF PLACE FROM RIGHT TO L.	4 CHANGE OF PLACE FROM LEFT TO R	5 AMERICAN SPIN	6 CHANGE OF PLACE BEHIND THE BACK	7 LINK	8 WHIP	9 PROMENADE WALKS-SLOW	10 PROMENADE WALKS-QUICK	11 FALLAWAY THROWAWAY	12 Change of Plave from to L with Double s	13 OVERTERNED CHANGE OF PLACE FROM	14 DOUBLE CROSS WHIP	15 THROWAWAY WHIP
1 BASIC IN PLACE															
2 BASIC IN FALLAWAY															
3 CHANGE OF PLACE FROM RIGHT TO LEFT															
4 CHANGE OF PLACE FROM LEFT TO RIGHT															
5 AMERICAN SPIN															
6 CHANGE OF PLACE BEHIND THE BACK															
7 LINK															
8 WHIP															
9 PROMENADE WALKS-SLOW															
10 PROMENADE WALKS-QUICK															
11 FALLAWAY THROWAWAY															
12 CHANGE OF P FROM R TO L WITH DOUBLE S															
13 OVERTERNED CHANGE OF PLAFROM L TO R															
14 DOUBLE CROSS WHIP															
15 THROWAWAY WHIP															
16 REVERSE WHIP															
17 CURLY WHIP															
18 OVERTURNED FALLAWAY THROWAWAY															
19 STOP AND GO															
20 HIP BUMP															
21 WINDMILL															
22 MOOCH															

선후행 표

Criss Cross Botafogos 선행
Criss Cross Botafogos
Side Samba Walk
Criss Cross Voltas to R
Criss Cross Voltas to L
후행
Criss Cross Botafogos
Criss Cross Voltas to R
Maypole Lady Turning R
Criss Cross Voltas to L
Maypole Lady Turning L
Samba Locks Lady on L Side
Samba Locks Lady on R Side

Criss Cross Voltas to R 선행
Criss Cross Botafogos
Side Samba Walk
Criss Cross Voltas to L
후행
N Basic Movement
Side Basic Movement to R
Samba Whisk to R
Underarm Turning L
R Basic Movement
Stationary Samba Walks
Side Samba Chasse
Criss Cross Botafogos
Criss Cross Voltas to L
Travelling Volta to R
Travelling Volta to L
Maypole Lady Turning L
Dropped Volta
Samba Locks Lady on L Side

@ 선후행 Chart의 내용을 표 서식으로 정리한 자료임.

위의 Criss Cross Botafogos 선후행 표는 차트 내용을 다른 방식으로 표현해 보여 주고 있다. 본 핸드북에서는 다음 페이지의 표에서와 같이 선후행 각각 3개의 휘겨만을 발췌하여 구술시험을 준비할 수 있도록 정리하였다.

@ 본 도서에서는 차트와 선후행 전체 표의 내용이 많아 싣지 않았으며, 이 책 마지막 쪽에 나와 있는 저자 홈페이지에서 선후행 차트와 휘겨별 선후행 표를 참고할 수 있다.

다음의 표에서 ◀▶ 도형 의미는 제1보가 왼발로 시작되며 마지막 발이 오른발로 끝난다는 의미이다.

선행 혹은 후행에 [딱 2개] 의미는 WDSF 테크닉북에 해당 휘겨가 2개만 나와 있다는 의미이다.

<table>
<tr><th colspan="2">선행</th><th colspan="2">왈츠</th><th>후행</th></tr>
<tr><td rowspan="3">Reverse Turn
Hesitation Change
Double R Spin</td><td rowspan="3">▶</td><td>클로즈드 체인지 온 LF</td><td>◀◀</td><td>Closed Change on R Foot
N Spin Turn [딱 3개]
N Turn</td></tr>
<tr><td>리버스 턴</td><td>◀▶</td><td rowspan="4">Reverse Turn
Whisk
Telemark</td></tr>
<tr><td>더블 리버스 스핀</td><td>◀◀</td></tr>
<tr><td>N Turn
Backward Lock
Progressive Chasse to R</td><td>▶</td><td>헤지테이션 체인지</td><td>◀◀</td></tr>
<tr><td>Closed Change on L Foot
OutSide Change
Basic Weave</td><td>◀</td><td>클로즈드 체인지 온 RF</td><td>▶▶</td></tr>
<tr><td rowspan="3">Reverse Turn
Hesitation Change
Double R Spin</td><td rowspan="3">▶</td><td>베이직 위브</td><td>▶◀</td><td rowspan="8">Chasse from PP
Open N Turn
Weave from PP</td></tr>
<tr><td>휘스크 [딱 3개]</td><td>◀◀</td></tr>
<tr><td>텔레마크 투 피피 [딱 3개]</td><td>◀◀</td></tr>
<tr><td rowspan="3">Progressive Chasse to R
Backward Lock
Drag Hesitation</td><td rowspan="3">▶</td><td>백 휘스크 [딱 3개]</td><td>◀◀</td></tr>
<tr><td>아웃사이드 체인지</td><td>◀◀</td></tr>
<tr><td>임피터스 투 피피</td><td>◀◀</td></tr>
<tr><td rowspan="2">N Spin Turn
OutSide Spin
N Turning Lock</td><td rowspan="2">◀</td><td>내추럴 터닝 록</td><td>▶◀</td></tr>
<tr><td>리버스 터닝 록</td><td>▶◀</td></tr>
<tr><td rowspan="2">Telemark
OutSide Change
Basic Weave</td><td rowspan="2">◀</td><td>내추럴 턴</td><td>▶◀</td><td rowspan="4">Backward Lock
Hesitation Change
Impetus</td></tr>
<tr><td>오픈 내추럴 턴</td><td>▶▶</td></tr>
<tr><td>Progressive Chasse to R
Bwd Lock
Drag Hesitation</td><td>▶</td><td>백워드 록</td><td>◀▶</td></tr>
<tr><td>R Turn
Hesitation Change
Double R Spin</td><td>▶</td><td>프로그레시브 샤세 투 R</td><td>◀▶</td></tr>
<tr><td rowspan="2">Whisk
OutSide Change
Basic Weave</td><td rowspan="2">◀</td><td>위브 프롬 피피</td><td>▶◀</td><td rowspan="3">N turn
Open N Turn
N Spin Turn</td></tr>
<tr><td>샤세 프롬 피피 [딱 3개]</td><td>▶◀</td></tr>
<tr><td>Reverse Turn
Hesitation Change
Double R Spin</td><td>▶</td><td>텔레마크</td><td>◀◀</td></tr>
<tr><td>Open N Turn
Backward Lock
Drag Hesitation</td><td>▶</td><td>아웃사이드 스핀</td><td>◀◀</td><td>N Turn
N Spin Turn
N Turning Lock</td></tr>
<tr><td>Closed Change on L Foot
OutSide Change
Basic Weave</td><td>◀</td><td>내추럴 스핀 턴</td><td>▶◀</td><td>R Turn
Basic Weave [딱 4개]
N Turning Lock
R Turning Lock</td></tr>
<tr><td>Progressive
Chasse to R
Bwd Lock Drag Hesitation</td><td>▶</td><td>임피터스</td><td>◀◀</td><td>Basic Weave
R Turning Lock [딱 2개]</td></tr>
<tr><td>Reverse Turn
Hesitation Change
Double R Spin</td><td>▶</td><td>드래그 헤지테이션</td><td>◀◀</td><td>Back Whisk
Backward Lock
OutSide Change</td></tr>
</table>

<table>
<tr><th>선행</th><th>탱고</th><th>후행</th></tr>
<tr><td>Closed Promenade
Back Corte
Reverse Turn ▶</td><td>프로그래시브 사이드 스텝 ◀◀</td><td rowspan="3">Progressive Link
Progressive Side Step
Whisk</td></tr>
<tr><td>Progressive Link
Four Step
N Twist Turn from PP ▶</td><td>백 오픈 프롬나드 ◀▶</td></tr>
<tr><td>Back Corte [딱 4개]
Rock on L Foot
Progressive Side Step R Turn
N Rock Turn ▶</td><td>록 온 라이트 풋 ▶▶</td></tr>
<tr><td rowspan="12">Closed Promenade
Back Corte
Reverse Turn ▶</td><td>프로그래시브 사이드 스텝 R턴 ◀▶</td><td rowspan="4">Progressive Link
Reverse Turn
Open Reverse Turn</td></tr>
<tr><td>백 코르테 ◀▶</td></tr>
<tr><td>베이직 리버스 턴 ◀▶</td></tr>
<tr><td>오픈 R턴(레이디 인 라인) ◀▶</td></tr>
<tr><td>록 온 레프트 풋 ◀◀</td><td>Back Corte
Basic R Turn
Rock on R F</td></tr>
<tr><td>텝-얼터너티브 앤트리스 투 피피 ▶▶</td><td rowspan="13">Closed Promenade
Open Promenade
N Twist Turn from PP</td></tr>
<tr><td>휘스크 ◀◀</td></tr>
<tr><td>브러시 텝 ◀◀</td></tr>
<tr><td>프로그래시브 링크 ◀▶</td></tr>
<tr><td>포 스텝 ◀▶</td></tr>
<tr><td>폴어웨이 포 스텝 ◀▶</td></tr>
<tr><td>아웃사이드 스위블 메소드 3 ◀◀</td></tr>
<tr><td rowspan="2">Open Promenade
Back Corte
Reverse Turn ▶</td><td>아웃사이드 스위블 메소드 1-2 ◀◀</td></tr>
<tr><td>백 휘스크 ◀◀</td></tr>
<tr><td rowspan="7">Progressive Link
N Twist Turn from PP
Four Step ▶</td><td>N 트위스트 턴 프롬 피피 ◀▶</td></tr>
<tr><td>내추럴 턴 프롬 피피 ◀▶</td></tr>
<tr><td>폴어웨이 인 프롬나드 ◀▶</td></tr>
<tr><td>프롬나드 링크 턴 투 L ◀◀</td></tr>
<tr><td>프롬나드 링크 턴 투 R ◀◀</td><td rowspan="4">Progressive Link
Reverse Turn
Open Reverse Turn</td></tr>
<tr><td>클로즈드 프롬나드 ◀▶</td></tr>
<tr><td>오픈 프롬나드 ◀▶</td></tr>
<tr><td>Progressive Side Step
N Turn from PP [딱 2개] ▶</td><td>내추럴 록 턴 ▶▶</td></tr>
</table>

<table>
<tr><th>선행</th><th>폭스</th><th>후행</th></tr>
<tr><td rowspan="5">Three Step
Change of Direction
Heel Pull Finish ◀</td><td>내추럴 위브 ▶▶</td><td rowspan="12">Three Step
R Turn
Whisk</td></tr>
<tr><td>내추럴 텔레마크 ▶▶</td></tr>
<tr><td>내추럴 호버 텔레마크 ▶▶</td></tr>
<tr><td>페더 스텝 ▶▶</td></tr>
<tr><td>호버 크로스 ▶▶</td></tr>
<tr><td rowspan="3">Feather Step
Feather Finish
Basic Weave ▶</td><td>탑 스핀 ◀▶</td></tr>
<tr><td>더블 리버스핀 ◀▶</td></tr>
<tr><td>베이직 위브 ◀▶</td></tr>
<tr><td>R Turn
Impetus
OutSide Spin [딱 3개] ◀</td><td>페더 피니시 ▶▶</td></tr>
<tr><td>Heel Pull Finish ◀
R Wave [딱 2개]</td><td>호버 페더 ◀▶</td></tr>
<tr><td rowspan="2">Whisk, Back Whisk
OutSide Swivel ◀</td><td>위브 프롬 피피 ▶▶</td></tr>
<tr><td>페더 앤딩 ▶▶</td></tr>
<tr><td rowspan="6">Feather Step
Feather Finish
Basic Weave ▶</td><td>체인지 오브 다이렉션 ◀◀</td><td rowspan="7">Feather Step
N Turn
N Weave</td></tr>
<tr><td>쓰리 스텝 ◀◀</td></tr>
<tr><td>아웃사이드 스핀 ◀◀</td></tr>
<tr><td>리버스 웨이브 ◀◀</td></tr>
<tr><td>텔레마크 ◀◀</td></tr>
<tr><td>호버 텔레마크 ◀◀</td></tr>
<tr><td>N Turn ▶
Open N Turn [딱 2개]</td><td>힐 풀 피니시 ◀◀</td></tr>
<tr><td rowspan="6">Feather Step
Feather Finish
Basic Weave ▶</td><td>호버텔레마크 투 피피 ◀◀</td><td rowspan="6">Feather Ending
Open N Turn
Hover Cross</td></tr>
<tr><td>임피터스 투 피피 ◀◀</td></tr>
<tr><td>휘스크 ◀◀</td></tr>
<tr><td>백 휘스크 ◀◀</td></tr>
<tr><td>텔레마크 투 피피 ◀◀</td></tr>
<tr><td>아웃사이드 스위블 ◀</td></tr>
<tr><td>Whisk
Back Whisk ◀
OutSide Swivel</td><td>오픈 내추럴 턴 ▶▶</td><td>Heel Pull Finish
Back Whisk
Impetus</td></tr>
<tr><td>Three Step
Change of Direction
Heel Pull Finish ◀</td><td>내추럴 턴 ▶▶</td><td>Heel Pull Finish
Back Whisk
Impetus
Impetus to PP [딱 4개]</td></tr>
<tr><td rowspan="2">Basic Weave
Feather Step ▶
Feather Finish</td><td>리버스 턴 ◀◀</td><td>Feather Finish
R Wave [딱 2개]</td></tr>
<tr><td>임피터스 ◀◀</td><td>Feather Finish [딱 1개]</td></tr>
</table>

<table>
<tr><th>선행</th><th>퀵스텝</th><th>후행</th></tr>
<tr><td rowspan="2">Progressive Chasse to L
OutSide Change
Cross Chasse ◀</td><td>베이직 무브먼트 ▶◀</td><td rowspan="11">Natural Turn
Quarter Turn to R
Forward Lock</td></tr>
<tr><td>포워드 록 ▶◀</td></tr>
<tr><td>Quarter Turn to L
Hesitation Change ▶
Double R Spin [딱 3개]</td><td>크로스 샤세 ◀◀</td></tr>
<tr><td rowspan="2">Quarter Turn to R
N Spin Turn ◀
Impetus</td><td>프로그래시브 샤세 투 L ▶◀</td></tr>
<tr><td>포 퀵 런 ▶◀</td></tr>
<tr><td rowspan="3">Progressive Chasse to R
Backward Lock
OpenN Turn ▶</td><td>브이-6 ◀◀</td></tr>
<tr><td>러닝 피니시 ◀◀</td></tr>
<tr><td>아웃사이드 체인지 ◀◀</td></tr>
<tr><td>Progressive Chasse to R
Bwd Lock ▶
Open N Turn [딱 4개]
ZigZag</td><td>아웃사이드 스핀 ◀◀</td></tr>
<tr><td>Quarter Turn to L
Hesitation Change ▶
Double R Spin [딱 3개]</td><td>텔레마크 ◀◀</td></tr>
<tr><td>N Turn [딱 1개] ▶</td><td>내추럴 피봇 ◀</td></tr>
<tr><td rowspan="2">Basic Movement
Progressive Chasse to L
OutSide Change ◀</td><td>오픈 내추럴 턴 ▶▶</td><td rowspan="4">Running Finish
Backward Lock
Back Whisk</td></tr>
<tr><td>백워드 록 ◀▶</td></tr>
<tr><td>Quarter Turn to L
Hesitation Change ▶
Double R Spin [딱 3개]</td><td>지그재그 ◀▶</td></tr>
<tr><td>Hesitation Change
Double R Spin ▶</td><td>프로그래시브 샤세 투 R ◀▶</td></tr>
<tr><td rowspan="2">Basic Movement
Progressive Chasse to L
OutSide Change ◀</td><td>내추럴 스핀 턴 ▶◀</td><td rowspan="5">Progressive Chasse to L
Quarter Turn toL
4 Quick Run</td></tr>
<tr><td>쿼터 턴 투 R ▶◀</td></tr>
<tr><td>Quarter Turn to L
Hesitation Change [딱 2개] ▶</td><td>리버스 턴 [딱 3개] ◀◀</td></tr>
<tr><td>Quarter Turn to L
Hesitation Change ▶
Double R Spin [딱 3개]</td><td>오픈 리버스 턴 [딱 3개] ◀◀</td></tr>
<tr><td>N Turn
Bwd Lock ▶
Progressive Chasse to R</td><td>임피터스 ◀◀</td></tr>
</table>

<table>
<tr><td>Quarter Turn to R
N Spin Turn
Impetus</td><td>◀</td><td>쿼터 턴 투 L</td><td>▶▶</td><td rowspan="3">Reverse Turn
Double R Spin
Telemark</td></tr>
<tr><td>Quarter Turn to L
Hesitation Change
Double R Spin</td><td>▶</td><td>더블 리버스 스핀</td><td>◀▶</td></tr>
<tr><td>N Turn
Bwd Lock
Progressive Chasse to R</td><td>▶</td><td>헤지테이션 체인지</td><td>◀▶</td></tr>
<tr><td rowspan="2">Quarter Turn to L
Hesitation Change
Double R Spin [딱 3개]</td><td rowspan="2">▶</td><td>텔레마크 투 피피</td><td>◀◀</td><td rowspan="4">Open Natural Turn
Tipple Chasse to L [딱 2개]</td></tr>
<tr><td>휘스크</td><td>◀◀</td></tr>
<tr><td rowspan="4">N Turn
Progressive Chasse to R
Backward Lock</td><td rowspan="4">▶</td><td>백 휘스크</td><td>◀◀</td></tr>
<tr><td>임피터스 투 피피</td><td>◀◀</td></tr>
<tr><td>티플 샤세 투 R-앳더코너</td><td>◀▶</td><td rowspan="2">Forward Lock
Tipple Chasse to L [딱 2개]</td></tr>
<tr><td>티플 샤세 투 R-어롱LOD</td><td>◀▶</td></tr>
<tr><td rowspan="2">Basic Movement
OutSide Change
Progressive Chasse to L</td><td rowspan="2">◀</td><td>티플 샤세 투 L</td><td>▶◀</td><td>Backward Lock
V-6 [딱 4개]
Tipple Chasse to R (2타입)</td></tr>
<tr><td>내추럴 턴</td><td>▶▶</td><td>N Pivot
Hesitation Change
Impetus</td></tr>
</table>

<table>
<tr><th>선행</th><th></th><th>비엔나왈츠</th><th></th><th>후행</th></tr>
<tr><td rowspan="9">N Turn
LF Fwd Change Step N to R
Continuous Spin</td><td rowspan="9">◀</td><td>내추럴 턴</td><td>▶◀</td><td rowspan="2">N Turn
Continuous Spin
RF Fwd Change Step N to R</td></tr>
<tr><td>컨티뉴어스 스핀</td><td>▶◀</td></tr>
<tr><td>N 스핀 턴 R 피봇</td><td>▶▶</td><td rowspan="5">R Turn
LF Fwd Change Step R to N
Drag Hesitation</td></tr>
<tr><td>체크 내추럴 턴</td><td>▶▶</td></tr>
<tr><td>내추럴 백첵</td><td>▶▶</td></tr>
<tr><td>RF Fwd 체인지 스텝 N to R</td><td>▶▶</td></tr>
<tr><td>헤지테이션 체인지</td><td>▶▶</td></tr>
<tr><td>샤세 체인지 스텝</td><td>▶◀</td><td rowspan="3">R Turn
R Back Checked [딱 3개]
RF Bwd Change Step R to N</td></tr>
<tr><td>내추럴 스핀 턴</td><td>▶◀</td></tr>
<tr><td>N Turn [딱 2개]
RF Bwd Change Step R to N</td><td>▶</td><td>LF Bwd 체인지 스텝 N to R</td><td>◀◀</td></tr>
<tr><td rowspan="8">R Turn
RF Fwd Change Step N to R
Hesitation Change</td><td rowspan="8">▶</td><td>LF Fwd 체인지 스텝 R to N</td><td>◀◀</td><td rowspan="3">N Turn
R F Fwd Change Step N to R
Continuous Spin</td></tr>
<tr><td>체크 리버스 턴</td><td>◀◀</td></tr>
<tr><td>리버스백첵</td><td>◀◀</td></tr>
<tr><td>리버스 피봇</td><td>◀▶</td><td rowspan="2">R Turn, Drag Hesitation
LF Fwd Change Step R to N</td></tr>
<tr><td>리버스 턴</td><td>◀▶</td></tr>
<tr><td>RF Bwd 체인지 스텝 R to N</td><td>▶▶</td><td>N Turn
N Spin Turn
LF Bwd Change Step N to R</td></tr>
<tr><td>텔레마크</td><td>◀◀</td><td>N Turn
Hesitation Change
Continuous Spin</td></tr>
<tr><td>드래그 헤지테이션</td><td>◀▶</td><td>N Turn [딱 2개]
Hesitation Change</td></tr>
</table>

03 WDSF 스탠다드댄스 휘겨

WDSF 테크닉북의 원본 서적에서 휘겨 차트는 다음과 같이 스텝에 대한 방대한 자료가 모아져 있다.

ROCK ON LEFT FOOT (Man) - Side 1

Step Action	Foot Placement	Alignment - Direction	Quantity of Turn	Foot Action	Timing	
					A	B
1	LF bwd L side leading Recover Body (Slightly)	Backing DC, Moving sideways down LOD		I/E of BH	Q	1
2	Transfer weight fwd to RF, R side leading Recover Body (Slightly)	Facing DW against LOD, Moving sideways down LOD		H	Q	2
3	LF bwd sm Recover	[illegible]	[illegible]	[illegible]	[illegible]	[illegible]

Step Action	Couple Position	Rotation	Type of Sway	Extension	Sudden Movement
1	Closed Position		Straight		
2			Straight		
3		To R with shoulders (Dyn.) at the very e/o 3	To L (Cosmetic)		With Pressure (Go-Stop)

WDSF 테크닉북 스텝에 대한 구술시험을 준비하기 위해, "휘겨핸드북"을 소개한다.

브론즈와 실버 휘겨 차트가 보이게 되는데, 그 차트에 노란색 칸을 만들어 놓았다.
여러분은 노란색 칸을 구술시험 출제문제로 생각하시고, 노란색 칸의 문제를 풀면서 해당 휘겨의 전체적인 정보를 파악할 수 있도록 노력하시기 바란다.
결국, 돌려서 이야기하지 않고 결론을 말씀드리면, 각 휘겨 차트에 나와 있는 내용 전체를 알아야 한다.

실기와 구술시험에 관련 없이 해당 휘겨와 관련 더 폭넓은 정보를 보려 하시는 경우 - 풋 플레이스먼트, 커플 포지션, 리드 홀드 세이핑, 힙 디자인, 힙 머스큐라 액션, 트랜스레이션, 스퀴즈, 로테이션과 참고사항 등의 정보는 **WDSF 테크닉북 원서**를 참고해야 할 것이다.

휘겨 차트에 들어가기 전에, 탱고 "프로그래시브 사이드 스텝"의 문제를 예시로 살펴보고자 한다.

Foot Placement		Align	턴량	SW	♬		Foot Placement		Align	턴량	SW	♬	
PROGRESSIVE SIDE STEP							PROGRESSIVE SIDE STEP						
1	LF fwd in CBMP	F-DW	Com. to turn to L	Strat	Q	1	1	RF bwd in CBMP	B-DW	Com. to turn to L	Strat	Q	1
2	RF to side-slily bwd	F-almost DW	Just under 1/8 to L btwn 1-2	Strat	Q	2	2	LF to side-slily fwd	B-almost LOD	Just under 1/8 to L btwn 1-2	Strat	Q	2
3	LF fwd in CBMP	F-LOD	Just under 1/8 to L btwn 2-3	Strat	S	3.4	3	RF bwd in CBMP	B-LOD	Just under 1/8 to L btwn 2-3	Strat	S	3.4

좌측은 남자, 우측은 여성의 스텝 1-6보 실행 정보이다.

이 예상문제 차트는 한 페이지를 넘기면 4-6개의 남녀 휘겨정보를 한눈에 볼 수 있도록 하였다.

그 차트에 있는 노란색의 빈칸을 채우는 문제해결 과정을 통해 탱고 "프로그래시브 사이드 스텝"이라는 휘겨 전체를 파악할 수 있게 스터디해 주실 것을 강조드린다.

	(MAN) Foot Placement	Align	턴량	풋 액션	Sw	♬
CLOSED CHANGE ON RIGHT FOOT						
1	RF fwd	선행휘겨에 따라 진행방향 결정		H Flat	Strat	1
2	LF diag fwd			T	To R	2
3	RF closes to LF			TH	To R	3
CLOSED CHANGE ON LEFT FOOT						
1	LF fwd	선행휘겨에 따라 진행방향 결정		H Flat	Strat	1
2	RF diag fwd			T	To L	2
3	LF closes to RF			TH	To L	3
NATURAL TURN						
1	RF fwd	F-DW	Com. to turn to R on 1	H Flat	Strat	1
2	LF to side	B-DC	1/4 to R btwn 1-2	T	To R	2
3	RF closes to LF	B-LOD	1/8 to R btwn 2-3	TH	To R	3
4	LF bwd	B-LOD	Com. to turn to R on 4	TH	Strat	1
5	RF to side	P-DC	3/8 to R btwn 4-5 Body T/L	T	To L	2
6	LF closes to RF	F-DC	Body complt/T on 6	TH	To L	3
REVERSE TURN						
1	LF fwd-slily to side	F-DC	Com. to turn to L on 1	H Flat	Strat	1
2	RF to side	B-DW	1/4 to L btwn 1-2	T	To L	2
3	LF closes to RF	B-LOD	1/8 to L btwn 2-3	TH	To L	3
4	RF bwd-slily to side	B-LOD	Com. to turn to L on 4	TH	Strat	1
5	LF to side	P-DW	3/8 to L btwn 4-5 Body T/L	T	To R	2
6	RF closes to LF	F-DW	Body complt/T on 6	TH	To R	3
WHISK						
1	LF fwd	F-DW		H Flat	Strat	1
2	RF to side and slily fwd	F-DW		T	Strat	2
3	LF crosses behind RF	F-DW Body almost F-W		TH	Strat	3
BACK WHISK						
1	LF bwd in CBMP	B-▼DC		TH	Strat	1
2	RF diag bwd	B-▼DC		T	Strat	2
3	LF cros behind RF	F-DW Body almost F-W		TH	Strat	3
BACKWARD LOCK						
1	LF bwd in CBMP	B-DW		TH	Strat	1
2	RF bwd	B-DW		T	Strat	2
3	LF cros in front of RF	B-DW		T	Strat	&
4	RF diag bwd	B-DW		TH	Strat	3

(LADY) Foot Placement		Align	턴량	풋 액션	Sw	♬
CLOSED CHANGE ON RIGHT FOOT						
1	LF bwd	선행휘겨에 따라 진행방향 결정		TH	Strat	1
2	RF diag bwd			T	To L	2
3	LF closes to RF			TH	To L	3
CLOSED CHANGE ON LEFT FOOT						
1	RF bwd	선행휘겨에 따라 진행방향 결정		TH	Strat	1
2	LF diag bwd			T	To R	2
3	RF closes to LF			TH	To R	3
NATURAL TURN						
1	LF bwd	B-DW	Com. to turn to R on 1	TH	Strat	1
2	RF to side	P-LOD	3/8 to R btwn 1-2 Body T/L	T	To L	2
3	LF closes to RF	F-LOD	Body complt/T on3	TH	To L	3
4	RF fwd	F-LOD	Com. to turn to R on 4	H Flat	Strat	1
5	LF to side	B-C	1/4 to R btwn 4-5	T	To R	2
6	RF closes to LF	B-DC	1/8 to R btwn 5-6	TH	To R	3
REVERSE TURN						
1	RF bwd-slily to side	B-DC	Com. to turn to L on 1	TH	Strat	1
2	LF to side	P-LOD	3/8 to L btwn 1-2 Body T/L	T	To R	2
3	RF closes to LF	F-LOD	Body complt/T on3	TH	To R	3
4	LF fwd-slily to side	F-LOD	Com. to turn to L on 4	H Flat	Strat	1
5	RF to side	B-W	1/4 to L btwn 4-5	T	To L	2
6	LF closes to RF	B-DW	1/8 to L btwn 5-6	TH	To L	3
WHISK						
1	RF bwd	B-DW		TH	Strat	1
2	LF to side and slily bwd	P-DC	1/4 to R btwn 1-2, Body T/L	T	Strat	2
3	RF crosses behind LF	F-DC Body almost F-C	Slight body trun to R on 3	TH	Strat	3
BACK WHISK						
1	RF fwd in CBMP	F-▼DC	Com. to turn to R on 1	H Flat	Strat	1
2	LF to side	F-C	1/8 to R btwn 1-2	T	Strat	2
3	RF cros behind LF	F-DC Body almost F-C	1/8 to R btwn 2-3	TH	Strat	3
BACKWARD LOCK						
1	RF fwd in CBMP	F-DW		H Flat	Strat	1
2	LF diag fwd	F-DW		T	Strat	2
3	RF cros behind LF	F-DW		T	Strat	&
4	LF diag fwd	F-DW		TH	Strat	3

(왈츠) Foot Placement		Align	턴량	풋 액션	스웨이	♬
PROGRESSIVE CHASSE TO RIGHT						
1	LF fwd-slily to side	F-DC	Com. to turn to L on 1	H Flat	Strat	1
2	RF to side	B-W	1/8 to L btwn 1-2	T	Strat	2
3	LF closes to RF	B-DW	1/8 to L btwn 2-3 Body T/L	T	Strat	&
4	RF to side-slily bwd	B-DW		TH	Strat	3
OUTSIDE CHANGE						
1	LF bakc in CBMP	B-DC		TH	Strat	1
2	RF back-slily to side	B-DC	Com. to turn to L on 2	T	To L	2
3	LF to side-slily fwd	P-DW	1/4 to L btwn 2-3 Body T/L	TH	To L then Strat	3
BASIC WEAVE						
♠		B-DW		T		
1	RF back	B-DW		TH	Strat	1
2	LF fwd	F-▼DC	Com. to turn to L on 2	HT	To R	2
3	RF to side	B-LOD	1/8 to L btwn 2-3	TH	Strat	3
4	LF bwd in CBMP	B-DC	1/8 to L btwn 3-4	TH	Strat	1
5	RF back-slily to side	B-DC	Cont. to turn to L on 5	T	To L	2
6	LF to side-slily fwd	P-DW	1/4 to L btwn 5-6 Body turn less	TH	To L then Strat	3
CHASSE FROM PP						
1	RF fwd-acro in CBMP	P-DW, M-along LOD		H Flat	Strat	1
2	LF to side slily fwd			T	Strat	2
3	RF closes to LF	F-DW		T	Strat	&
4	LF to side-slily fwd			TH	To L then Strat	3
OPEN NATURAL TURN						
1	RF fwd-acro in CBMP	P-W, M-DW	Com. to turn to R on 1	H Flat	Strat	1
2	LF to side slily bwd	B-LOD	1/4 to R btwn 1-2	T	To R	2
3	RF bwd R(side leading)	B-DW	1/8 to R btwn 2-3	TH	To R then Strat	3
HESITATION CHANGE						
1	LF bwd-slily to side	B-LOD	Com. to turn to R on 1	TH	Strat	1
2	RF to side small step(힐 풀)	F-DC	3/8 to R btwn 1-2	H,I/E of F, Flat F	To L	2
3	LF closes to RF w/o wt	F-DC		I/E of B	To L	3

	(LADY) Foot Placement	Align	턴량	풋 액션	스웨이	♬
PROGRESSIVE CHASSE TO RIGHT						
1	RF bwd-slily to side	B-DC	Com. to turn to L	TH	Strat	1
2	LF to side	P-DW	1/4 to L btwn 1-2 Body T/L	T	Strat	2
3	RF closes to LF	F-DW	Slight body turn on3	T	Strat	&
4	LF to side-slily fwd	F-DW		TH	Strat	3
OUTSIDE CHANGE						
1	RF fwd in CBMP	F-DC		H Flat	Strat	1
2	LF fwd	F-DC	Com. to turn to L on 2	T	To R	2
3	RF to side-slily back	B-DW	1/4 to L btwn 2-3 Body T/L	TH	To R then Strat	3
BASIC WEAVE						
♠		F-DW		T		
1	LF fwd	F-DW		TH	Strat	1
2	RF back	B-▼DC	Com. to turn to L on 2	T	To L	2
3	LF to side	P-DC	1/4 to L btwn 2-3 Body T/L	TH	Strat	3
4	RF fwd in CBMP	F-DC		HT	Strat	1
5	LF fwd	F-DC	Cont. to turn to L on 5	T	To R	2
6	RF to side-slily back	B-DW	1/4 to L btwn 5-6 Body T/L	TH	To R then Strat	3
CHASSE FROM PP						
1	LF fwd-acro in CBMP	P-DC M-along LOD	Com. to turn to L on 1	H Flat	Strat	1
2	RF to side	B-W	1/8 to L btwn 1-2	T	Strat	2
3	LF closes to RF	B-DW	1/8 to L btwn 2-3 Body T/L	T	Strat	&
4	RF to side-slily back	B-DW		TH	To R then Strat	3
OPEN NATURAL TURN						
1	LF fwd-acro in CBMP	P-LOD, M- DW		H Flat	Strat	1
2	RF fwd btwn partner's feet	F-LOD		T	To L	2
3	LF fwd L side leading	F-DW	1/8 to R btwn 2-3	TH	To L then Strat	3
HESITATION CHANGE						
1	RF fwd-slily to side	F-LOD	Com. to turn to R on 1	H Flat	Strat	1
2	LF to side	B-DC	3/8 to R btwn 1-2	BH	To R	2
3	RF closes to LF w/o wt	B-DC		I/E of B	To R	3

(왈츠) Foot Placement		Align	턴량	풋 액션	스웨이	♬
NATURAL SPIN TURN						
1	RF fwd	F-DW	Com. to turn to R on 1	H Flat	Strat	1
2	LF to side	B-DC	1/4 to R btwn 1-2	T	To R	2
3	RF closes to LF	B-LOD	1/8 to R btwn 2-3	TH	To R	3
4	LF bwd-slily to side(피봇)	To LOD, Toe turned in, end F-LOD	1/2 to R on 4(피봇)	BHB	Strat	1
5	RF fwd-slily to side	F-LOD	Cont. to turn to R on 5	HT	slily to L e/o5	2
6	LF bwd-slily to side	B-DC	3/8 to R btwn 5-6	TH	slily to L then Strat	3
DOUBLE REVERSE SPIN						
1	LF fwd-slily to side	F-LOD	Com. to turn to L on 1	H Flat	Strat	1
2	RF to side	B-DW	3/8 to L btwn 1-2	T	Strat	2
3	LF closes to RF w/o wt (토피봇)	F-DW	1/2 to L btwn 2-3	TH	Strat	3

NATURAL TURNING LOCK						
1	RF bwd with R side leading	B-LOD	Com. to turn to R on 1	T	slily to R	1
2	LF cros loosely in front of RF	L Toe P-C. Body almost F-C	1/4 to R btwn 1-2	T	slily to R	&
3	RF to side-slily fwd(small step), btwn partner's feet	F-almost LOD	Over 1/8 to R btwn 2-3	T	To R	2
4	LF diag fwd L side leading	P-LOD. Body almost F-DW, M-DC	Slight turn to R, Body turns to R btwn 3-4	TH	To L then Strat	3
REVERSE TURNING LOCK						
1	RF bwd R side leading	B-DC		T	To L	1
2	LF cros in front of RF	B-DC		T	slily to L	&
3	RF bwd-slily Rwds	B-DC	Com. to turn to L on3	T	To L	2
4	LF to side-slily fwd	P-DW	1/4 to L btwn 3-4 Body T/L	TH	To L then Strat	3
TELEMARK						
1	LF fwd-slily to side	F-DC	Com. to turn to L on 1	H Flat	Strat	1
2	RF to side	Almost B-LOD	Just under 3/8 to L btwn 1-2	T	To L	2
3	LF to side-slily fwd	F-DW	Just over 3/8 to L btwn 2-3	TH	To L then Strat	3

	(LADY) Foot Placement	Align	턴량	풋 액션	스웨이	♬
NATURAL SPIN TURN						
1	LF bwd	B-DW	Com. to turn to R on 1	TH	Strat	1
2	RF to side	P-LOD	3/8 to R btwn 1-2 Body T/L	T	To L	2
3	LF closes to RF	F-LOD	Body complt/T on3	TH	To L	3
4	RF fwd-slily to side(피봇팅 액션)	F-LOD, end B-LOD	1/2 to R on 4(피봇팅 액션)	HB	Strat	1
5	LF bwd-slily to side	B-LOD	Cont. to turn to R on 5	T	slily to R e/o5	2
6	RF diag fwd	F-DC	3/8 to R btwn 5-6	TH	slily to R then Strat	3
DOUBLE REVERSE SPIN						
1	RF bwd-slily to side	B-LOD	Com. to turn to L on 1	TH	Strat	1
2	LF closes to RF(힐 턴)	F-LOD	1/2 to L btwn 1-2	HB	Strat	2
3	RF to side-slily back	B-W	1/4 to L btwn 2-3	T	Strat	&
4	LF cros in front of RF	B-DW	1/8 to L btwn 3-4	TH	Strat	3
NATURAL TURNING LOCK						
1	LF fwd with L side leading	F-LOD	Com. to turn to R on 1	T	slily to L	1
2	RF cros loosely behind LF	B-C	1/4 to R btwn 1-2	T	slily to L	&
3	LF to side-slily bwd	B-almost LOD	Over 1/8 to R btwn 2-3	T	To L	2
4	RF to side	P-C. Body almost F-▼ DC, M- DC	Over 1/4 to R btwn 3-4 Body T/L	TH	To R then Strat	3
REVERSE TURNING LOCK						
1	LF fwd L side leading	F-DC		T	To R	1
2	RF cros behind LF	F-DC		T	slily to R	&
3	LF fwd-slily Lwds	F-DC	Com. to turn to L on3	T	To R	2
4	RF to side-slily bwd	B-DW	1/4 to L btwn 3-4 Body T/L	TH	To R then Strat	3
TELEMARK						
1	RF bwd-slily to side	B-DC	Com. to turn to L on 1	TH	Strat	1
2	LF closes to RF(힐 턴)	F-LOD	3/8 to L btwn 1-2	HB	To R	2
3	RF to side-slily bwd	B-DW	3/8 to L btwn 2-3 Body T/L	TH	To R then Strat	3

(왈츠) Foot Placement		Align	턴량	풋 액션	Sw	♬
TELEMARK TO PP						
1	LF fwd-slily to side	F-DC	Com. to turn to L on 1	H Flat	Strat	1
2	RF to side	B-DW	1/4 to L btwn 1-2	T	To L	2
3	LF to side	P-DW, M-along LOD	1/2 to L btwn 2-3 Body T/L	TH	To L then Strat	3
WEAVE FROM PP						
1	RF fwd-acro in CBMP	P-DC, M-DC	Com. to turn to L on 1	H Flat	Strat	1
2	LF fwd	F-DC	Cont. to turn to L on 2	T	To R	2
3	RF to side-slily back	B-DW	1/4 to L btwn 2-3	TH	Strat	3
4	LF bwd in CBMP	B-LOD	1/8 to L btwn 3-4	TH	Strat	1
5	RF back-slily to side	B-LOD	Cont. to turn to L on 5	T	To L	2
6	LF to side-slily fwd	P-DW	3/8 to L btwn 5-6 Body T/L	TH	To L then Strat	3
IMPETUS						
1	LF bwd-slily to side	B-LOD	Com. to turn to R on 1	TH	Strat	1
2	RF closes to LF(힐 턴)	F-DW of N-LOD	3/8 to R btwn 1-2	HB	To L	2
3	LF to side-slily back	B-DC of N-LOD	1/4 to R btwn 2-3	TH	To L then Strat	3
IMPETUS TO PP						
1	LF bwd-slily to side	B-LOD	Com. to turn to R on 1	TH	Strat	1
2	RF closes to LF(힐 턴)	F-DC	3/8 to R btwn 1-2	HB	To L	2
3	LF diag fwd L side leading	P-almost DC, body almost F-LOD, M- DC	Slight body turn to R on3	TH	To L then Strat	3
DRAG HESITATION						
1	LF fwd-slily to side	F-LOD	Com. to turn to L on 1	H Flat	Strat	1
2	RF to side(slily bwd)	B-DW	3/8 to L btwn 1-2	BH	To L	2
3	LF closes to RF w/o wt	B-DW	slily body turn to L on3	I/E of T, Flat F	To R	3
OTUSIDE SPIN						
1	LF bwd in CBMP (small step. 피봇)	B-DW	3/8 to R on 1(피봇)	THT	Strat	1
2	RF fwd in CBMP	F-LOD	Cont. to turn to R on 2	HT	Strat	2
3	LF to side(피봇)	F-▼DW, end F-DW N-LOD	3/8 to R btwn 2-3 then 1/2 to R on3(피봇)	TH	To L	3

(LADY) Foot Placement		Align	턴량	풋 액션	Sw	♬
TELEMARK TO PP						
1	RF bwd-slily to side	B-DC	Com. to turn to L on 1	TH	Strat	1
2	LF closes to RF(힐 턴)	F-LOD	3/8 to L btwn 1-2	HB	To R	2
3	RF to side	P-DC M-along LOD	1/8 to L btwn 2-3, slight body turn to L on3	TH	To R then Strat	3
WEAVE FROM PP						
1	LF fwd-acro in CBMP	P-C, M-DC	Com. to turn to L on 1	H Flat	Strat	1
2	RF to side-slily back	B-DC	3/8 to L btwn 1-2	T	To L	2
3	LF to side-slily fwd	P-LOD	3/8 to L btwn 2-3 Body T/L	TH	Strat	3
4	RF fwd in CBMP	F-LOD		H Flat	Strat	1
5	LF fwd	F-LOD	Com. to turn to L on 5	T	To R	2
6	RF to side-slily back	B-DW	3/8 to L btwn 5-6 Body T/L	TH	To R then Strat	3
IMPETUS						
1	RF fwd-slily to side	F-LOD	Com. to turn to R on 1	H Flat	Strat	1
2	LF to side	B-DW of N-LOD	3/8 to R btwn 1-2	BT	To R	2
3	RF diag fwd	F-DC of N-LOD	1/4 to R btwn 2-3	TH	To R then Strat	3
IMPETUS TO PP						
1	RF fwd-slily to side	F-LOD	Com. to turn to R on 1	H Flat	Strat	1
2	LF to side	B-DC	3/8 to R btwn 1-2	BT	To R	2
3	RF to side	P-C, body almost F-▼DC, M- DC	3/8 to R btwn 2-3 Body T/L	TH	To R then Strat	3
DRAG HESITATION						
1	RF bwd-slily to side	B-LOD	Com. to turn to L on 1	TH	Strat	1
2	LF to side(slily fwd)	F-DW	3/8 to L btwn 1-2	BH	To R	2
3	RF closes to LF w/o wt	F-DW	Slight body turn to L on3	I/E of T, Flat F	To L	3
OTUSIDE SPIN						
1	RF fwd in CBMP	F-DW	Com. to turn to R on 1	HB	Strat	1
2	LF closes to RF(토피봇)	F-C	5/8 to R btwn 1-2	BT	Strat	2
3	RF fwd btwn partner's feet(피봇)	F-DC, then B-DW N-LOD	1/8 to R btwn 2-3 then 1/2 to R on3(피봇)	TH	To R	3

(MAN) Foot Placement		Align	턴량	풋 액션	sw	♬	
TAP - ALTERNATIVE ENTRIES TO PP							
♠	RF fwd	F-DW		H	Strat	S	7.8
1	LF to side/wt on RF	F-DW, body almost F-W	Body turns to R on 1	Flat F - I/E of B(LF)	Strat	&	&
PROGRESSIVE SIDE STEP							
1	LF fwd in CBMP	F-DW	Com. to turn to L	H	Strat	Q	1
2	RF to side-slily bwd	F-almost DW	Just under 1/8 to L btwn 1-2	I/E of F	Strat	Q	2
3	LF fwd in CBMP	F-LOD	Just under 1/8 to L btwn 2-3	H	Strat	S	3.4
BRUSH TAP							
1	LF fwd-slily to side	F-DW		H	Strat	Q	1
2	RF to side	F-LOD	1/8 to L btwn 1-2	BH	Strat	Q	2
3	LF brushes to RF w/o wt	F-LOD		F slily off the floor	Strat	&	&
4	LF placed to side small step w/o wt	F-LOD		I/E of B	Strat	S	3.4
PROGRESSIVE LINK							
1	LF fwd in CBMP	F-DW		H	Strat	Q	1
2	RF to side-slily to bwd	F-DW, body almost F-W		I/E of F -I/E of B	Strat	Q	2
CLOSED PROMENADE							
1	LF to side	P-DW, M- LOD		H	Strat	S	1.2
2	RF fwd-acro in CBMP	P-DW, M- LOD		H	Strat	Q	3
3	LF to side-slily fwd	P-DW		I/E of F	Strat	Q	4
4	RF clsses to LF slily bwd	F-DW		Whole F	Strat	S	5.6
OPEN PROMENADE							
1	LF to side	P-DW, M- LOD		H	Strat	S	1.2
2	RF fwd-acro in CBMP	P-DW, M- LOD	slily turn to R btwn 2-3	H	Strat	Q	3
3	LF to side-slily fwd	P-btwn W-DW		I/E of F	Strat	Q	4
4	RF fwd in CBMP	F-btwn W-DW		H	Strat	S	5.6

	(LADY) Foot Placement	Align	턴량	풋 액션	sw	♬	
TAP - ALTERNATIVE ENTRIES TO PP							
♠	LF bwd	B-DW		BH	Strat	S	7.8
1	RF to side/wr on LF	F-DC, body almost F-C	1/4 of turn to R on 1 Body T/L	Flat F- I/E of B(RF)	Strat	&	&
PROGRESSIVE SIDE STEP							
1	RF bwd in CBMP	B-DW	Com. To turn to L	BH	Strat	Q	1
2	LF to side-slily fwd	B-almost LOD	Just under 1/8 to L btwn 1-2	I/E of BH	Strat	Q	2
3	RF bwd in CBMP	B-LOD	Just under 1/8 to L btwn 2-3	BH	Strat	S	3.4
BRUSH TAP							
1	RF bwd-slily to side	B-DW		BH	Strat	Q	1
2	LF to side	B-LOD	1/8 to L btwn 1-2	Whole F	Strat	Q	2
3	RF brushes to LF w/o wt	B-LOD		F slily off the floor	Strat	&	&
4	RF placed to side small step w/o wt	B-LOD		I/E of B	Strat	S	3.4
PROGRESSIVE LINK							
1	RF bwd in CBMP	F-DW		BH	Strat	Q	1
2	LF to side-slily bwd	F-DC, body almost F-C	1/4 to R btwn 1-2	I/E of BH- I/E of B	Strat	Q	2
CLOSED PROMENADE							
1	RF to side	P-DC, M- LOD		H	Strat	S	1.2
2	LF fwd-acro in CBMP	P-DC, M- LOD		H	Strat	Q	3
3	RF to side-slily bwd	B-DW	1/4 to L btwn 2-3	I/E of BH	Strat	Q	4
4	LF closes to RF slily fwd	B-DW		Whole F	Strat	S	5.6
OPEN PROMENADE							
1	RF to side	P-DC, M- LOD		H	Strat	S	1.2
2	LF fwd-acro in CBMP	P-DC, M- LOD	Just under 1/4 to L btwn 2-3	H	Strat	Q	3
3	RF to side-slily bwd	B-btwn W-DW		I/E of BH	Strat	Q	4
4	LF bwd in CBMP	B-btwn W-DW		BH	Strat	S	5.6

(탱고) Foot Placement		Align	턴량	풋 액션	sw	♬	
WHISK							
1	LF fwd	F-▼DW		H	Strat	Q	1
2	RF to side-slily fwd	F-DW	1/4 to L btwn 1-2, Body T/L	BH	Strat	Q	2
3	LF cros behind RF	F-DW, body almost F-W		BH	Strat	S	3.4
BACK WHISK							
1	LF bwd in CBMP	B-▼DC		BH	Strat	Q	1
2	RF diag bwd	B-▼DC		BH	Strat	Q	2
3	LF cros behind RF	F-DW, body almost F-W		BH	Strat	S	3.4
BACK CORTE							
1	LF to side	B-C	1/8 to R btwn Prec. Step-1	I/E of BH	To L	S	1.2
2	RF bwd	B-C		BH	Strat	Q	3
3	LF to side-slily fwd	P-DW	1/8 to L btwn 2-3, Body T/L	I/E of F	Strat	Q	4
4	RF closes to LF slily bwd	F-DW	Body complt/T	Whole F	Strat	S	5.6
BASIC REVERSE TURN							
1	LF fwd-slily to side	F-DC	Com. to turn to L on 1	H	Strat	Q	1
2	RF to side-slily bwd	B-DW	1/4 to L btwn 1- 2	B	Strat	Q	2
3	LF cros in front of RF	B-LOD	1/8 to L btwn 2- 3	Whole F	Strat	S	3.4
4	RF bwd-slily to side	B-LOD	Com. to turn to L on 4	BH	Strat	Q	5
5	LF to side-slily fwd	P-DW	3/8 to L btwn 4- 5 Body T/L	I/E of F	Strat	Q	6
6	RF closes to LF slily bwd	F-DW	Body complt/T on 6	Whole F	Strat	S	7.8
OPEN REVERSE TURN							
1	LF fwd-slily to side	F-DC	Com. to turn to L on 1	H	Strat	Q	1
2	RF to side-slily bwd	B-DW	1/4 to L btwn 1- 2	BH	Strat	Q	2
3	LF bwd in CBMP	B-LOD	1/8 to L btwn 2- 3	BH	Strat	S	3.4
4	RF bwd-slily to side	B-LOD	Com. to turn to L on 4	BH	Strat	Q	5
5	LF to side-slily fwd	P-DW	3/8 to L btwn 4- 5 Body T/L	I/E of F	Strat	Q	6
6	RF closes to LF slily bwd	F-DW	Body complt/T on 6	Whole F	Strat	S	7.8

(LADY) Foot Placement		Align	턴량	풋 액션	sw	♬	
WHISK							
1	RF bwd	B-▼DW		BH	Strat	Q	1
2	LF to side-slily bwd	B-DW, body almost F-C		BH	Strat	Q	2
3	RF cros behind LF	F-DC, body almost F-C		BH	Strat	S	3.4
BACK WHISK							
1	RF fwd in CBMP	F-▼DC		H	Strat	Q	1
2	LF to side	F-▼DC		BH	Strat	Q	2
3	RF cros behind LF	F-DC, body almost F-C	1/4 to R btwn 2-3	BH	Strat	S	3.4
BACK CORTE							
1	RF to side	F-C	1/8 to R btwn Prec. Step-1	I/E of BH	To R	S	1.2
2	LF fwd in CBMP	F-C		H	Strat	Q	3
3	RF to side-slily bwd	B-DW	1/8 to L btwn 2-3, body turns slily less	I/E of BH	Strat	Q	4
4	LF closes to RF slily fwd	B-DW	Body complt/T	Whole F	Strat	S	5.6
BASIC REVERSE TURN							
1	RF bwd-slily to side	B-DC	Com. to turn to L on 1	BH	Strat	Q	1
2	LF to side-slily fwd	P-LOD	3/8 to L btwn 1-2 Body T/L	Whole F	Strat	Q	2
3	RF closes to LF slily bwd	F-LOD	Body complt/T on 3	Whole F	Strat	S	3.4
4	LF fwd-slily to side	F-LOD	Com. to turn to L on 4	H	Strat	Q	5
5	RF to side-slily bwd	B-DW	1/4 to L btwn 4-5	I/E of BH	Strat	Q	6
6	LF closes to RF slily fwd	B-DW	1/8 to L btwn 5-6	Whole F	Strat	S	7.8
OPEN REVERSE TURN							
1	RF bwd-slily to side	B-DC	Com. to turn to L on 1	BH	Strat	Q	1
2	LF to side-slily fwd	P-LOD	3/8 to L btwn 1-2 Body T/L	Whole F	Strat	Q	2
3	RF fwd in CBMP	F-LOD	Body complt/T on 3	H	Strat	S	3.4
4	LF fwd-slily to side	F-LOD	Com. to turn to L on 4	H	Strat	Q	5
5	RF to side-slily bwd	B-DW	1/4 to L btwn 4-5	I/E of BH	Strat	Q	6
6	LF closes to RF slily fwd	B-DW	1/8 to L btwn 5-6	Whole F	Strat	S	7.8

	(탱고) Foot Placement	Align	턴량	풋 액션	Sw	♬	
ROCK ON LEFT FOOT							
1	LF bwd L side leading	B-DC, M-side ways down LOD		I/E of BH	Strat	Q	1
2	Transfer wt fwd to RF, R side leading	F-▼DW, M-side ways down LOD		H	Strat	Q	2
3	LF bwd small step, L side leading	B-DC, M-side ways down LOD		I/E of BH	To L	S	3.4
ROCK ON RIGHT FOOT							
1	RF bwd in CBMP, L side leading	B-DC, M-down LOD		BH	Strat	Q	1
2	Transfer weight fwd to LF in CBMP	F-▼DW, M-down LOD		H	Strat	Q	2
3	RF bwd in CBMP, L side leading	B-DC, M-down LOD		BH	To R	S	3.4
NATURAL ROCK TURN							
1	RF fwd	F-DW		H	Strat	S	1.2
2	LF to side-slily bwd with L shoulder leading	B-C, M- slily sideways to DC	1/8 to R btwn 1-2	I/E of BH	Strat	Q	3
3	Transfer wt fwd to RF, R side leading	F-▼DW, M-side ways to ▼DW	1/8 to R btwn 2-3	H	Strat	Q	4
4	LF bwd small step	B-DC		I/E of BH	Strat	S	5.6
5	RF bwd	B-DC		BH	Strat	Q	7
6	LF to side-slily fwd	P-DW	1/4 to L btwn 5-6, body T/L	I/E of F	Strat	Q	8
7	RF closes to LF slily bwd	F-DW	Body complt/T on 7	Whole F	Strat	S	1.2
NATURAL TWIST TURN FORM PP							
1	LF to side	P-DW, M- LOD		H	Strat	S	1.2
2	RF fwd-acro in CBMP	P-DW, M- LOD		H	Strat	Q	3
3	LF to side-slily bwd	B-DC	1/4 to R btwn 2-3	BH	Strat	Q	4
4	RF cros behind LF	B-LOD	1/8 to R btwn 3-4	B	To R	S	5.6
5	Start to twist to R allowing feet to uncross	Towards the alignment of 6	Cont. to turn to R on 5	B. H	Strat	Q	7
6	Feet almost closed	F-DW, body almost F-W	5/8 to R btwn 5-6	End onto whole F, I/E of B	Strat	Q	8

(LADY) Foot Placement		Align	턴량	풋 액션	Sw	♬	
ROCK ON LEFT FOOT							
1	RF bwd, R side leading	F-DC, M-side ways down LOD		H	Strat	Q	1
2	Transfer wt bwd to LF, L side leading	B-▼DW, M-side ways down LOD		I/E of BH	Strat	Q	2
3	RF fwd small step, R side leading	F-DC, M-side ways down LOD		H	To R	S	3.4
ROCK ON RIGHT FOOT							
1	LF fwd in CBMP, R shoulder leading	F-DC, M- down LOD		H	Strat	Q	1
2	Transfer weight bwd to RF in CBMP	B-▼DW, M-down LOD		BH	Strat	Q	2
3	LF fwd in CBMP, R shoulder leading	F-DC, M-down LOD		H	To L	S	3.4
NATURAL ROCK TURN							
1	LF bwd	B-DW		BH	Strat	S	1.2
2	RF fwd-slily Rwds, R shoulder leading	F-C, M- slily sideways to DC	1/8 to R btwn 1-2	H	Strat	Q	3
3	LF bwd-slily Lwds, L side leading	B-▼DW, M-sideways ▼DW	1/8 to R btwn 2-3	I/E of BH	Strat	Q	4
4	RF fwd small step	F-DC	1/8 to R btwn 3-4	H	Strat	S	5.6
5	LF fwd	F-DC		H	Strat	Q	7
6	RF to side-slily bwd	B-DW	1/4 to L btwn 5-6, body T/L	I/E of BH	Strat	Q	8
7	LF closes to RF slily fwd	B-DW	Body complt/T on 7	Whole F	Strat	S	1.2
NATURAL TWIST TURN FORM PP							
1	RF to side	P-DC, M- LOD		H	Strat	S	1.2
2	LF fwd-acro in CBMP	P-LOD, M- LOD	1/8 to R btwn 1-2	H	Strat	Q	3
3	RF fwd btwn partner's feet	F-LOD	Just body turn to R on 3	H	Strat	Q	4
4	LF fwd preparing to step OP	F-LOD		H	To R	S	5.6
5	RF fwd in CBMP	F-W	1/4 to R btwn 4-5	HB	Strat	Q	7
6	LF to side small step	F-DC, body almost F-C	5/8 to R btwn 5-6	BH. I/E of B	Strat	Q	8

(탱고) Foot Placement		Align	턴량	풋 액션	Sw	♬	
NATURAL TURN FORM PP							
1	LF to side	P-DW, M- LOD		H	Strat	S	1.2
2	RF fwd-acro in CBMP	P-DW, M- LOD		H	Strat	Q	3
3	LF to side-slily bwd	B-LOD	3/8 to R btwn 2-3	BHB	slily to R	Q	4
4	RF fwd	F-DW of N-LOD. End F-DW, body almost F-W	3/8 to R btwn 3-4	H then I/ E of B	Strat at very e/o 4	S	5.6
PROMENADE LINK TURNED TO R							
1	LF to side	P-DW, M- LOD		H	Strat	S	1.2
2	RF fwd-acro in CBMP	P-DW, M- LOD		HB (Flat F)	Strat	Q	3
3	LF to side small step w/o wt	F-W	1/8 to R btwn 2-3	I/E of B	Strat	Q	4
PROMENADE LINK TURNED TO L							
1	LF to side	P-DW, M- LOD		H	Strat	S	1.2
2	RF fwd-acro in CBMP	P-DW, M- LOD		H	Strat	Q	3
3	LF to side small step w/o wt	F-DW	Body turn on 3	I/E of B	Strat	Q	4
BACK OPEN PROMENADE							
1	LF to side	P-DW, M- LOD		H	Strat	S	1.2
2	RF fwd-acro in CBMP	P-DW, M- LOD		H	Strat	Q	3
3	LF to side-slily bwd	B-DC	1/4 to R btwn 2-3	BH	To L	Q	4
4	RF bwd in CBMP	B-DC		BH	To R	S	5.6
FALLAWAY IN PROMENADE							
1	LF to side	P-DW, M- LOD		H	Strat	S	1.2
2	RF fwd-acro in CBMP	P-DW, M- LOD		H	Strat	Q	3
3	LF to side	B-almost LOD	Just under 3/8 to R btwn 2-3	BH	Strat	Q	4
4	RF bwd, R side leading	B-LOD, M- DC	Just under 1/8 to R btwn 3-4	I/E of BH	Strat	S	5.6
5	LF bwd in CBMP	L Toe P-to W, M- btwn DC-C	1/4 to L btwn 4-5	BH	Strat	Q	7
6	RF closes to LF slily bwd	F-W, body almostF-▼DW	Body complt/T on 6	BH	Strat	Q	8

(LADY) Foot Placement		Align	턴량	풋 액션	Sw	♬	
NATURAL TURN FORM PP							
1	RF to side	P-DC, M- LOD		H	Strat	S	1.2
2	LF fwd-acro in CBMP	P-LOD, M- LOD	1/8 to R btwn 1-2	H	Strat	Q	3
3	RF fwd btwn partner's feet	F-LOD	Just body turn to R on 3	HB	slily to L	Q	4
4	LF to side-slily bwd	B-DW N-LOD. End F-DC, body almost F-C	3/8 to R btwn 3-4, then 1/4 to R on 4	BH then I/E of B	Strat	S	5.6
PROMENADE LINK TURNED TO R							
1	RF to side	P-DC, M- LOD		H	Strat	S	1.2
2	LF fwd-acro in CBMP	P-DC, M- LOD		HB	Strat	Q	3
3	RF to side small step w/o wt	B-W	1/8 to L btwn 2-3	I/E of B	Strat	Q	4
PROMENADE LINK TURNED TO L							
1	RF to side	P-DC, M- LOD		H	Strat	S	1.2
2	LF fwd-acro in CBMP	P-DC, M- LOD		HB(Flat F)	Strat	Q	3
3	RF to side small step w/o wt	B-DW	1/4 to L btwn 2-3	I/E of B	Strat	Q	4
BACK OPEN PROMENADE							
1	RF to side	P-DC, M- LOD		H	Strat	S	1.2
2	LF fwd-acro in CBMP	P-DC, M- LOD		H	Strat	Q	3
3	RF to side-slily fwd	F-DC		BH	To R	Q	4
4	LF fwd	F-DC	Body complt/T on 4	Whole F	To L	S	5.6
FALLAWAY IN PROMENADE							
1	RF to side	P-DC, M- LOD		H	Strat	S	1.2
2	LF fwd-acro in CBMP	P-LOD		H	Strat	Q	3
3	RF fwd in CBMP	F-almost W	Just under 3/8 to R btwn 2-3	H	Strat	Q	4
4	LF bwd, L side leading	B-C, M- DC	slily to R btwn 3-4	I/E of BH	Strat	S	5.6
5	RF bwd in CBMP	B-C, M- DC		BH	Strat	Q	7
6	LF closes to RF slily bwd	F-LOD, body almost F-DC	Body turn on 6	Whole F	Strat	Q	8

(탱고) Foot Placement		Align	턴량	풋 액션	Sw	♬	
FOUR STEP							
1	LF fwd-slily to side	F-▼DW	Com. to turn to L on 1	H	To R	Q	1
2	RF to side-slily fwd	F-DW	1/4 to L btwn 1-2, body T/L	BH	Strat	Q	2
3	LF bwd in CBMP	B-▼DC		BH	Strat	Q	3
4	RF closes to LF slily bwd	F-DW, body almost F-W		BH	Strat	Q	4
FALLAWAY FOUR STEP							
1	LF fwd-slily to side	F-LOD	1/8 to L btwn Prec. Step-1	H	Strat	Q	1
2	RF to side-slily bwd	F-DC, body almost F-LOD, M- to W	1/8 to L btwn 1-2	BH	Strat	Q	2
3	LF bwd in CBMP	F-DC, body almost F-LOD, M- to W		BH	To L	Q	3
4	RF closes to LF slily bwd	F-DC, body almost F-LOD		BH	To R	Q	4
PROGRESSIVE SIDE STEP REVERSE TURN							
1	LF fwd-slily to side	F-DC	Com. To turn to L on 1	H	Strat	Q	1
2	RF to side-slily bwd	F-▼DC	1/4 to L btwn 1-2	I/E of F	Strat	Q	2
3	LF fwd in CBMP	Almost F-▼LOD	1/8 to L btwn 2-4	H	Strat	S	3.4
4	RF fwd, R side leading	F-▼DW, M- side waysalong LOD		H	To R	S	5.6
5	Transfer wt bwd to LF, L side leading	B-DC, M- side ways along LOD		I/E of BH	Strat	Q	7
6	Transfer wt fwd to RF, R side leading	F-▼DW, M- side ways along LOD		H	Strat	Q	8
7	LF bwd small step, L side leading	B-LOD	1/8 to R btwn 6-7	I/E of BH	Strat	S	1.2
8	RF bwd-slily to side	B-DC	1/8 to L btwn 7-8	BH	Strat	Q	3
9	LF to side-slily fwd	P-DW	1/4 to L btwn 8-9 Body T/L	I/E of F	Strat	Q	4
10	RF closes to LF slily bwd	F-DW	Body complt/T on 10	Whole F	Strat	S	5.6

(LADY) Foot Placement		Align	턴량	풋 액션	Sw	♬	
FOUR STEP							
1	RF bwd	B-▼DW	slily turn to L on 1	BH	To L	Q	1
2	LF to side-slily fwd	P-▼DC	1/4 to L btwn 1-2	Whole F	Strat	Q	2
3	RF fwd in CBMP	F-▼DC		HB(F Flat)	Strat	Q	3
4	LF closes to RF slily bwd	F-DC, body almost F-C	1/4 to R btwn 3-4	BH	Strat	Q	4
FALLAWAY FOUR STEP							
1	RF bwd-slily to side	F-LOD	1/8 to L btwn Prec. Step-1	BH	Strat	Q	1
2	LF to side-slily bwd	F-▼DC, body almost F-▼ LOD, M- to W	1/8 to L btwn 1-2	BH	Strat	Q	2
3	RF bwd in CBMP	F-▼DC, body almost F-▼ LOD, M- to W		BH	To R	Q	3
4	LF closes to RF slily bwd	F-▼DC, body almost F-▼ LOD		BH	To L	Q	4
PROGRESSIVE SIDE STEP REVERSE TURN							
1	RF bwd-slily to side	B-DC	Com. To turn to L on 1	BH	Strat	Q	1
2	LF to side-slily bwd	B-▼DC	1/4 to L btwn 1-2	I/E of F	Strat	Q	2
3	RF bwd in CBMP	Almost B-▼LOD	1/8 to L btwn 2-4	BH	Strat	S	3.4
4	LF bwd, L side leading	B-▼DW, M-side ways along LOD		I/E of BH	To L	S	5.6
5	Transfer wt fwd to RF, R side leading	F-DC, M-sideways along LOD		H	Strat	Q	7
6	Transfer wt bwd to LF, L side leading	B-▼DW, M-side ways along LOD		I/E of BH	Strat	Q	8
7	RF fwd small step, R side leading	F-LOD	1/8 to R btwn 6-7	H	Strat	S	1.2
8	LF fwd in CBMP	F-DC	1/8 to L btwn 7-8	H	Strat	Q	3
9	RF to side-slily bwd	B-DW	1/4 to L btwn 8-9 Body T/L	I/E of BH	Strat	Q	4
10	LF closes to RF slily fwd	B-DW	Body complt/T on 10	Whole F	Strat	S	5.6

(탱고) Foot Placement		Align	턴량	풋 액션	Sw	♬	
OUTSIDE SWIVEL MITHOD 1 - AFTER OPEN FINISH AND TURNING TO R(MAN)							
♠	RF fwd in CBMP	F-DW		H Flat(RF), B(LF)	Strat		
1	LF bwd in CBMP	L Toe P-W. End F-W, body almost F-▼DW	1/8 to R btwn Prec. Step-1, then body turn on 1	BH(LF) with pressure on B(RF)	Very slily to L	S	1.2
2	RF fwd-acro in CBMP	P-DW, M- LOD	1/8 to L btwn 1-2	H	Strat	Q	3
3	LF to side small step w/o wt	F-DW	Body complt/T on 3	I/E of B	Strat	Q	4
OUTSIDE SWIVEL MET 2 - AFTER OPEN FINISH & TURNING TO L (M)							
♠		F-DW			Strat		
1	LF bwd in CBMP(small step)	L Toe P-LOD. End F-LOD, body almost F-DW	Com. turn to L btwn Prec. Step-1, then 1/8 to L on 1	BH(LF) with light pressure on T(RF)	Strat	S	1.2
2	RF fwd-acro in CBMP	P-DC, M- DC	1/8 to L btwn 1-2	H	Strat	Q	3
3	LF to side small step w/o wt	F-DC	Body complt/T on 3	I/E of B	Strat	Q	4
OUTSIDE SWIVEL MITHOD 3 - REVERSE OUTSIDE SWIVEL(MAN)							
1	LF fwd-slily to side	F-DC	Com. To turn to L on 1	H	Strat	Q	1
2	RF to side	B-DW	1/4 to L btwn 1-2	BH	Strat	Q	2
3	LF bwd in CBMP	B-DC. End F-W, body almost F-▼DW	1/4 to L btwn 2-3, then 1/8 to L on 3	BH(LF) with light pressure on T(RF)	Strat	S	3.4
4	RF fwd-acro in CBMP	P-DW, M- DW	1/8 to L btwn 3-4 Body T/L	H	Strat	Q	5
5	LF to side small step w/o wt	F-DW	Body complt/T on 5	I/E of B	Strat	Q	6

(L) Foot Placement		Align	턴량	풋 액션	Sw	♬	
OUTSIDE SWIVEL MITHOD 1 - AFTER OPEN FINISH AND TURNING TO R (LADY)							
♠		B-DW			Strat		
1	RF fwd in CBMP	F-DC. End F-LOD, body almost F-DC	Com turn to R btwn Prec. Step-1, then just under 3/8 to R on 1	HB(F Flat). I/E of B(LF)	Very slily to R	S	1.2
2	LF fwd-acro in CBMP	P-DC, M- LOD		HB(F Flat)	Strat	Q	3
3	RF to side small step w/o wt	B-DW	3/8 to L btwn 2-3	I/E of B	Strat	Q	4
OUTSIDE SWIVEL MET 2 - AFTER OPEN FINISH & TURNING TO L (L)							
♠		B-DW			Strat		
1	RF fwd in CBMP	F-▼DC. End F-DC, body almost F-C	Com to turn to L btwn Prec. Step-1, then just under 3/8 to R on 1	HB-I/E of B	Strat	S	1.2
2	LF fwd-acro in CBMP	P-C, M-DC	1/8 to L btwn 1-2	HB	Strat	Q	3
3	RF to side small step w/o wt	B-DC	3/8 to L btwn 2-3	I/E of B	Strat	Q	4
OUTSIDE SWIVEL MITHOD 3 - REVERSE OUTSIDE SWIVEL(LADY)							
1	RF bwd-slily to side	B-DC	Com. To turn to L on 1	BH	Strat	Q	1
2	LF to side-slily fwd	P-LOD	3/8 to L btwn 1-2	Whole F	Strat	Q	2
3	RF fwd in CBMP	F-DC. End F-LOD, body almost F-DC	1/8 to L btwn 2-3, then 1/8 to R on 3	HB(Flat F), I/E of B(LF)	Strat	S	3.4
4	LF fwd-acro in CBMP	P-LOD, M- DW		HB(Flat F)	Strat	Q	5
5	RF to side small step w/o wt	B-DW	3/8 to L btwn 4-5	I/E of B	Strat	Q	6

(MAN) Foot Placement		Align	턴량	풋 액션	Sw	♬	
FEATHER STEP							
1	RF fwd	F-DC		H Flat	Strat	S	1.2
2	LF fwd-slily to side	F-DC		B	To R	Q	3
3	RF fwd in CBMP	F-DC		O/E of T, BH	To R	Q	4
THREE STEP							
1	LF fwd	F-DW		H Flat	slily to L	S	1.2
2	RF fwd	F-DW		HB	To L	Q	3
3	LF fwd	F-DW		BH	To L	Q	4
FEATHER FINISH							
1	RF bwd-slily to side	B-LOD	Com. to turn to L on 1	THT	Strat	S	1.2
2	LF to side-slily fwd	P-DW	3/8 to L btwn 1-2 Body T/L	I/E of T, B	To R	Q	3
3	RF fwd in CBMP	F-DW		O/E of T, BH	To R	Q	4
FEATHER ENDING							
♠	LF to side	P-DW M- LOD		I/E of T, H	To L then Strat		
1	RF fwd in CBMP-acro the body	P-DW M- LOD		H Flat	Strat	S	1.2
2	LF diag fwd	F-DW		B	To R	Q	3
3	RF fwd in CBMP	F-DW		O/E of T, BH	To R	Q	4
NATURAL TURN							
1	RF fwd-slily to side	F-DW	Com. to turn to R on 1	H Flat	Strat	S	1.2
2	LF to side	B-DC	1/4 to R btwn 1-2	B	To R	Q	3
3	RF bwd	B-LOD	1/8 to R btwn 2-3	TH	To R	Q	4
REVERSE TURN							
1	LF fwd-slily to side	F-DC	Com. to turn to L on 1	H Flat	Strat	S	1.2
2	RF to side	B-DW	1/4 to L btwn 1-2	B	To L	Q	3
3	LF bwd	B-LOD	1/8 to L btwn 2-3	TH	To L	Q	4

(LADY) Foot Placement		Align	턴량	풋 액션	Sw	♬	
FEATHER STEP							
1	LF bwd	B-DC		TH	Strat	S	1.2
2	RF bwd	B-DC		TH	To L	Q	3
3	LF bwd in CBMP	B-DC		TH	To L	Q	4
THREE STEP							
1	RF bwd	B-DW		TH	slily to R	S	1.2
2	LF bwd	B-DW		TH	To R	Q	3
3	RF bwd	B-DW		TH	To R	Q	4
FEATHER FINISH							
1	LF fwd	Faciong LOD	Com. to turn to L on 1	H Flat	Strat	S	1.2
2	RF to side-slily bwd	B-W	1/4 to L btwn 1-2 Body T/L	TH	To L	Q	3
3	LF bwd in CBMP	B-DW	1/8 to L btwn 2-3	TH	To L	Q	4
FEATHER ENDING							
♠	RF to side	P-DC M-LOD		I/E of T, H	To R then Strat		
1	LF fwd in CBMP-acro the body	P-DC M-LOD	Com. to turn to L on 1	H Flat	Strat	S	1.2
2	RF to side-slily back	B-W	1/4 to L btwn 1-2	TH	To L	Q	3
3	LF bwd in CBMP	B-DW	1/8 to L btwn 2-3	TH	To L	Q	4
NATURAL TURN							
1	LF bwd-slily to side	B-DW	Com. to turn to R on 1	TH	Strat	S	1.2
2	RF closed to LF(힐 턴)	F-LOD	3/8 to R btwn 1-2	HB	To L	Q	3
3	LF fwd	F-LOD		TH	To L	Q	4
REVERSE TURN							
1	RF bwd-slily to side	B-DC	Com. to turn to L on 1	TH	Strat	S	1.2
2	LF closed to RF(힐 턴)	F-LOD	3/8 to L btwn 1-2	HB	To R	Q	3
3	RF fwd	F-LOD		TH	To R	Q	4

(폭스) Foot Placement		Align	턴량	풋 액션	Sw	♬	
BASIC WEAVE							
♠	RF bwd	B-DW		TH	Strat	S	1.2
1	LF fwd	F-▼DC		H Flat	Strat	Q	3
2	RF to side	B-LOD	1/8 to L btwn 1-2	T	To L	Q	4
3	LF bwd in CBMP	B-DC	1/8 to L btwn 2-3	T	To L	Q	5
4	RF bwd	B-DC	Cont. to turn to L on 4	T	Strat	Q	6
5	LF to side-slily fwd	P-DW	1/4 to L btwn 4-5 Body T/L	I/E of T, B	To R	Q	7
6	RF fwd in CBMP	F-DW		O/E of T, BH	To R	Q	8
NATURAL WEAVE							
1	RF fwd-slily to side	F-DW	Com. to turn to R on 1	H Flat	Strat	S	1.2
2	LF to side	B-DC	1/4 to R btwn 1-2	B	To R	Q	3
3	RF bwd R side leading	B-DC	Slight turn to R btwn 2-3	T	Strat	Q	4
4	LF bwd in CBMP	B-DC		T	To L	Q	5
5	RF diag bwd	B-DC	Com. To turn to L on 5	T	Strat	Q	6
6	LF to side slily fwd	P-DW	1/4 to L btwn 5-6, Body T/L	I/E of T, B	To R	Q	7
7	RF fwd in CBMP	F-DW		O/E of T, BH	To R	Q	8
CHANGE OF DIRECTION							
1	LF fwd-slily to side	F-DW	Com. To turn to L on 1	H Flat	Strat	S	1.2
2	RF diag fwd with R side leading	DW, R Toe P-towards LOD	1/4 to L btwn 1-3	I/E of T, Flat	To L	S	3.4
3	LF closes to RF w/o wt	F-DC		I/E of T then I/E of F	To L	S	5.6
4	LF fwd			H Flat	Strat	S	7.8
HEEL PULL FINISH							
1	LF bwd	B-LOD	Com. To turn to R on 1	TH		Q	1
2	RF to side(힐 풀)	F-DC	3/8 to R btwn 1-2	H, I/E of F, Flot F -I/E of F	To L	S	2.3
3	LF fwd			H		Q	4

(LADY) Foot Placement		Align	턴량	풋 액션	Sw	♬	
BASIC WEAVE							
♠	LF fwd	F-▼DW			Strat		
1	RF bwd	B-▼DC		TH	Strat	Q	3
2	LF to side	P-DC	1/4 to L btwn 1-2 Body T/L	T	To R	Q	4
3	RF fwd in CBMP	F-DC		T	To R	Q	5
4	LF fwd	F-DC	Cont. to turn to L on 4	T	Strat	Q	6
5	RF to side-slily back	B-W	1/8 to L btwn 4-5	TH	To L	Q	7
6	LF bwd in CBMP	B-DW	1/8 to L btwn 5-6 Body T/L	TH	To L	Q	8
NATURAL WEAVE							
1	LF bwd-slily to side	B-DW	Com. to turn to R on 1	TH	Strat	S	1.2
2	RF closes to LF(힐 턴)	F-DC	1/4 to R btwn 1-2	HB	To L	Q	3
3	LF fwd L side leading			T	Strat	Q	4
4	RF fwd in CBMP			T	To R	Q	5
5	LF fwd		Com. to turn to L on 5	T	Strat	Q	6
6	RF to side-slily back	B-W	1/8 to L btwn 5-6	TH	To L	Q	7
7	LF bwd in CBMP	B-DW	1/8 to L btwn 6-7 Body T/L	TH	To L	Q	8
CHANGE OF DIRECTION							
1	RF bwd-slily to side	B-DW	Com. To turn to L on 1	TH	Strat	S	1.2
2	LF bwd with L side leading		1/4 to L btwn 1-3	T, I/E of TH	To R	S	3.4
3	RF closes to LF w/o wt	B-DC		I/E of T then I/E of F	To R	S	5.6
4	RF fwd			TH	Strat	S	7.8
HEEL PULL FINISH							
1	RF fwd	F-LOD	Com. To turn to R on 1	H Flat		Q	1
2	LF to side	B-DC	3/8 to R btwn 1-2	BH, I/E of T	To R	S	2.3
3	RF bwd	B-DC		TH		Q	4

(폭스) Foot Placement		Align	턴량	풋 액션	Sw	♬	
WHISK							
1	LF fwd	F-DW		H Flat	Strat	S	1.2
2	RF to side-slily fwd			T	Strat	Q	3
3	LF cros behind RF	F-DW, body almost F-W		TH	Strat	Q	4
BACK WHISK							
1	LF bwd in CBMP	B-▼DC		TH	Strat	S	1.2
2	RF diag bwd	B-▼DC		T	Strat	Q	3
3	LF cros behind RF	F-DW, body almost F-W		TH	Strat	Q	4
OPEN NATURAL TURN							
1	RF fwd-acro in CBMP	P-W, M- DW	Com. to turn to R on 1	H Flat	Strat	S	1.2
2	LF to side-slily bwd	B-LOD	1/4 to R btwn 1-2	T	To R then Strat	Q	3
3	RF bwd, R side leading	B-DW	1/8 to R btwn 2-3	TH		Q	4
DOUBLE REVERSE SPIN							
1	LF fwd-slily to side	F-LOD	Com. to turn to L on 1	H Flat	Strat	S	1.2
2	RF to side	B-DW	3/8 to L btwn 1-2	BT	Strat	Q	3
3	LF closes to RF w/o wt (토피봇)	F-DW	1/2 to L btwn 2-3	TH	Strat	Q	4

TELEMARK							
1	LF fwd-slily to side	F-DC	Com. to turn to L on 1	H Flat	Strat	S	1.2
2	RF to side	Almost B-LOD	Just under 3/8 to L btwn 1-2	BT	To L	Q	3
3	LF to side-slily fwd	F-DW	Just over 3/8 to L btwn 2-3	TH	To L then Strat	Q	4
OUTSIDE SWIVEL							
1	LF bwd in CBMP	L toe pointing N-LOD M-N▼ DW. End F-N-LOD	1/8 to R on 4	TH with pressure on B(RF)	To L	S	1.2

(LADY) Foot Placement		Align	턴량	풋 액션	Sw	♬	
WHISK							
1	RF bwd	B-DW		TH	Strat	S	1.2
2	LF to side-slily bwd	P-DC, Body almost to C	1/4 to R btwn 2-3 Body T/L	T	Strat	Q	3
3	RF cros behind LF	F-DC, body almost F-C		TH	Strat	Q	4
BACK WHISK							
1	RF fwd in CBMP	F-▼DC	Com. to turn to R on 1	HT	Strat	S	1.2
2	LF to side	F-C	1/8 to R btwn 1-2	T	Strat	Q	3
3	RF cros behind LF	F-DC, body almost F-C	1/8 to R btwn 2-3	TH	Strat	Q	4
OPEN NATURAL TURN							
1	LF fwd-acro in CBMP	P-LOD, M- DW		H Flat	Strat	S	1.2
2	RF fwd btwn partner's feet	Faciong LOD		T	To L	Q	3
3	LF fwd L side leading	Faciong DW	1/8 to R btwn 2-3	TH	To L then Strat	Q	4
DOUBLE REVERSE SPIN							
1	RF bwd-slily to side	B-LOD	Com. to turn to L on 1	TH	Strat	S	1.2
2	LF close to RF(힐 턴)	F-LOD	1/2 to L btwn 1-2	HB	Strat	Q	3
3	RF to side-slily back	B-W	1/4 to L btwn 2-3	T	Strat	&	&
4	LF cros in front of RF	B-DW	1/8 to L btwn 3 and 4	TH	Strat	Q	4
TELEMARK							
1	RF bwd-slily to side	B-DC	Com. to turn to L on 1	TH	Strat	S	1.2
2	LF closes to RF(힐 턴)	F-LOD	3/8 to L btwn 1-2	HB	To R	Q	3
3	RF to side-slily bwd	B-DW	3/8 to L Body T/L	TH	To R then Strat	Q	4
OUTSIDE SWIVEL							
1	RF fwd in CBMP	Facing DW Moving DW. End Facing C of N- LOD, Body almost F-N▼DC	3/8 to R on 4	HB(F Flat) and I/E of B(LF)	To R	S	1.2

(F) Foot Placement		Align	턴량	풋 액션	Sw	♬	
OUTSIDE SPIN							
1	LF bwd in CBMP	B-DW	3/8 to R on 1(피봇)	THT	Strat	S	1.2
2	RF fwd in CBMP	F-LOD	Cont. to turn to R	HT	Strat	Q	3
3	LF to side	F-▼DW, End F-DW of N-LOD	3/8 to R btwn 2-3, then 1/2 to R on 3(피봇)	TH	To L	Q	4
TELEMARK TO PP							
1	LF fwd-slily to side	F-DC	Com. to turn to L on 1	H Flat	Strat	S	1.2
2	RF to side	B-DW	1/4 to L btwn 1-2	BT	To L	Q	3
3	LF to side	P-DW, body almost F-W. M- LOD	1/2 to L btwn 2-3 Body T/L	TH	To L then Strat	Q	4
NATURAL TELEMARK							
1	RF fwd-slily to side	F-DW	Com. to turn to R on 1	H Flat	Strat	S	1.2
2	LF to side	B-DC	1/4 to R btwn 1-2	B	To R	Q	3
3	RF to side(small step)	F-DC	1/2 to R btwn 2-3	B	Strat	Q	4
4	LF diag fwd			B	To L	Q	5
5	RF fwd in CBMP			O/E of T, BH	To R	Q	6
NATURAL HOVER TELEMARK							
1	RF fwd-slily to side	F-DW	Com. to turn to R on 1	H Flat	Strat	S	1.2
2	LF to side	B-DC	1/4 to R btwn 1-2	TH	To R then Strat	Q	3
3	RF to side(힐 풀 같이)	F-DC	1/2 to R btwn 2-3	I/E of F, Flat	To L btwn 3-4, then Strat	Q	4
4	L knee slily invar	F-DC	Slight body turn to R on 4	I/E of B		S	5.6
5	LF diag fwd	F-DC		B	To R	Q	7
6	RF fwd in CBMP	F-DC		O/E of T, BH	To R	Q	8
IMPETUS							
1	LF bwd-slily to side	B-LOD	Com. to turn to R	TH	Strat	S	1.2
2	RF closes to LF(힐 턴)	F-DW of N-LOD	3/8 to R btwn 1-2	HB	To L	S	3.4
3	LF to side-slily bwd	B-DC of N-LOD	1/4 to R btwn 2-3	TH	To L	S	5.6

(L) Foot Placement		Align	턴량	풋 액션	Sw	♬	
OUTSIDE SPIN							
1	RF fwd in CBMP	Facign DW	Com. to turn to R	HB	Strat	S	1.2
2	LF closes to RF	F-C	5/8 to R btwn 1-2	BT	Strat	Q	3
3	RF fwd btwn partner's feet	F-DC, then B-DW of N-LOD	1/8 to R btwn 2-3 then 1/2 to R on 3(피봇)	TH	To R	Q	4
TELEMARK TO PP							
1	RF bwd-slily to side	B-DC	Com. to turn to L on 1	TH	Strat	S	1.2
2	LF closes to RF(힐 턴)	F-LOD	3/8 to L btwn 1-2	HB	To R	Q	3
3	RF to side	P-DC, body almost F-C. M- LOD	1/8 to L btwn 2-3,-Slight body turn to L on3	TH	To R then Strat	Q	4
NATURAL TELEMARK							
1	LF bwd-slily to side	B-DW	Com. to turn to R on 1	TH	Strat	S	1.2
2	RF closes to LF(힐 턴)	F-LOD	3/8 to R btwn 1-2	HB	To L	Q	3
3	LF to side	B-DC	3/8 to R btwn 2-3	B	Strat	Q	4
4	RF diag bwd			TH	To R	Q	5
5	LF bwd in CBMP			TH	To L	Q	6
NATURAL HOVER TELEMARK							
1	LF bwd-slily to side	B-DW	Com. to turn to R on 1	TH	Strat	S	1.2
2	RF closes to LF(힐 턴)	F-LOD	3/8 to R btwn 1-2	HB	To L then Strat	Q	3
3	LF to side	B-DC	3/8 to R btwn 2-3	BH	To R btwn 3-4, then Strat	Q	4
4	RF closes to LF(부러시스텝)	B-DC	Slight body turn to R on 4	I/E of B		S	5.6
5	RF diag bwd	B-DC		TH	To L	Q	7
6	LF bwd in CBMP	B-DC		TH	To L	Q	8
IMPETUS							
1	RF fwd-slily to side	F-LOD	Com. to turn R	H Flat	Strat	S	1.2
2	LF to side	B-DW of N-LOD	3/8 to R btwn 1-2	BT	To R	S	3.4
3	RF diag fwd	F-DC of N-LOD	1/4 to R btwn 2-3	TH	To R	S	5.6

(폭스) Foot Placement		Align	턴량	풋 액션	Sw	♬	
IMPETUS TO PP							
1	LF bwd-slily to side	B-LOD	Com. to turn to R	TH	Strat	S	1.2
2	RF closes to LF(힐 턴)	F-DC	3/8 to R btwn 1-2	HB	To L	S	3
3	LF diag fwd, L side leading	P-almost DC, body almost F-LOD.	Slight body turn on3	TH	To L, then Strat	S	4
WEAVE FROM PP							
1	RF fwd-acro in CBMP	P-DC, M- DC	Com. to turn to L on 1	H Flat	Strat	S	1.2
2	LF fwd	F-DC	Cont. to turn to L on 2	B	To L	Q	3
3	RF to side-slily back	B-DW	1/4 to L btwn 2-3	T	To L	Q	4
4	LF bwd in CBMP	B-LOD	1/8 to L btwn 3-4	T	To L	Q	5
5	RF back-slily to side	B-LOD	Cont. to turn to L on 5	T	Strat	Q	6
6	LF to side-slily fwd	P-DW	3/8 to L btwn 5-6 Body T/L	I/E of T, B	To R	Q	7
7	RF fwd in CBMP	F-DW		O/E of T, BH	To R	Q	8
TOP SPIN							
♠	RF fwd in CBMP	F-DW		O/E of T, B	To R	Q	4
1	LF bwd in CBMP	B-▼LOD	1/8 to L btwn Prec. Step-1	B	Strat	Q	1
2	RF diag bwd	B-▼DW	1/8 to L btwn 1-2	B	Strat	Q	2
3	LF to side-slily fwd	P-DC of N-LOD	1/4 to L btwn 2-3 Body T/L	I/E of T, B	To R	Q	3
4	RF fwd in CBMP	F-DC		O/E of T, BH	To R	Q	4
REVERSE WAVE							
1	LF fwd-slily to side	F-DW	Com. to turn to L on 1	H Flat	Strat	S	1.2
2	RF to side	B-W	3/8 to L btwn 1-2	B	To L	Q	3
3	LF bwd	B-DW	1/8 to L btwn 2-3	TH	To L	Q	4
4	RF bwd	B-LOD	1/8 to L btwn 3-4	TH	Strat	S	5.6
5	LF bwd	B-LOD		T	To R	Q	7
6	RF bwd	B-LOD		TH	To R	Q	8
7	LF bwd	B-LOD	Com. To turn to R on 7	TH	Strat	Q	1
8	RF to side(힐 풀)	F-DC	3/8 to R btwn 7-8	H, I/E of F, Flat F and I/E of F(LF)	To L		
9	LF fwd			H	Strat	Q	4

(LADY) Foot Placement		Align	턴량	풋 액션	Sw	♬	
IMPETUS TO PP							
1	RF fwd-slily to side	F-LOD	Com. to turn to R	H Flat	Strat	S	1.2
2	LF to side	B-DC	3/8 to R btwn 1-2	BT	To R	Q	3
3	RF to side	P-C, body almost F-▼DC.	3/8 to R btwn 1-2 Body T/L	TH	To R, then Strat	Q	4
WEAVE FROM PP							
1	LF fwd-acro in CBMP	P-C, M-DC	Com to turn to L on 1	H Flat	Strat	S	1.2
2	RF to side-slily bwd	B-DC	3/8 to L btwn 1-2	B	To R	Q	3
3	LF to side-slily fwd	P-LOD	3/8 to L btwn 2-3 Body T/L	T	To R	Q	4
4	RF fwd in CBMP	F-LOD		T	To R	Q	5
5	LF fwd	F-LOD	Cont. to turn to L on 5	T	Strat	Q	6
6	RF to side-slily bwd	B-W	1/4 to L btwn 5-6	TH	To L	Q	7
7	LF bwd in CBMP	B-DW	1/8 to L btwn 6-7 Body T/L	TH	To L	Q	8
TOP SPIN							
♠	LF bwd in CBMP	B-DW	1/8 to L btwn 3-4	T	To L	Q	4
1	RF fwd in CBMP	F-▼LOD		B	Strat	Q	1
2	LF fwd	F-▼DW	1/8 to L btwn 1-2	B	Strat	Q	2
3	RF to side-slily bwd	B-N-LOD	1/8 to L btwn 2-3	TH	To L	Q	3
4	LF bwd in CBMP	B-DC	1/8 to L btwn 3-4	TH	To L	Q	4
REVERSE WAVE							
1	RF bwd-slily to side	B-DW	Com. to turn to L	TH	Strat	S	1.2
2	LF closed to RF(힐 턴)	F-DW	1/2 to L btwn 1-2	HB	To R	Q	3
3	RF fwd	F-DW		TH	To R	Q	4
4	LF fwd	F-LOD	1/8 to L btwn 4-5	H Flat	Strat	S	5.6
5	RF fwd	F-LOD		HB	To L	Q	7
6	LF fwd	F-LOD		TH	To L	Q	8
7	RF fwd	F-LOD	Com. to turn to R on 7	H Flat	Strat	Q	1
8	LF to side	B-DC	3/8 to R btwn 7-8	BH, I/E of T(RF)	To R	S	2.3
9	RF bwd	B-DC		TH	Strat	Q	4

	(폭스) Foot Placement	Align	턴량	풋 액션	Sw	♬	
HOVER FEATHER							
♠	(힐 풀)			H, I/E of F, Flat and B			
1	LF diag fwd L side leading	F-DC		B	To L	Q	3
2	RF fwd in CBMP	F-DC		O/E of T, BH	To R	Q	4
HOVER TELEMARK							
1	LF fwd-slily to side	F-DW	Com. to turn to L on 1	H Flat	Strat	S	1.2
2	RF to side	F-DC	1/4 to L btwn 1-2	T-I/E of T	To L	Q	3
3	LF diag fwd			TH	To L then Strat	Q	4
HOVER TELEMARK TO PP							
1	LF fwd-slily to side	F-DW	Com. to turn to L on 1	H Flat	Strat	S	1.2
2	RF to side	F-DC	1/4 to L btwn 1-2	T-I/E of T	To L	Q	3
3	LF to side	P-N-LOD, M-DC of N-LOD		I/E of T, H	To L then Strat	Q	4
HOVER CROSS							
1	RF fwd-slily to side	F-DW	Com. To turn to R on 1	H Flat	Strat	S	1.2
2	LF to side	B-DC	1/4 to R btwn 1-2	B	To R	Q	3
3	RF to side	P-DW of N-LOD	1/2 to R btwn 2-3 Body T/L	B	Strat	Q	4
4	LF fwd in CBMP	F-DW of N-LOD	Body complt/T	O/E of T, B	To L	Q	5
5	RF in place (transfer wt bwd)	B-▼DC	Com. To turn to L on 5	TB	Strat	Q	6
6	LF to side-slily fwd	P-DC	1/4 to L btwn 5-6 Body T/L	I/E of T, B	To R	Q	7
7	RF fwd in CBMP	F-DC	Body complt/T	O/E of T, BH		Q	8

(LADY) Foot Placement		Align	턴량	풋 액션	Sw	♬	
HOVER FEATHER							
♠				H Flat and B			
1	RF diag bwd R side leading	B-DC		TH	To R	Q	3
2	LF bwd in CBMP	B-DC		TH	To L	Q	4
HOVER TELEMARK							
1	RF bwd-slily to side	B-DW	Com. to turn to L on 1	TH	Strat	S	1.2
2	LF to side	B-DC	1/4 to L btwn 1-2	T-I/E of T	To R	Q	3
3	RF bwd			TH	To R then Strat	Q	4
HOVER TELEMARK TO PP							
1	RF bwd-slily to side	B-DW	Com. to turn to L on 1	TH	Strat	S	1.2
2	LF to side	B-DC	1/4 to L btwn 1-2	T-I/E of T	To R	Q	3
3	RF to side	P-C of N-LOD. M-DC of N-LOD		I/E of T, H	To R then Strat	Q	4
HOVER CROSS							
1	LF bwd-slily to side	B-DW	Com. To turn to R on 1	TH	Strat	S	1.2
2	RF closes to LF(힐 턴)	F-LOD	3/8 to R btwn 1-2	HB	To L	Q	3
3	LF to side	B-N-LOD	1/4 to R btwn 2-3	B	Strat	Q	4
4	RF bwd in CBMP	B-DW-N-LOD	1/8 to R btwn 3-4 Body T/L	B	To R	Q	5
5	LF in place (transfer wt bwd)	F-▼DC	Com. To turn to L on 5	B	Strat	Q	6
6	RF to side slily bwd	B-N-LOD	1/8 to L btwn 5-6	TH	To R	Q	7
7	LF bwd in CBMP	B-DC	1/8 to L btwn 6-7	TH		Q	8

	(MAN) Foot Placement	Align	턴량	풋 액션	sw	♬		
BASIC MOVEMENT-QUARTER TURN-PROGRESSIVE CHASSE								
1	RF fwd	F-DW	Com. to turn to R on 1	H Flat	Strat	S	1.2	1
2	LF to side	B-C	1/8 to R btwn 1-2	T	To R	Q	3	2
3	RF closes to LF	B-DC	1/8 to R btwn 2-3	T	To R	Q	4	
4	LF to side slily bwd	B-DC		TH	To L	S	5.6	3
5	RF bwd	B-DC	Com. to turn to L on 5	TH	Strat	S	7.8	4
6	LF to side	P-DW	1/4 to L btwn 5-6 Body T/L	T	To R	Q	1	5
7	RF closes to LF	F-DW		T	To R	Q	2	
8	LF to side slily fwd	F-DW		TH	To L	S	3.4	6
NATURAL TURN								
1	RF fwd	F-DW	Com. to turn to R on 1	H Flat	Strat	S	1.2	1
2	LF to side	B-DC	1/4 to R btwn 1-2	T	To R	Q	3	2
3	RF closes to LF	B-LOD	1/8 to R btwn 2-3	TH	To R	Q	4	
REVERSE TURN								
1	LF fwd-slily to side	F-DC	Com. to turn to L on 1	H Flat	Strat	S	1.2	1
2	RF to side	B-DW	1/4 to L btwn 1-2	T	To L	Q	3	2
3	LF closes to RF	B-LOD	1/8 to L btwn 2-3	TH	To L	Q	4	
CROSS CHASSE								
1	LF fwd	F-DW		H Flat	To R	S	1.2	1
2	RF to side	F-DW		T	Strat	Q	3	2
3	LF closes to RF	F-DW		TH	To L	Q	4	
PROGRESSIVE CHASSE TO RIGHT								
1	LF fwd-slily to side	F-DC	Com. to turn to L on 1	H Flat	Strat	S	1.2	1
2	RF to side	B-W	1/8 to L btwn 1-2	T	Strat	Q	3	2
3	LF closes to RF	B-DW	1/8 to L btwn 2-3 Body T/L	T	Strat	Q	4	
4	RF to side slily bwd	B-DW		TH	Strat	S	5.6	3
PROGRESSIVE CHASSE TO LEFT								
1	RF bwd-slily to side	B-DC	Com. to turn to L on 1	TH	Strat	S	1.2	1
2	LF to Side	P-DW	1/4 to L btwn 1-2 Body T/L	T	Strat	Q	3	2
3	RF closes to LF	F-DW		T	Strat	Q	4	
4	LF to side slily fwd	F-DW		TH	Strat	S	5.6	3

(LADY) Foot Placement		Align	턴량	풋 액션	sw	♬		
BASIC MOVEMENT-QUARTER TURN-PROGRESSIVE CHASSE								
1	LF bwd	B-DW	Com. to turn to R on 1	TH	Strat	S	1.2	1
2	RF to side	P-DC	1/4 to R btwn 1-2 Body T/L	T	To L	Q	3	2
3	LF closes to RF	F-DC	Body complt/T on 3	T	To L	Q	4	
4	RF diag fwd	F-DC		TH	To R	S	5.6	3
5	LF fwd	F-DC	Com. to turn to L on 5	H Flat	Strat	S	7.8	4
6	RF to side	B-W	1/8 to L btwn 5-6	T	To L	Q	1	5
7	LF closes to RF	B-DW	1/8 to L btwn 6-7	T	To L	Q	2	
8	RF to side-slily bwd	B-DW		TH	To R	S	3.4	6
NATURAL TURN								
1	LF bwd	B-DW	Com. to turn to R on 1	TH	Strat	S	1.2	1
2	RF to side	P-LOD	3/8 to R btwn 1-2 Body T/L	T	To L	Q	3	2
3	LF closes to RF	F-LOD	Body complt/T on 3	TH	To L	Q	4	
REVERSE TURN								
1	RF bwd-slily to side	B-DC	Com. to turn to L on 1	TH	Strat	S	1.2	1
2	LF to side	P-LOD	3/8 to L btwn 1-2 Body T/L	T	To R	Q	3	2
3	RF closes to LF	F-LOD	Body complt/T on 3	TH	To R	Q	4	
CROSS CHASSE								
1	RF bwd	B-DW		TH	To L	S	1.2	1
2	LF to side	B-DW		T	Strat	Q	3	2
3	RF closes to LF	B-DW		TH	To R	Q	4	
PROGRESSIVE CHASSE TO RIGHT								
1	RF bwd-slily to side	B-DC	Com. to turn to L on 1	TH	Strat	S	1.2	1
2	LF to side	P-DW	1/4 to L btwn 1-2 Body T/L	T	Strat	Q	3	2
3	RF closes to LF	F-DW		T	Strat	Q	4	
4	LF to side-slily fwd	F-DW		TH	Strat	S	5.6	3
PROGRESSIVE CHASSE TO LEFT								
1	LF fwd-slily to side	F-DC	Com. to turn to L on 1	H Flat	Strat	S	1.2	1
2	RF to Side	B-W	1/8 to L btwn 1 and 2	T	Strat	Q	3	2
3	LF closes to RF	B-DW	1/8 to L btwn 2-3 Body T/L	T	Strat	Q	4	
4	RF to side-slily bwd	B-DW		TH	Strat	S	5.6	3

(퀵스텝) Foot Placement		Align	턴량	풋 액션	sw	♬		
QUARTER TURN TO RIGHT								
1	RF fwd	F-DW	Com. to turn to R on 1	H Flat	Strat	S	1.2	1
2	LF to side	B-C	1/8 to R btwn 1-2	T	To R	Q	3	2
3	RF closes to LF	B-DC	1/8 to R btwn 2-3	T	To R	Q	4	
4	LF to side-slily bwd	B-DC		TH	To L	S	5.6	3
QUARTER TURN TO LEFT								
1	RF bwd-slily to side	B-DC	Com. to turn to L on 1	TH	Strat	S	1.2	1
2	LF to side	P-DW	1/4 to L btwn 1-2	I/E of B	Strat	Q	3	2
3	RF closes to LF	F-DW	Body complt/T	Flat F	Strat	Q	4	
OUTSIDE CHANGE								
1	LF bwd in CBMP	B-DC		TH	Strat	S	1.2	1
2	RF bwd-slily to side	B-DC	Com. to turn to L on 2	T	To L	Q	3	2
3	LF to side-slily fwd	P-DW	1/4 to L btwn 2-3 Body T/L	TH	To L then Strat	Q	4	
RUNNING FINISH								
1	LF bwd in CBMP	B-DW	Com. to turn to R on 1	TH	Strat	S	1.2	1
2	RF to side-slily fwd	P-LOD	3/8 to R btwn 1-2 Body T/L	T	To L	Q	3	2
3	LF fwd L side leading	F-LOD	Body complt/T	TH	To L	Q	4	
BACKWARD LOCK								
1	LF bwd in CBMP	B-DW		TH	Strat	S	1.2	1
2	RF bwd	B-DW		T	Strat	Q	3	2
3	LF cros in front of RF	B-DW		T	Strat	Q	4	
4	RF diag bwd	B-DW		TH	Strat	S	5.6	3
FORWARD LOCK								
1	RF fwd in CBMP	F-DW		H Flat	Strat	S	1.2	1
2	LF diag fwd	F-DW		T	Strat	Q	3	2
3	RF cros behind LF	F-DW		T	Strat	Q	4	
4	LF diag fwd	F-DW		TH	Strat	S	5.6	3
NATURAL PIVOT								
1	LF bwd-slily to side	To LOD, T turned in end F-LOD	Up to 1/2 to R on 1(피봇)	BHB	Strat	S	1.2	1

(LADY) Foot Placement		Align	턴량	풋 액션	sw	♬		
QUARTER TURN TO RIGHT								
1	LF bwd	B-DW	Com. to turn to R on 1	TH	Strat	S	1.2	1
2	RF to side	P-DC	1/4 to R btwn 1-2 Body T/L	T	To L	Q	3	2
3	LF closes to RF	F-DC		T	To L	Q	4	
4	RF diag fwd	F-DC		TH	To R	S	5.6	3
QUARTER TURN TO LEFT								
1	LF fwd-slily to side	F-DC	Com. to turn to L on 1	H Flat	Strat	S	1.2	1
2	LF to side	B-W	1/8 to L btwn 1-2	T	Strat	Q	3	2
3	LF closes to RF	B-DW	1/8 to L btwn 2-3	TH	Strat	Q	4	
OUTSIDE CHANGE								
1	RF fwd in CBMP	F-DC		H Flat	Strat	S	1.2	1
2	LF fwd	F-DC	Com. to turn to L on 2	T	To R	Q	3	2
3	RF to side-slily bwd	B-DW	1/4 to L btwn 2-3 Body T/L	TH	To R then Strat	Q	4	
RUNNING FINISH								
1	RF fwd in CBMP	F-DW	Com. to turn to R on 1	H Flat	Strat	S	1.2	1
2	LF to side	B-DC	1/4 to R btwn 1-2	T	To R	Q	3	2
3	RF bwd, R side leading	B-LOD	1/8 to R btwn 2-3	TH	To R	Q	4	
BACKWARD LOCK								
1	RF fwd in CBMP	F-DW		H Flat	Strat	S	1.2	1
2	LF diag fwd	F-DW		T	Strat	Q	3	2
3	RF cros behind LF	F-DW		T	Strat	Q	4	
4	LF diag fwd	F-DW		TH	Strat	S	5.6	3
FORWARD LOCK								
1	LF bwd in CBMP	B-DW		TH	Strat	S	1.2	1
2	RF bwd	B-DW		T	Strat	Q	3	2
3	LF cros in front of RF	B-DW		T	Strat	Q	4	
4	RF diag bwd	B-DW		TH	Strat	S	5.6	3
NATURAL PIVOT								
1	RF fwd-slily to side	F-LOD end B-LOD	Up to 1/2 to R on 1(피봇팅 액션)	HBH	Strat	S	1.2	1

(퀵스텝) Foot Placement		Align	턴량	풋 액션	Sw	♬		
OPEN NATURAL TURN								
1	RF fwd-acro in CBMP	P-W M- DW	Com. to turn to R on 1	H Flat	Strat	S	1.2	1
2	LF to side-slily bwd	B-LOD	1/4 to R btwn 1-2	T	To R	Q	3	2
3	RF bwd R side leading	B-DW	1/8 to R btwn 2-3	TH	To R then Strat	Q	4	
NATURAL SPIN TURN								
1	RF fwd	F-DW	Com. to turn to R on 1	H Flat	Strat	S	1.2	1
2	LF to side	B-DC	1/4 to R btwn 1-2	T	To R	Q	3	2
3	RF closes to LF	B-LOD	1/8 to R btwn 2-3	TH	To R	Q	4	
4	LF bwd-slily to side	To LOD, T turned in, end F-LOD	1/2 to R on 4(피봇)	BHB	Strat	S	5.6	3
5	RF fwd-slily to side	F-LOD	Cont. to turn to R on 5	HT	slily to L e/o 5	S	7.8	4
6	LF bwd-slily to side	B-DC	3/8 to R btwn 5-6	TH	slily to L then Strat	S	1.2	5
HESITATION CHANGE								
1	LF bwd-slily to side	B-LOD	Com. to turn to R on 1	TH	Strat	S	1.2	1
2	RF to side small step(힐 풀)	F-DC	3/8 to R btwn 1-2	H then I/E of F. Flat F	To L	S	3.4	2
3	LF closes to RF w/o wt	F-DC		I/E of B	To L	S	5.6	3
DOUBLE REVERSE SPIN								
1	LF fwd-slily to side	F-LOD	Com. to turn to L on 1	H Flat	Strat	S	1.2	1
2	RF to side	B-DW	3/8 to L btwn 1-2	BT	Strat	S	3.4	2
3	LF closes to RF w/o wt(토피봇)	F-DW	1/2 to L btwn 2-3	TH	Strat	S	5.6	3

IMPETUS								
1	LF bwd-slily to side	B-LOD	Com. to turn to R on 1	TH	Strat	S	1.2	1
2	RF closes to LF(힐 턴)	F-DW of N-LOD	3/8 to R btwn 1-2	HB	To L	S	3.4	2
3	LF to side-slily bwd	B-DC of N-LOD	1/4 to R btwn 2-3	TH	To L then Strat	S	5.6	3

(LADY) Foot Placement		Align	턴량	풋 액션	Sw	♬		
OPEN NATURAL TURN								
1	LF fwd-acro in CBMP	P-LOD M-DW		H Flat	Strat	S	1.2	1
2	RF fwd btwn partner´s feet	F-LOD		T	To L	Q	3	2
3	LF fwd L side leading	F-DW	1/8 to R btwn 2-3	TH	To L then Strat	Q	4	
NATURAL SPIN TURN								
1	LF bwd	B-DW	Com. to turn to R on 1	TH	Strat	S	1.2	1
2	RF to side	P-LOD	3/8 to R btwn 1-2	T	To L	Q	3	2
3	LF closes to RF	F-LOD	Body completes the turnon3	TH	To L	Q	4	
4	RF fwd-slily to side	F-LOD, end B-LOD	1/2 to R on 4(피봇팅 액션)	HB	Strat	S	5.6	3
5	LF bwd-slily to side	B-LOD	Com. to turn to R on 5	BT	slily to R e/o 5	S	7.8	4
6	RF diag fwd	F-DC	3/8 to R btwn 5-6	TH	slily to R then Strat	S	1.2	5
HESITATION CHANGE								
1	RF bwd-slily to side	F-LOD	Com. to turn to R on 1	H Flat	Strat	S	1.2	1
2	LF to side	B-DC	3/8 to R btwn 1-2	BH	To R	S	3.4	2
3	RF closes to LF w/o wt	B-DC		I/E of B	To R	S	5.6	3
DOUBLE REVERSE SPIN								
1	RF bwd-slily to side	B-LOD	Com. to turn to L on 1	TH	Strat	S	1.2	1
2	LF closes to RF(힐 턴)	F-LOD	1/2 to L btwn 1-2	HB	Strat	S	3.4	2
3	RF to side-slily back	B-W	1/4 to L btwn 2-3	T	Strat	Q	5	3
4	LF cros in front of RF	B-DW	1/8 to L btwn 3-4	TH	Strat	Q	6	
IMPETUS								
1	RF fwd-slily to side	F-LOD	Com. to turn to R on 1	H Flat	Strat	S	1.2	1
2	LF to side	B-DW of N-LOD	3/8 to R btwn 1-2	BT	To R	S	3.4	2
3	RF diag fwd	F-DC of N-LOD	1/4 to R btwn 2-3	TH	To R then Strat	S	5.6	3

(퀵스텝) Foot Placement		Align	턴량	FA	Sw	♬		
IMPETUS TO PP								
1	LF bwd-slily to side	B-LOD	Com. to turn to R on 1	TH	Strat	S	1.2	1
2	RF closes to LF(힐 턴)	F-DC	3/8 to R btwn 1-2	HB	To L	S	3.4	2
3	LF diag fwd L side leading	P-almost DC, body almost F-LOD. M-DC	Slight body turn to R on 3	TH	To L then Strat	S	5.6	3
TELEMARK								
1	LF fwd-slily to side	F-DC	Com. to turn to L on 1	H Flat	Strat	S	1.2	1
2	RF to side	Almost B-LOD	Just under 3/8 to L btwn 1-2	BT	To L	Q	3	2
3	LF to side-slily fwd	F-DW	Just over 3/8 to L btwn 2-3	TH	To L then Strat	Q	4	3
TELEMARK TO PP								
1	LF fwd-slily to side	F-DC	Com. to turn to L on 1	H Flat	Strat	S	1.2	1
2	RF to side	B-DW	1/4 to L btwn 1-2	BT	To L	Q	3	2
3	LF to side	P-DW Body almost F-W	1/2 to L btwn 2-3 Body T/L	TH	To L then Strat	Q	4	
FOUR QUICK RUN								
1	RF bwd-slily to side	B-LOD	Com. to turn to L on 1	THB	Strat	S	1.2	1
2	LF to side-slily fwd	P-DW	3/8 to L btwn 1-2 Body T/L	B	Strat	Q	3	2
3	RF fwd in CBMP	F-DW	Slight body turn to L on 3	B	Strat	Q	4	
4	LF fwd-slily Lwds	F-DW		T	Strat	Q	5	3
5	RF cros behind LF	F-DW		T	Strat	Q	6	
6	LF fwd-slily Lwd	F-DW		TH	Strat	S	7.8	4
WHISK								
1	LF fwd	F-DW		H Flat	Strat	S	1.2	1
2	RF to side-slily fwd	F-DW		T	Strat	S	3.4	2
3	LF cros behind RF	F-DW Body almost F-W		TH	Strat	S	5.6	3
BACK WHISK								
1	LF bwd in CBMP	B-▼DC		TH	Strat	S	1.2	1
2	RF diag. bwd	B-▼DC		T	Strat	S	3.4	2
3	LF cros behind RF	F-DW Body almost F-W		TH	Strat	S	5.6	3

(LADY) Foot Placement		Align	턴량	FA	Sw	♬		
IMPETUS TO PP								
1	RF fwd-slily to side	F-LOD	Com. to turn to R on 1	H Flat	Strat	S	1.2	1
2	LF to side	B-DC	3/8 to R btwn 1-2	BT	To R	S	3.4	2
3	RF to side	P-C, body almost F-▼DC. M-DC	3/8 to R btwn 2-3 Body T/L	TH	To R then Strat	S	5.6	3
TELEMARK								
1	RF bwd-slily to side	B-DC	Com. to turn to L on 1	TH	Strat	S	1.2	1
2	LF closes to RF(힐 턴)	F-LOD	3/8 to L btwn 1-2	HB	To R	Q	3	2
3	RF to side-slily bwd	B-DW	3/8 to L btwn 2-3 Body T/L	TH	To R. Strat	Q	4	3
TELEMARK TO PP								
1	RF bwd-slily to side	B-DC	Com. to turn to L on 1	TH	Strat	S	1.2	1
2	LF closes to RF(힐 턴)	F-LOD	3/8 to L btwn 1-2	HB	To R	Q	3	2
3	RF to side	P-DC Body almost F-C	1/8 to L btwn 2-3, slight body turn to L on 3	TH	To R then Strat	Q	4	
FOUR QUICK RUN								
1	LF fwd-slily to side	F-LOD	Com. to turn to L on 1	H Flat	Strat	S	1.2	1
2	RF to side	B-W	1/4 to L btwn 1-2	B	Strat	Q	3	2
3	LF back in CBMP	B-DW	1/8 to L btwn 2-3 Body T/L	B	Strat	Q	4	
4	RF back-slily Rwds	B-DW		T	Strat	Q	5	3
5	LF cros in front of RF	B-DW		T	Strat	Q	6	
6	RF back-slily Rwds	B-DW		TH	Strat	S	7.8	4
WHISK								
1	RF bwd	B-DW		TH	Strat	S	1.2	1
2	LF to side-slily bwd	P-▼DC Toe turned in		T	Strat	S	3.4	2
3	RF cros behind LF	F-DC Body almost F-C	1/4 to R btwn 1-2, Body T/L	TH	Strat	S	5.6	3
BACK WHISK								
1	RF fwd in CBMP	F-▼DC	Com. to turn to R on 1	H Flat	Strat	S	1.2	1
2	LF to side	F-C	1/8 to R btwn 1-2	T	Strat	S	3.4	2
3	RF cros behind LF	F-DC Body almost F-C	1/8 to R btwn 2-3	TH	Strat	S	5.6	3

(퀵스텝) Foot Placement		Align	턴량	풋 액션	Sw	♬		
OPEN REVERSE TURN								
1	LF fwd	F-DC	Com. to turn to L on 1	H Flat	Strat	S	1.2	1
2	RF to side	B-DW	1/4 to L btwn 1-2	T	To L	Q	3	2
3	LF bwd in CBMP	B-LOD	1/8 to L btwn 2-3	TH	To L then Strat	Q	4	
TIPPLE CHASSE TO RIGHT - AT CORNER								
1	LF bwd	B-LOD	Com. to turn to R on 1	TH	Strat	S	1.2	1
2	RF to side	F-N-LOD	1/4 to R btwn 1-2	T	Strat	Q	3	2
3	LF closes to RF	F-LOD		T	Strat	Q	4	
4	RF to side-slily fwd	F-DW	1/8 to R btwn 3-4	TH(RF) then I/E T(LF)	To R	S	5.6	3
TIPPLE CHASSE TO RIGHT - ALONG LINE OF DANCE								
1	LF bwd in CBMP	B-DW	Com. to turn to R on 1	TH	Strat	S	1.2	1
2	RF to side	P-LOD	3/8 to R btwn 1-2 Body T/L	T	Strat	Q	3	2
3	LF closes to RF	F-LOD	Body complt/T on 3	T	Strat	Q	4	
4	RF to side-slily fwd	F-DW	1/8 to R btwn 3-4	TH(RF) then I/E of T(LF)	To R	S	5.6	3
TIPPLE CHASSE TO LEFT								
1	RF fwd in CBMP	F-DW	Com. to turn to R on 1	H Flat	To R	S	1.2	1
2	LF to side	B-DC	1/4 to R btwn 1-2	T	Strat	Q	3	2
3	RF closes to LF	B-LOD	1/8 to R btwn 2-3	T	Strat	Q	4	
4	LF to side-slily bwd	B-LOD		TH	To L	S	5.6	3
ZIG ZAG								
1	LF fwd-slily to side	F-LOD	Com. to turn to L on 1	H Flat	To L then Strat	S	1.2	1
2	RF to side	B-W	1/4 to L btwn 1-2	BH	To R	S	3.4	2
3	LF bwd in CBMP	B-DW	1/8 to L btwn 2-3 Body T/L	TH	Strat	S	5.6	3
4	RF bwd	B-DW		T	Strat	Q	7	4
5	LF cros in front of RF	B-DW		T	Strat	Q	8	
6	RF diag bwd	B-DW		TH	Strat	S	1.2	5

(LADY) Foot Placement		Align	턴량	풋 액션	Sw	♬		
OPEN REVERSE TURN								
1	RF bwd	B-DC	Com. to turn to L on 1	TH	Strat	S	1.2	1
2	LF to side-slily fwd	P-LOD	3/8 to L btwn 1-2, Body T/L	T	To R	Q	3	2
3	RF fwd in CBMP	F-LOD	Body do not completes the turn on 3	TH	To R then Strat	Q	4	
TIPPLE CHASSE TO RIGHT - AT CORNER								
1	RF fwd	F-LOD	Com. to turn to R on 1	H Flat	Strat	S	1.2	1
2	LF to side	B-N-LOD	1/4 to R btwn 1-2	T	Strat	Q	3	2
3	RF closes to LF	B-LOD		T	Strat	Q	4	
4	LF to side-slily back	B-DW	1/8 to R btwn 3-4	TH(LF) then I/E of T(RF)	To L	S	5.6	3
TIPPLE CHASSE TO RIGHT - ALONG LINE OF DANCE								
1	RF fwd in CBMP	F-DW	Com. to turn to R on 1	H Flat	Strat	S	1.2	1
2	LF to side	B-DC	1/4 to R btwn 1-2	T	Strat	Q	3	2
3	RF closes to LF	B-LOD	1/8 to R btwn 2-3	T	Strat	Q	4	
4	LF to side-slily bwd	B-DW	1/8 to R btwn 3-4	TH(LF)then I/E of T(RF)	To L	S	5.6	3
TIPPLE CHASSE TO LEFT								
1	LF bwd in CBMP	B-DW	Com. to turn to R on 1	TH	To L	S	1.2	1
2	RF to side	P-LOD	3/8 to R btwn 1-2 Body T/L	T	Strat	Q	3	2
3	LF closes to RF	F-LOD	Body complt/T on3	T	Strat	Q	4	
4	RF to side	F-LOD		TH	To R	S	5.6	3
ZIG ZAG								
1	RF bwd-slily to side	B-LOD	Com. to turn to L on 1	TH	To R then Strat	S	1.2	1
2	LF closed to RF(힐 턴)	F-DW	3/8 to L btwn 1-2 Body T/L	H Flat	To L	S	3.4	2
3	RF fwd in CBMP	F-DW		HT	Strat	S	5.6	3
4	LF fwd-slily Lwds	F-DW		T	Strat	Q	7	4
5	RF cros behind LF	F-DW		T	Strat	Q	8	
6	LF fwd-slily Lwds	F-DW		TH	Strat	S	1.2	5

(퀵스텝) Foot Placement		Align	턴량	풋 액션	Sw	♬		
V-6								
1	LF bwd	B-DC		TH	Strat	S	1.2	1
2	RF bwd R side leading	B-DC		T	Strat	Q	3	2
3	LF cros in front of RF	B-DC		T	Strat	Q	4	
4	RF bwd	B-DC		TH	Strat	S	5.6	3
5	LF bwd in CBMP	B-DC		TH	Strat	Q	7	4
6	RF bwd-slily to side	B-DC	Com. to turn to L on 6	T	To L	Q	8	
7	LF to side-slily fwd	P-DW	1/4 to L btwn 6-7 Body T/L	TH	To L then Strat	S	1.2	5
OUTSIDE SPIN								
1	LF bwd in CBMP(small step)	B-DW	3/8 to R on 1(피봇)	THT		S	1.2	1
2	RF fwd in CBMP	F-LOD	Cont. to turn to R on 2	HT		S	3.4	2
3	LF to side	F-▼DW, end F-DW N-LOD	3/8 to R btwn 2-3 then 1/2 to R on 3(피봇)	TH	To L	S	5.6	3

(LADY) Foot Placement		Align	턴량	풋 액션	Sw	♬		
V-6								
1	RF fwd	F-DC		H Flat	Strat	S	1.2	1
2	LF fwd L side leading	F-DC		T	Strat	Q	3	2
3	RF cros behind LF	F-DC		T	Strat	Q	4	
4	LF diag fwd	F-DC		TH	Strat	S	5.6	3
5	RF fwd in CBMP	F-DC		H Flat	Strat	Q	7	4
6	LF fwd	F-DC	Com. to turn to L on 6	T	To L	Q	8	
7	RF to side-slily back	B-DW	1/4 to L btwn 6-7 Body T/L	TH	To L then Strat	S	1.2	5
OUTSIDE SPIN								
1	RF fwd in CBMP	F-DW	Com. to turn to R on 1	HB		S	1.2	1
2	LF closes to RF	F-C	5/8 to R btwn 1-2	BT		S	3.4	2
3	RF fwd btwn partner's feet	F-DC, then B-DW N-LOD	1/8 to R btwn 2-3 then 1/2 to R on 3(피봇)	TH	To R	S	5.6	3

	(MAN) Foot Placement	Align	턴량	풋 액션	Sw	♬
NATURAL TURN						
♠		F-DC				
1	RF fwd	F-LOD	1/8 to R btwn Prec. Step-1	H Flat	Strat	1
2	LF to side	B-C	1/4 to R btwn 1-2	B	To R	2
3	RF closes to LF	B-DC	1/8 to R btwn 2-3	BH	To R	3
4	LF bwd-slily to side	B-LOD	1/8 to R btwn 3-4	TH	Strat	1
5	RF to side	P-DC	3/8 to R btwn 4-5 Body T/L	B	To L	2
6	LF closes to RF	F-DC	Body complt/T	Flat F	To L	3
NATURAL SPIN TURN						
♠		F-DC				
1	RF fwd	F-LOD	1/8 to R btwn Prec. Step-1	H Flat	Strat	1
2	LF to side	B-C	1/4 to R btwn 1-2	B	To R	2
3	RF closes to LF	B-DC	1/8 to R btwn 2-3	BH	To R	3
4	LF bwd-slily to side(피봇)	To LOD, B-LOD, Toe turned in. End F-DC	1/8 to R btwn 3-4 then 3/8 to R on 4(피봇)	BHB	Strat	1.2
5	RF fwd-slily to side	F-LOD	1/8 to R btwn 4-5	HB	To L	3.1.2
6	LF bwd-slily to side	B-DC	3/8 to R btwn 5-6	BH	To L	3
NATURAL SPIN TURN REVERSE POVOT						
♠		F-DC				
1	RF fwd	F-LOD	1/8 to R btwn Prec. Step-1	H Flat	Strat	1
2	LF to side	B-C	1/4 to R btwn 1-2	B	To R	2
3	RF closes to LF	B-DC	1/8 to R btwn 2-3	BH	To R	3
4	LF bwd-slily to side	To LOD, B-LOD, Toe turned in. End F-DC	1/8 to R btwn 3-4 then 3/8 to R on 4(피봇)	BHB	Strat	1
5	RF fwd	F-LOD	1/8 to R btwn 4-5	HB	Strat	2
6	LF to side-slily bwd	B-DC	3/8 to R btwn 5-6	B	To L	3.1.2
7	RF bwd-slily to side, OutSide lady's LF	B-C, Toe turned in. End F-DW	1/8 to L btwn 6-7 then 1/8 to L on 7(피봇)	BHB	Strat	3

	(LADY) Foot Placement	Align	턴량	풋 액션	Sw	♬
NATURAL TURN						
♠		B-DC				
1	LF bwd-slily to side	B-LOD	1/8 btwn Prec. Step-1	TH	Strat	1
2	RF to side	P-DC	3/8 to R btwn 1-2, Body T/L	B	To L	2
3	LF closes to RF	F-DC	Body complt/T	Flat F	To L	3
4	RF fwd	F-LOD	1/8 to R btwn 3-4	H Flat	Strat	1
5	LF to side	B-C	1/4 to R btwn 4-5	B	To R	2
6	RF closes to LF	B-DC	1/8 to R btwn 5-6	BH	To R	3
NATURAL SPIN TURN						
♠		B-DC				
1	LF bwd-slily to side	B-LOD	1/8 to R btwn Prec. Step-1	TH	Strat	1
2	RF to side	P-DC	3/8 to R btwn 1-2, Body T/L	B	To L	2
3	LF closes to RF	F-DC	Body complt/T	Flat F	To L	3
4	RF fwd(피봇팅 액션)	F-LOD. End B-DC	1/8 to R btwn 3-4 then 3/8 to R on 4(피봇팅 액션)	HB	Strat	1.2
5	LF bwd-slily to side	B-LOD	1/8 to R btwn 4-5	B	To R	3.1.2
6	RF fwd	F-DC	1/4 to R btwn 5-6	BH	To R	3
NATURAL SPIN TURN REVERSE POVOT						
♠		B-DC				
1	LF bwd-slily to side	B-LOD	1/8 btwn Prec. Step-1	TH	Strat	1
2	RF to side	P-DC	3/8 to R btwn 1-2, Body T/L	B	To L	2
3	LF closes to RF	F-DC	Body complt/T	Flat F	To L	3
4	RF fwd	F-LOD. End B-DC	1/8 to R btwn 3-4 then 3/8 to R on 4(피봇팅 액션)	HB	Strat	1
5	LF bwd-slily to side	B-LOD	1/8 to R btwn 4-5	B	Strat	2
6	RF to side-slily fwd	F-DC	3/8 to R btwn 5-6	B	To R	3.1.2
7	LF fwd	F-DC. End B-DW	1/8 to L btwn 6-7 then 1/8 to L on 7(피봇)	BH	Strat	3

(비엔나) Foot Placement		Align	턴량	풋 액션	Sw	♬
REVERSE TURN						
♠		F-DW				
1	LF fwd	F-LOD	1/8 to L btwn Prec. Step-1	H Flat	slily to L	1
2	RF to side-slily bwd	B-W	1/4 to L btwn 1-2	B	slily to L	2
3	LF cros in front of RF	B-DW	1/8 to L btwn 2-3	BH	slily to L	3
4	RF bwd-slily to side	B-LOD	1/8 to L btwn 3-4	TH	slily to L	1
5	LF to side	P-DW	3/8 to L btwn 4-5, Body T/L	B	slily to L	2
6	RF closes to LF	F-DW	Body complt/T	Flat F	slily to L	3
RF FWD CHANGE STEP NATURAL TO REVERSE (Man or Lady)						
♠		F-DC				
1	RF fwd	F-LOD	1/8 to R btwn Prec. Step-1	H Flat	Strat	1
2	LF diag. fwd	F-DW	1/8 to R btwn 1-2	B	To R	2
3	RF closes to LF	F-DW		BH	To R	3
LF FWD CHANGE STEP REVERSE TO NATURAL (Man or Lady)						
♠		F-DW				
1	LF fwd	F-LOD	1/8 to R btwn Prec. Step-1	H Flat	Strat	1
2	RF diag. fwd	F-DC	1/8 to L btwn 1-2	B	To L	2
3	LF closes to RF	F-DC		BH	To L	3
LF BWD CHANGE STEP NATURAL TO REVERSE (Man or Lady)						
♠		B-DC				
1	LF bwd	B-LOD	1/8 to R btwn Prec. Step-1	TH	Strat	1
2	RF diag bwd	B-DW	1/8 to R btwn 1-2	B	To L	2
3	LF closes to RF	B-DW		BH	To L	3
RF BWD CHANGE STEP REVERSE TO NATURAL (Man or Lady)						
♠		B-DW				
1	RF bwd	B-LOD	1/8 to L btwn Prec. Step-1	TH	Strat	1
2	LF diag. bwd	B-DC	1/8 to L btwn 1-2	B	To R	2
3	RF closes to LF	B-DC		BH	To R	3
TELEMARK						
♠		F-DW				
1	LF fwd	F-LOD	1/8 to L btwn Prec. Step-1	H Flat	To R	1.2
2	RF to side-slily bwd	B-LOD	1/2 to L btwn 1-2	B	Strat	3.1.2
3	LF to side-slily fwd	P-DW	3/8 to L btwn 2-3, Body T/L	BH	To L	3

(LADY) Foot Placement		Align	턴량	풋 액션	Sw	♬
REVERSE TURN						
♠		B-DW				
1	RF bwd-slily to side	B-LOD	1/8 to L btwn Prec. Step-1	TH	slily to R	1
2	LF to side	P-DW	3/8 to L btwn 1-2, Body T/L	B	slily to R	2
3	RF closes to LF	F-DW	Body complt/T	Flat F	slily to R	3
4	LF fwd	F-LOD	1/8 to L btwn 3-4	H Flat	slily to R	1
5	RF to side-slily bwd	B-W	1/4 to L btwn 4-5	B	slily to R	2
6	LF cros in front of RF	B-DW	1/8 to L btwn 5-6	BH	slily to R	3
RF FWD CHANGE STEP NATURAL TO REVERSE (Man or Lady)						
♠		F-DC				
1	RF fwd	F-LOD	1/8 to R btwn Prec. Step-1	H Flat	Strat	1
2	LF diag. fwd	F-DW	1/8 to R btwn 1-2	B	To R	2
3	RF closes to LF	F-DW		BH	To R	3
LF FWD CHANGE STEP REVERSE TO NATURAL (Man or Lady)						
♠		F-DW				
1	LF fwd	F-LOD	1/8 to R btwn Prec. Step-1	H Flat	Strat	1
2	RF diag. fwd	F-DC	1/8 to L btwn 1-2	B	To L	2
3	LF closes to RF	F-DC		BH	To L	3
LF BWD CHANGE STEP NATURAL TO REVERSE (Man or Lady)						
♠		B-DC				
1	LF bwd	B-LOD	1/8 to R btwn Prec. Step-1	TH	Strat	1
2	RF diag bwd	B-DW	1/8 to R btwn 1-2	B	To R	2
3	LF closes to RF	B-DW		BH	To R	3
RF BWD CHANGE STEP REVERSE TO NATURAL (Man or Lady)						
♠		B-DW				
1	RF bwd	B-LOD	1/8 to L btwn Prec. Step-1	TH	Strat	1
2	LF diag bwd	B-DC	1/8 to L btwn 1-2	B	To R	2
3	RF closes to LF	B-DC		BH	To R	3
TELEMARK						
♠		B-DW				
1	RF bwd-slily to side	B-LOD	1/8 to L btwn Prec. Step-1	TH	To L	1.2
2	LF closes to RF(힐 턴)	F-LOD	1/2 to L btwn 1-2	HB	Strat	3.1.2
3	RF to side-slily bwd	B-DW	3/8 to L btwn 2-3	BH	To R	3

	(비엔나) Foot Placement	Align	턴량	풋 액션	Sw	♬
CHASSE CHANGE STEP						
♠		F-DC(atcorner)				
1	RF fwd	F-LOD	1/8 to R btwn Prec. Step-1	H Flat	Strat	1
2	LF to side	F-new▼DW	1/8 to R btwn 1-2	B	To R	2
3	RF closes to LF	F-new▼LOD	1/8 to R btwn 2-3	T	Strat	3
4	LF to side-slily fwd	F-new▼LOD		TH	To L	1
5	RF to side and slily bwd	B-DW N-LOD	1/8 to R btwn 4-5	B	To L	2
6	LF closes to RF	B-DW N-LOD		BH	To L	3
CONTINUOUS SPIN						
♠		F-DC				
1	RF fwd	F-LOD. End B-DC	1/8 to R btwn Prec. Step-1 then 3/8 to R on 1(피봇팅 액션)	HB	Strat	1.2
2	LF bwd-slily to side	To LOD, B-LOD, Toe turned in. End F-DC	1/8 to R btwn 1-2 then 3/8 to R on 2(피봇)	BHB	Strat	3
REVERSE PIVOT						
♠		F-DW				
1	LF fwd	F-LOD. end B-DW	1/8 to L between Prec. Step and 1 then 3/8 to L on 1(Pivot)	HB	slily L	1.2
2	RF bwd-slily to side OutSide lady's LF	To LOD, B-LOD. Toe turned in. end F-DW	1/8 to L between 1 and 2 then 3/8 to L on 2(Pivot)	BHB	slily L	3
DRAG HESITATION						
♠		F-DW				
1	LF fwd	F-LOD	1/8 to L btwn Prec. Step-1	H Flat	To L	1.2
2	RF to side-slily fwd	B-DW	3/8 to L btwn 1-2	I/E of B, H	To L	3.1.2
3	LF closes to RF w/o wt	B-DW		I/E of B(LF), Flat F(RF)	To R	3

	(LADY) Foot Placement	Align	턴량	풋 액션	Sw	♬
CHASSE CHANGE STEP						
♠		B-DC(at corner)				
1	LF bwd	B-LOD	1/8 to R btwn Prec. Step-1	TH	Strat	1
2	RF to side	B-new▼LOD	1/4 to R btwn 1-2, Body T/L	B	To L	2
3	LF closes to RF	B-new▼LOD	Body complt/T	T	Strat	3
4	RF to side-slily bwd	B-new▼LOD		TH	To R	1
5	LF to side and slily fwd	F-DW N-LOD	1/8 to R btwn 4-5	B	To R	2
6	RF closes to LF	F-DW N-LOD		BH	To R	3
CONTINUOUS SPIN						
♠		B-DC				
1	LF bwd-slily to side	To LOD, B-LOD, Toe turned in. End F-DC	1/8 to R btwn Prec. Step-1 then 3/8 to R on 1(피봇)	B	Strat	1.2
2	RF fwd	F-LOD. End B-DC	1/8 to R btwn 1-2 then 3/8 to R on 2(피봇팅 액션)	BH	Strat	3
REVERSE PIVOT						
		B-DW				
1	RF bwd-slily to side OutSide man's LF	To LOD, B-LOD, Toe turned in. End F-DW	1/8 to L btwn Prec. Step-1 then 3/8 to L on 1(피봇)	B	slily R	1.2
2	LF fwd	F-LOD. End B-DW	1/8 to L btwn 1-2 then 3/8 to L on 2(피봇)	BH	slily R	3
DRAG HESITATION						
♠		B-DW				
1	RF bwd-slily to side	B-LOD	1/8 to L btwn Prec. Step-1	TH	To R	1.2
2	LF to side-slily bwd	P-DW	3/8 to L btwn 1-2	I/E of B, H	To R	3.1.2
3	RF closes to LF w/o wt	F-DW		I/E of B(RF), Flat F(LF)	To L	3

(비엔나) Foot Placement		Align	턴량	풋 액션	Sw	♬
HESITATION CHANGE						
♠		F-DC				
1	RF fwd	F-LOD	1/8 to R btwn Prec. Step-1	H Flat	Strat	1
2	LF to side	B-C	1/4 to R btwn 1-2	B	To R	2
3	RF closes to LF	B-DC	1/8 to R btwn 2-3	BH	To R	3
4	LF bwd-slily to side	B-LOD	1/8 to R btwn 3-4	BH	Strat	1
5	RF to side, small step	F-N-LOD	1/4 to R btwn 4-5	I/E of B, Flat F	To R	2
6	Position held	F-N-LOD		I/E of B(LF), Flat F(RF)	To R	3
CHECKED NATURAL TURN						
♠		F-DC(코너에서)				
1	RF fwd	F-LOD	1/8 to R btwn Prec. Step-1	H Flat	Strat	1.2
2	LF to side-slight bwd	B-N-LOD	1/4 to R btwn 1-2	B	To L	3.1.2
3	RF bwd outsie lady's LF	To DC of N-LOD, B-DC of N-LOD, Toe turned in. End F-DW of N-LOD	1/8 to L btwn 2-3 then 1/4 to L on 3(피봇)	BHB	Strat	3
NATURAL BACK CHECK						
♠		F-DC				
1	RF fwd	F-LOD	1/8 to R btwn Prec. Step-1	H Flat	Strat	1
2	LF to side	B-C	1/4 to R btwn 1-2	B	To R	2
3	RF closes to LF	B-DC	1/8 to R btwn 2-3	BH	To R	3
4	LF bwd-slily to side	B-DW	1/4 to R btwn 3-4	B	To L	1.2
5	RF bwd-slily to side, OutSide lady's LF	To LOD, B-LOD, Toe turned in. End F-DW	1/8 to L btwn 4-5 then 3/8 to L on 5(피봇)	BHB	Strat	3

(LADY) Foot Placement		Align	턴량	풋 액션	Sw	♬
HESITATION CHANGE						
♠		B-DC				
1	LF bwd-slily to side	B-LOD	1/8 btwn Prec. Step-1	TH	Strat	1
2	RF to side	P-DC	3/8 to R btwn 1-2, Body T/L	B	To L	2
3	LF closes to RF	F-DC	Body complt/T	Flat F	To L	3
4	RF fwd	F-LOD	1/8 to R btwn 3-4	H Flat	Strat	1
5	LF to side	B-N-LOD	1/4 to R btwn 4-5	BH	To L	2
6	Position held	B-N-LOD		I/E of B, Flat F(LF)	To L	3
CHECKED NATURAL TURN						
♠		B-DC(코너에서)				
1	LF bwd-slily to side	B-LOD	1/8 btwn Prec. Step-1	TH	Strat	1.2
2	RF to side-slily fwd	F-N-LOD	1/4 to R btwn 1-2	B	To R	3.1.2
3	LF fwd	F-DC of N-LOD. End B-DW of N-LOD	1/8 to L btwn 2-3 then 1/4 to L on 3(피봇)	BH	Strat	3
NATURAL BACK CHECK						
♠		B-DC				
1	LF bwd-slily to side	B-LOD	1/8 to R btwn Prec. Step-1	TH	Strat	1
2	RF to side	P-DC	3/8 to R btwn 1-2, Body T/L	B	To L	2
3	LF closes to RF	F-DC	Body complt/T	Flat F	To L	3
4	RF fwd	F-DW	1/4 to R btwn 3-4	B	To R	1.2
5	LF fwd	F-LOD. End B-DW	1/8 to L btwn 4-5 then 3/8 to L on 5(피봇)	BH	Strat	3

(비엔나) Foot Placement		Align	턴량	풋 액션	Sw	♬
CHECKED REVERSE TURN						
♠		F-DW				
1	LF fwd	F-LOD	1/8 to L btwn Prec. Step-1	H Flat	To L	1.2
2	RF to side-slily fwd	F-▼DC	3/8 to L btwn 1-2	B	To R	3.1.2
3	LF bwd-slily to side	To W, B-W, Toe turn in. End F-DC	1/8 to R btwn 2-3 then 1/8 to R on 3(피봇)	BHB	To L	3
REVERSE BACK CHECK						
♠		F-DW				
1	LF fwd	F-LOD	1/8 to L btwn Prec. Step-1	H Flat	To L	1
2	RF to side-slily bwd	B-W	1/4 to L btwn 1-2	B	To L	2
3	LF cros in front of RF	B-DW	1/8 to L btwn 2-3	BH	To L	3
4	RF bwd-slily to side	B-DC	1/4 to L btwn 3-4	B	To R	1.2
5	LF bwd-slily to side	To LOD, B-LOD, Toe turnin, End F-DC	1/8 to R btwn 4-5 then 1/8 to R on 5(피봇)	BHB	To L	3

(LADY) Foot Placement		Align	턴량	풋 액션	Sw	♬
CHECKED REVERSE TURN						
♠		B-DW				
1	RF bwd-slily to side	B-LOD	1/8 to L btwn Prec. Step-1	TH	To R	1.2
2	LF to side-slily bwd	B-▼DC	3/8 to L btwn 1-2	B	To L	3.1.2
3	RF fwd	B-W, End B-DC	1/8 to R btwn 2-3 then 1/8 to R on 3(피봇팅 액션)	BH	To R	3
REVERSE BACK CHECK						
♠		B-DW				
1	RF bwd-slily to side	B-LOD	1/8 to L btwn Prec. Step-1	TH	To R	1
2	LF to side	P-DW	3/8 to L btwn 1-2, body T/L	B	To R	2
3	RF closes to LF	F-DW	Body complt/T	Flat F	To R	3
4	LF fwd	F-DC	1/4 to L btwn 3-4	B	To L	1.2
5	RF fwd	F-LOD, End B-DC	1/8 to R btwn 4-5 then 3/8 to R on 5(피봇팅 액션)	BH	To R	3

참고문헌

국민체육진흥공단 체육지도자 홈페이지

WDSF 대회규칙 번역본(2020. 1. 1. 개정)

《WDSF Technique Books》, World Dance Sport Federation

WDSF 홈페이지 (www.worlddancesport.org)

찾아보기 1. 이 책에서 사용되는 문자표와 약어

♥: 예비보　　♬: 타이밍　　▼: against LOD　　◀: 왼발　　▶: 오른발

FA: Foot Action　　Sw: Sway　　@: 저자의 멘트

acro : across

acrod : acrossed

Align : Alignment-Direction

B-DW : Backing DW

Body complt/T : Body completes the turn

Body T/L : Body turn less

btwn : between

Cha-- chasse : Cha Cha Cha chasse

Com. : Commence

Cont : Continue

crod : Crossed

Cros : Crosses

F-▼DW : Facing DW against LOD

F-DW : Facing DW

fwd-slily : fwd and slightly

Lwd : Leftward

M-DW : Moving DW

N▼LOD : against of New LOD

N-LOD : of New LOD

P-DW : Pointing DW

Rwd : Rightward

slily : slightly

strat : straight

Sw : sway

sw/v : swivel

T turnout : Toe turned out

turn btwn 1-2 : turn between 1 and 2

찾아보기 2. 라틴댄스 이론

찾아보기 3. 스탠다드 이론

찾아보기 4. 휘겨 차트 통합검색

찾아보기 5. 라틴댄스 휘겨 차트

찾아보기 6. 스탠다드댄스 휘겨 차트

저자소개

이창수(李暢洙)

1959년 겨울 2월에 경기도 연천군 전곡에서 태어나 초등학교 3학년 때 서울 장위초등학교로 전학하였고, 2000년 경희대학교 행정학석사 학위취득 후 현재까지 서울 뚝섬에 거주하고 있다. 육군 제대 후 1988년도 건강보험제도 설립 당시 경기도 연천군의료보험조합 공채직원으로 입사, 1999년 국민연금공단으로 이동 후 2019년도에 정년퇴직하였다.

2000년 3월 댄스에 입문, 2011년 ISTD, 2013년 IDTA, 2017년 생활스포츠지도사 2급, 2018년 노인스포츠지도사 자격증을 취득하였다. 2015년 댄스종목 생활스포츠지도사 자격증 도입 1회부터 수험생이 되었으며, 다양한 실전 경험을 원했던 저자는, 1회, 2회에 불합격하였고 재차 이론시험을 통과하고 3회에 생활스포츠지도사 2급, 그다음 해에 노인스포츠지도사 시험에 합격하였다. 당시 재직 중이었으므로 자격증 취득을 원하는 여러 수험생에게 퇴직 때까지 5년간 무료로 수업을 진행하며 국가자격증 취득 프로그램의 강습경험을 확보하려고 노력하였다.

2017년 유명 선생님 2분께 《WDSF Technique Books》의 개인수업을 완료 후, 교재 내용 전체의 입력 작업을 3년에 끝낼 수 있었다. 영어를 입력하며 한글로 번역한 결과를 전산에 저장하는 일을 잘 끝낼 수 있었던 것은, 타자 자격증이 도움이 되었다. 2019년도부터 WDSF 교재의 한글번역 강연을 시작하였으며 현재까지 약 20회 진행하였고, 유튜브에 번역 강연을 올린 바 있다.

모든 국가의 발전은 국제적인 변화와 흐름에 적극적으로 적응해 가는 것이 올바른 길이다. 예상하지 못한 것이었지만, 2023년도부터 생활스포츠지도사 시험은 WDSF 교재에서만 출제하는 것으로 결정되었다. 그동안 저자가 구축하여 왔던 WDSF 교재 데이터를 재확인하였고 필요한 형태로 데이터를 가공하는 작업을 거친 결과물을 펼쳐놓고, 수험생들의 요점정리 공책을 만들기로 마음먹었으며 그 결과 "댄스스포츠 핸드북"을 손에 쥘 수 있었다.

■ 저자는 현재 경기대학교댄스동호회(다음카페: 123a4) 회장이고,

■ 현재 서울 청량리역 부근 "굿댄스학원"과 관악구 신대방역 부근 "폴링댄스학원"을 운영하고 있다.

■ 청량리굿댄스학원: 청량리수산시장 부근. 010-9565-2652

■ 이메일: leecsoo123@daum.net

■ 홈페이지: http://cafe.daum.net/123a4 이 책과 관련된 정보나 안내, 수정사항은 홈페이지 內 "댄스스포츠 핸드북 공지"를 참조하세요.

스포츠지도사 2급

댄스스포츠 실기·구술시험 핸드북

초판 1쇄 발행 2023년 11월 9일

지은이 이창수
펴낸이 이기봉
편집 좋은땅 편집팀
펴낸곳 도서출판 좋은땅
주소 서울특별시 마포구 양화로12길 26 지월드빌딩 (서교동 395-7)
전화 02)374-8616~7
팩스 02)374-8614
이메일 gworldbook@naver.com
홈페이지 www.g-world.co.kr

ISBN 979-11-388-2461-3 (13690)